情报学视域下的数据研究：
理论、原理与方法

Data Research from the Perspective
of Information Science：
Theory, Principles and Methods

曹祺　著

WUHAN UNIVERSITY PRESS

武汉大学出版社

图书在版编目(CIP)数据

情报学视域下的数据研究:理论、原理与方法/曹祺著.—武汉:武汉大学出版社,2018.10

ISBN 978-7-307-20597-0

Ⅰ.情… Ⅱ.曹… Ⅲ.①情报学—数据管理—研究 ②情报学—数据处理—研究 Ⅳ.G250.2

中国版本图书馆 CIP 数据核字(2018)第 238236 号

责任编辑:陈 帆 责任校对:汪欣怡 整体设计:马 佳

出版发行:**武汉大学出版社** (430072 武昌 珞珈山)

(电子邮件:cbs22@whu.edu.cn 网址:www.wdp.com.cn)

印刷:北京虎彩文化传播有限公司

开本:787×1092 1/16 印张:14 字数:329 千字 插页:1

版次:2018 年 10 月第 1 版 2018 年 10 月第 1 次印刷

ISBN 978-7-307-20597-0 定价:58.00 元

目　　录

第1章 引　言

　　情报学的概念源于欧美国家，情报学是研究情报的产生、传递、利用规律和用现代化信息技术与手段使情报流通过程、情报系统保持最佳效能状态的一门科学。

　　在情报学领域，"1997 年，美国管理科学家托马斯·达文波特首次提出信息生态学的概念，将生态理念引入信息管理中，从而开辟了信息管理的新领域。信息生态科学作为一门新兴的生态学研究前沿领域，已经得到了国内外科技界的广泛关注"。①

　　信息生态学面临的主要问题是信息生态的失调（Information Ecological Imbalance），陈曙将信息失调分成信息超载（Information Overload）、信息垄断（Information Monopoly）、信息侵犯（Information Encroachment）、信息污染（Information Pollution）四类，并提出"信息生态系统自身不能不是对立的统一。对于任何图书情报机构而言，这种对立统一始终制约着以文献为载体的信息的生产和消费、信息的储存和传递、信息的民主和法制以及信息的污染和净化等"②。

　　信息超载指的是每天增加大量的新数据。王云梅指出："目前，国际互联网几乎覆盖了全球所有的国家和地区，用户高达 3 亿以上。全世界每年出版 70 万种期刊，6 万多种新书，新增期刊近万种，发表科技文章 500 多万篇，编写学术报告或学术论文 25 万多份，登记专利 40 多万项。仅在美国每年就有 5 万本图书出版，全球出版的各级各类报纸，估计数目在 40 万左右。互联网上的主页已达到 1.3 亿页，并以每天 10 万页、2000 万单词的速度递增。"③

　　本书的研究对象为元数据（含标识符数据）和全文数据。

　　情报学关注的数据主要是论文和专利，因此本书的数据以专利数据为主。元数据的研究内容包含歧义消除问题、溯源管理问题。全文数据的研究内容包含数据存储、数据渲染和数据分析。同时结合最新的区块链技术，基于区块链技术背景，对数据管理进行探索研究。

---

①　杜欣明：《信息生态学的学科建设与发展问题初探》，《现代情报》2006 年第 7 期。
②　陈曙：《信息生态的失调与平衡》，《情报资料工作》1995 年第 4 期。
③　王云梅：《信息生态系统及其有效机制的构建》，《图书馆工作与研究》2010 年第 2 期。

第 2 章　元数据管理研究

2.1　Handle 系统

2.1.1　Handle 系统背景及应用

资源唯一标识符是一类统一资源标识符(URI)的统称，其目的是通过对数字对象的公认标准管理来永久性地标识某一个数字化对象。Handle 系统是众多资源唯一标识符中应用最广的一种。Handle 系统出现于 1995 年，由 TCP/IP 协议的联合发明人之一，被称为互联网之父的 Robert Kahn 在美国国防部高级研究计划署(DARPA)资助下由美国 CNRI (Corporation for National Research Initiatives)提出并实现的，是一种基于互联网的分布式数字对象命名与标识系统。CNRI 是一个非营利组织，承接促进公众利益方面的项目，对基于网络信息技术的战略发展进行研究，并提供资金支持。2005 年，美国国家创新研究所 (CNRI)公开了 Handle 6.1 系统，并进行了源代码开源，允许商业机构应用，同时简化了 Handle 前缀申请。[1]

Handle 编码是"一套集命名、注册与解析功能模块的完备标志解析系统，是一种智能化的标识码"[2]。Handle 系统采用两级的服务模式，包括全球 Handle 命名服务 GHR (Global Handle Registry)和区域 Handle 命名服务 LHS(Local Handle Services)。其中，全球服务负责管理 Handle 的命名空间，系统提供唯一的 Handle 注册机制，任何一种现有的本地命名空间都可以通过这种注册机制加入到 Handle 系统中，成为全球性的命名空间，通过这种命名机制还可以将诸如解析和管理之类的服务授权给本地。本地服务主要由命名机构提供，如规定地方命名空间，优化 Handle 系统整体效果，对相关命名授权下所有的 Handle 进行管理并提供本地名称的解析服务，等等。

Handle 系统最大的特点是网站和服务器的数量没有限制，系统定义了一种层次型的服务模型，任何一个本地命名空间的服务既可由本地服务来提供，也可由全球服务来提供，或由两者共同提供，每个命名机构提供的服务不必相同，这种分布式的服务体系降低了系统的风险。Handle 系统通过自定义的协议保证数据的完整性和保密性，可在网络上进行安全的解析和管理服务。每个 Handle 都可以定义自己的管理者，管理者可通过以自

---

[1]　郭晓峰、孙洵:《Handle 系统的发展及应用》,《数字图书馆论坛》2013 年第 8 期。

[2]　邹慧、马迪、王伟、刘阳、毛伟、邵晴:《Handle 系统与域名系统互联互通机制:一种基于标记语言描述协议数据单元的实现》,《计算机应用研究》2019 年第 1 期。

己角度定义的 Handle 所有权对网络上任意位置的 Handle 进行安全高效的管理。

Handle 系统目前的应用包括 DOI System，Entertainment Identifier Registry（EIDR），CORDRA/ADL，Global Environment for Network Innovations（GENI），DSpace-Digital Repository System，Handle 系统-Globus Toolkit Integration Project，The National Digital Library Program（NDLP），对象内容涉及电影和电视剧、内容对象仓储、虚拟实验室关于未来互联网的可视化和新服务的应用、数字仓储中资源长期保存、国会数字图书馆的馆藏标识等。目前，全世界运行着成千上万的 Handle，该服务广泛应用于各大团体机构，如用户联盟、国家图书馆、国家实验室、大学、计算中心、政府机构、公司和研究团体等。通过 Handle 标识的对象有期刊论文、技术报告、图书、学位论文、政府文件、元数据、分布式学习内容和数据集，并将应用于数字水印、GRID、仓储等更多的领域。"美国洛斯阿拉莫斯国家实验室（Los Alamos National Laboratory）使用 Handle 系统管理了超过 6 亿件非公开内部资料。澳大利亚国家数据服务（Australian National Data Service，ANDS）基于 Handle 系统管理科研数据。欧洲持久标识符联盟（European Persistent Identifier Consortium，ePIC）基于 Handle 构建了面向欧洲研究社区，为成员机构提供注册服务。中国国家物联网标识公共服务'国家物联网标识管理公共服务平台'由中科院计算机网络信息中心牵头，联合工信部电子科学技术情报研究所（ETIRI）、工信部电信研究院、中国物品编码中心基于 Handle 建立物联网标识统一管理和公共服务系统。"[①]

2.1.2　Handle 系统的命名空间定义

作为一个标识符系统，Handle 系统把标识符统称为 Handle。Handle 系统名称空间（Namespace）定义了 Handle 的构成法则。Handle 是由不同字符构成的字符串，系统中的每个 Handle 由两部分组成：Handle 的命名授权部分（Naming Authority，或视为前缀）和跟随其后的在该命名授权下唯一的本地名称（Local Name，或视为后缀）。命名授权（简称 NA）和本地名称间通过 ASCII 字符"/"（0x2F）来分开。前缀部分用于命名授权，即后缀命名的授权和规范命名；后缀为本地名称，用于特定形式资源的规范化命名。从 Handle 系统的特点来看，其关键在于命名权的统一管理，强调了信息身份的标准化识别和管理。图 2-1 给出了以 ABNF 表示法[②]来定义的 Handle 语法构成。

举例来说：10.45/abc 是一个符合 Handle 语法的标识符，它可以在互联网范围内唯一标识某个资源对象。这个标识符的命名授权（前缀）分为两级：10 是顶级命名授权，45 是 10 的下一级，这类似于域名的分级制度。整个命名授权 10.45 通常分配给某个机构，而本地名称 abc 可以是该机构内部生成的一个用来标识自有资源的号码。

基于 Handle 结构的标识符最基本的命名原则是唯一性。在 Handle 系统中，唯一标识符 Handle 是由前缀和后缀两部分构成的，Handle 的唯一性因此也由前后缀一起来达成。在不同的前缀下，后缀可以相同，但在同一个前缀下，所有的后缀必须是互不相同的。后

---

① 罗鹏程、崔海媛、聂华、朱玲、韦成府：《高校图书馆持久标识符应用研究》，《大学图书馆学报》2017 年第 5 期。

② Crocker D，Augmented BNF for Syntax Specifications：ABNF，1997.

```
<Handle>=<Naming Authority>"/"<Local Name>

<Naming Authority>=* （<Naming Authority>"."）<NAsegment>

<NAsegment>=1* (%x00-2D/%x30-3F/%x41-FF

        ; 任何可以映射成UTF-8编码的

        ; Unicode 2.0字符的8位字节

        ;除了0x2E和0x2F（对应于ASCII字符'.' 和'/'）

<Local Name>=* (%x00-FF)

        ;任何可以映射成UTF-8编码的

        ; Unicode2.0字符的8位字节
```

图 2-1　Handle 语法构成

缀的唯一性首先由唯一标识符的注册者在生成标识符后缀时来确认，在最终注册时会由 Handle 系统来保障整个标识符的唯一性。从 Handle 系统名称空间的定义上来看，其结构简单，易于实施，对于前后缀构成几乎没有约束，因此可以很好地继承现有的一些标识符命名规则。此外，它规定使用 Unicode2.0 字符集及 UTF-8 编码，可以实现国际化支持。唯一标识符生成后，需要在 Handle 系统中注册才能生效。Handle 系统负责对唯一标识符及相关信息进行管理，并提供一套机制对唯一标识符进行解析。

2.1.3　Handle 系统解析原理

Handle 系统采用一种分布式、可伸缩、可扩展的结构，通过 Handle 协议将系统的各个服务组件联系起来，其整体架构如图 2-2 所示。

Handle 系统定义了一套分层的服务模型，其整体模型是由许多 Handle 服务来构成的，处于 Handle 系统顶层的服务称为全球 Handle 注册中心。Handle 系统中所有的命名授权均由 GHR 来管理，只有在 GHR 中注册后，命名授权才能够生效。

在系统中，命名授权是作为 Handle 来管理的，这样的 Handle 称为 NA Handle。NA Handle 为客户端访问和利用 Handle 服务组件提供必要的信息。在 GHR 下分布了很多其他的 Handle 服务，通常被称为区域 Handle 服务，每个 LHS 服务管理着 Handle 系统下的一个子名称空间(Sub-Namespace)，不同 LHS 服务下的名称空间互不重叠，子名称空间通常由一些命名授权下的 Handle 集组成，负责这些命名授权的 Handle 服务称为主服务(Home Service)，并且是唯一的为这些命名授权下的 Handle 提供解析和管理服务的。

由于命名授权存在分级关系，所以对命名授权负责的 LHS 也存在多层的上下级关系。LHS 实际上是一个逻辑上的服务概念，一个 LHS 由一到多个服务站点(Service Site)构成，不同的站点可以分布在不同的地域，而同一个 LHS 服务下的各服务站点的功能是一样的，可以将它们视为镜像关系。同一个 LHS 下服务站点数量的多少可以根据实际需要来配置，

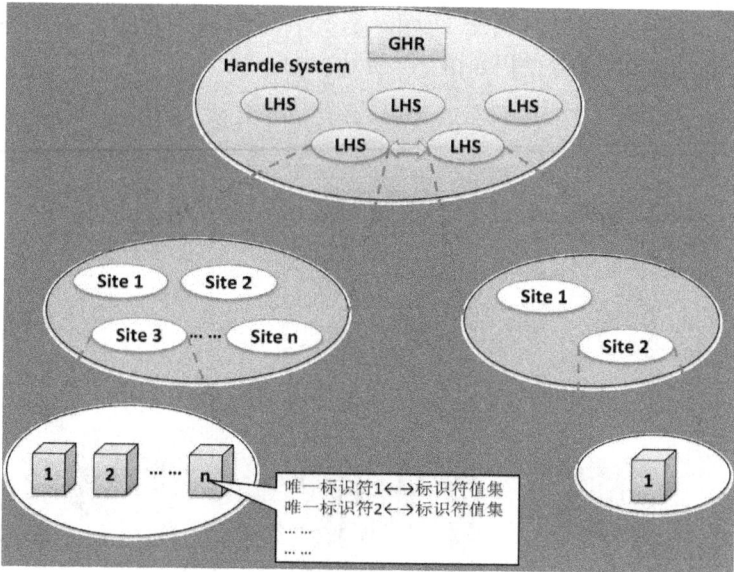

图 2-2　Handle 系统整体架构示意图

每个服务站点最终由若干台 Handle 服务器来构成，发送至服务站点的 Handle 请求最终被分发给这些 Handle 服务器。一个 LHS 所负责的子名称空间下所有的唯一标识符及与标识对象相关的信息(这里称为标识符值集)存储在这些 Handle 服务器上，由其响应用户请求并返回相应结果。

　　Handle 系统可以由任意数量的 Handle 服务组成，而构成 Handle 服务的服务站点的数量从设计上来说并没有限制，同样对构成服务站点的服务器的数量亦无限定。服务站点间的复制并不要求每个站点包含同样数量的服务器，换句话说，只要每个服务站点拥有相同的复制了的 Handle 集，则每个站点可以将这些 Handle 分布在不同数量的 Handle 服务器上。这种分布式方法为系统适应任意数量级的操作提供了可伸缩性，并且可以减轻或避免系统单点出错造成的危害。

2.1.4　Handle 系统解析实例及特点

　　基于 Handle 的唯一标识符由命名授权和本地名称构成。一个机构如果需要为自己的资源注册唯一标识符，首先需要向注册代理机构申请某个级别的命名授权，类似于域名的申请；一旦获得命名授权，机构便可以将资源的内部标识(需要具有内部唯一性)作为本地名称与命名授权结合成一个 Handle，并在 Handle 系统中注册。

　　在 Handle 系统中，不仅维护着众多的唯一标识符，更重要的是维护唯一标识符所标识对象相关的一些信息，这些信息在解析时可以返回给用户，以便告知被标识对象是什么样的资源，如何获取该资源及相关的服务，等等。

　　唯一标识符及相关信息的注册可以使用管理工具批量进行。数据注册完成后，唯一标识符可以在互联网上发布，用户便可以利用各种解析途径来对唯一标识符进行解析。

目前支持的解析途径包括：使用专门的客户端管理工具，使用装有解析插件的浏览器，使用 HTTP 代理服务器以及利用 Handle 系统 API 来编程解析。无论哪种解析方式，其基本原理是相同的，其解析过程如图 2-3 所示：

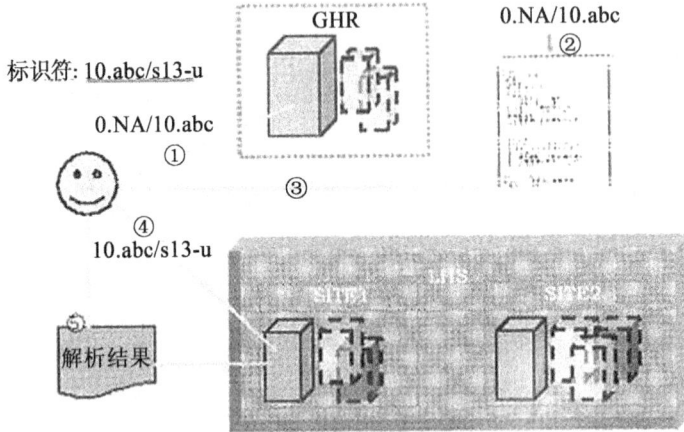

图 2-3　Handle 系统唯一标识符解析过程实例图

假设用户在浏览互联网时遇到一个唯一标识符为 10. abc/s13-u，它标识着某篇文献，用户希望解析该标识符来得到与文献相关的信息，或者下载全文，需经过如下过程：

（1）用户的浏览器首先将该唯一标识符的 NA Handle：0. NA/10. abc 发送给 GHR 系统；

（2）GHR 查询其 Handle 数据库，找到负责命名授权 10. abc 的 LHS 服务信息，该服务信息描述了 LHS 的构成，包括该 LHS 由哪几个站点构成，每个站点包含几台服务器，各服务器的服务地址和端口是什么，该命名授权下的 Handle 如何在这些服务器上分布，等等。

（3）客户端浏览器得到该服务信息后，据此判断 10. abc/s13-u 这个标识符应该发往服务站点中的哪台服务器去解析。

（4）浏览器向对应的 Handle 服务器发出解析请求，在此期间，可能会根据需要对通讯双方进行认证。

（5）Handle 服务器根据客户端的请求从数据库中检索出与唯一标识符对应的信息，将解析结果返回给用户。

与其他的解析系统或机制相比，Handle 系统的优势主要在于：

（1）命名系统灵活，与 URN 兼容，可保持标识符的唯一性及持久性。

（2）基于 Handle 的命名机制可以包容现有的标识符方案。

（3）内建一套完善的 Handle 协议来支持对 Handle 的解析。

（4）对单个 Handle 可实现多重解析。

（5）Handle 命名和 Handle Protocol 均实现国际化支持。

（6）分布式的服务和管理模式。

(7)安全而高效的解析和管理机制。

Handle 系统的这些特点使其明显优于其他解析方案。

2.2 DOI 系统

2.2.1 DOI 系统的背景及应用

"面对科研行业，信息超载是一个信息生态的大问题，全球每年有大量的学术论文发表，美国国家科学基金会发布的《2018 年科学与工程指标》报告显示，2016 年中国发表学术论文 42.6 万份，首次超过美国(40.9 万份)，成为全球第一。"这些论文是科研工作者在科研过程中不可或缺的研究资料，为了对论文进行定位、访问以及对论文的元数据进行管理，在这种背景下，由国际出版商协会，国际科学、技术和医学出版商协会，美国出版商协会共同倡议并创建了 DOI 系统。

DOI 系统于 1997 年发布于法兰克福书展，由国际 DOI 基金(International DOI Foundation，IDF)对 DOI 系统进行管理和功能完善。IDF 认为，Handle 系统具有迄今为止最完善的数字对象管理架构，因此 DOI 选择基于 Handle 系统来进行研发。但对于管理知识内容、促进电子商务建设的 DOI 系统，还需要在 Handle 基础上增加新功能以完善其框架。IDF 作为一个国际组织，成立董事会对其不同类型的会员机构进行管理，董事会成员由会员机构选举产生。会员机构包括创始会员、一般会员、注册机构会员和附属会员，每种类型会员的职责和权限各不相同。其中注册机构会员负责 DOI 系统的维护、DOI 号码的分配和保存、相关政策的制定以及数据库的使用和维护，注册机构只对 IDF 会员提供服务，其成员有资格参选成为董事会成员。DOI 系统最初只服务于文字出版类资源，作为数字环境下进行版权管理和保护的工具。公众认为，DOI 系统是一个能够胜任管理和识别数字网络内容、标识整合数字资源和多媒体应用的通用框架。DOI 系统建立后，IDF 选择 CNRI 作为其技术合作伙伴，且从 1998 年开始参与 INDECS 项目，INDECS 框架支持 DOI 数据模型。IDF 持有词汇映射框架 VMF(Vocabulary Mapping Framework)站点且参与其管理，IDF 的数据字典是 VMF 的一个命名空间。

2000 年，DOI 语法通过了国际标准化组织(International Organization for Standardization，ISO)标准化，2012 年 5 月 10 日通过了国际 DOI 基金会的《信息文档数字标识符系统标准》(Information and documentation—Digital object identifier system)，即 ISO26324 标准。该标准规定了数字对象标识符系统的语法、描述方式和解析功能组件以及 DOI 名称的创建、注册和管理的一般规则。

从 2012 年 5 月至 2018 年 7 月的 6 年中，DOI 标识符得到了广泛的应用。在国外，据 DOAJ 统计，开源期刊中采用了 DOI 标准的有全球 128 个国家的 11843 本期刊，共标识了 3216223 篇文章。在国内，根据中国科学技术信息研究所统计，国内期刊采用 DOI 标准的文章共计 28864962 篇。

DOI 标准之所以得到广泛的推广是基于 DOI 标准建立的学术信息生态更高效，能对大量的信息进行精确的标注：

（1）对于作者而言，优势在于通过 DOI 编码高效管理参考文献。

（2）对于读者而言，优势在于通过 DOI 编码能快速搜索到需要查阅的论文。

（3）对于图书馆而言，可以作为馆藏数据持久化和数据分析的一个字段。

从构成要素上来说，DOI 包括 4 个组成要素，即标识符、元数据、解析系统和规则。通过这些要素，DOI 能够提供数字对象与其元数据，提供数字对象与数字对象（逻辑上相关）之间具体物理位置的链接。

2.2.2　DOI 系统的命名空间定义

根据美国标准 ANSI/NISOZ39. 84-2000DOI 的编码方案规定，DOI 是由前缀和后缀两部分组成，其结构式为：<DOI>=<DIR>. <REG>/<DSS>。

由于编码规则对前缀与后缀的字符长度没有任何限制，因此，理论上 DOI 编码体系的容量是无限的。① DOI 前缀由两部分组成，一个是目录代码（Directory code，DIR），为 DOI 的特定代码，其值为 10，所有 DOI 代码都以"10. "开头，用以将 DOI 与 Handle 系统技术的系统区别开。另一个是登记机构代码（Registrant's code，REG），是 DOI 注册代理机构的代码，由 DOI 的管理机构——国际 DOI 基金负责分配，由 4 位阿拉伯数字组成。DOI 后缀（DOI suffix string，DSS）由 DOI 注册代理机构（registration agency，RA）自行给出，是一个在特定前缀下唯一的后缀，其编码方案完全由登记机构自己来规定，规则不限，只要在该出版商的所有产品中具有唯一性即可，是对数字对象定义的本地标识符。后缀可以是一个机器码，或者是一个已有的规范码，如国际标准书号（International standard book number，ISBN）或国际标准连续出版物编号（International standard serial number，ISSN）。DOI 的命名结构使每个数字资源在全球具有唯一的标识。

以《中国科技资源导刊》2017 年第 49 卷第 4 期第 4 篇文章为例，其 DOI 标识为：10. 3772/j. issn. 1674-1544. 2017. 04. 004。其中"10. "为 DOI 的特定代码，3772 为《中国科技资源导刊》DOI 注册代理机构的代码，J 为杂志（Journal）缩写，issn. 1674-1544 为《中国科技资源导刊》的 ISSN 号，2017. 04. 004 为 2017 年第 4 期第 4 篇。

DOI 标识符系统解析对应的元数据是 DOI 系统的组成要素，是促进 DOI 系统服务多样化的必需要素，是有效管理数字权益的基础。一个完整的标识系统，不仅要标识其在网络上的入口位置，还要有该位置上对象的具体信息，如所描述资源的题目、载体、作者等相关信息。所有注册的 DOI 都要求具有最低限度的核心元数据的声明，并且公开发布，允许任何用户访问。这种公开是单向的，也就意味着任何用户都可以免费查询其所对应的元数据，但是如果需要从相关的元数据，如题名、作者等，反向查询对应的 DOI，目前尚无法实现。②

---

① 张光威：《提高论文引用率行之有效的工具——数字对象标识符（DOI）》，《海洋地质与第四纪地质》2008 年第 4 期。

② 宋丹辉、徐宽：《数字对象唯一标识 DOI 的发展与应用研究》，《图书馆学研究》2006 年第 8 期。

2.2.3 DOI 系统解析原理

DOI 以两种技术为基础：Handle 系统和 Indecs 元数据。Handle 系统是用于互联网信息的命名、解析和管理的技术平台；Indecs 元数据是用于在电子商务环境下实现数据互操作的元数据框架。Handle 系统技术包含了多重解析（multiple resolution）的功能，即一个 DOI 不仅指向一个统一资源定位符（uniform resource locator，URL），还可以指向多个 URL，以及 URL 以外的其他各种类型的元数据。实际上，DOI 可以认为是一种统一资源标识符（universal resource identifier，URI）或统一资源名称（universal resource name，URN），是信息的数字标签和身份证。DOI 的多重解析功能，使得在解析出多个 URL 时，可以选择离用户最近的一个镜像站点下载数据，同时，还能链接到该资源的许多相关信息。多重解析不仅确保了对资源的访问，而且有利于资源的深度利用。[1]

DOI 系统的解析机制基于 Handle 系统，因此 DOI 编码兼容 Handle 编码。但是 DOI 系统主要是应用于出版行业，DOI 编码系统继承了 Handle 编码系统的特性，但是又有进一步的发展。

从出版流程而言，DOI 编码分为期刊注册、文章注册。例如，对于 DOI 的顶级注册商台湾华艺公司会先根据出版社提交期刊的 ISSN 号申请注册 REG 代码，完成期刊注册。出版社在每出版一本期刊时，对每一篇文章注册 DSS 代码并发布完整的 DOI 号码，然后华艺公司会同步传给国际 DOI 基金会（IDF）。DOI 系统和 Handle 系统不同，肖红[2]等相关学者对此作了比较，如表 2-2 所示：

表 2-2　　　　　　　　国内外唯一标识符系统在管理方面的对比[2]

项目	Handle 系统	DOI	公共图书馆唯一标识符系统
发起机构	美国 CNRI（非营利组织，美国国防部高级研究计划署资助）	国际出版商协会，国际科学、技术和医学出版商协会，美国出版商协会	文化部
管理者	美国 CNRI（非营利组织）	IDF 基金会（非营利组织）	国家中心（挂靠国家图书馆）
国家参与	否	否	国家中心代国家管理
系统服务对象	更广泛的团体和机构	个人或机构	国内公共图书馆
范围	全球	全球	中国
服务模式	两层服务（GHR 和 LHR）	对不同类别会员提供不同服务	为公共图书馆提供唯一标识符注册服务

---

[1] 莫琳芳、李喆、林永丽、王映红、张阵阵、甘辉亮：《数字对象唯一标识符的应用与发展现状》，《海军医学杂志》2016 年第 4 期。

[2] 肖红：《国内外数字资源唯一标识符系统对比研究》，《图书情报导刊》2016 年第 6 期。

续表

项目	Handle 系统	DOI	公共图书馆唯一标识符系统
系统权威性	业界著名、功能完善	业界著名、功能完善	运行初期
行业标准	应用广泛，无标准	成为 ISO 标准	国内无标准
资金来源	资助、服务费和注册费	注册费	国家专项费用
具体服务单位	全球或本地的注册机构	签约的注册代理	组织结构人员
成员分类	两个大的层级	分多种会员，每种权限不同	只服务于公共图书馆
会员收费	收	收	否
资源注册费	收	收	否

此外，从编码内容而言，DOI 编码系统本身由国外的 IDF 研制完成，并不完全符合中文文献。因此，2012 年，文化部在兼容 ISO26324 标准的基础上，提出了数字对象唯一标识符规范标准，即《WH/T 48-2012 标准》，编码也叫做 CDOI 编码。

根据《WH/T 48-2012 标准》的分类，对于古迹、拓片，DOI 编码并不涉及，如表 2-3 所示：

表 2-3 　　　　　　　　　　　　信息资源名称规范列表①

资源名称	Collection Name
古籍	rarebook
舆图	atlas
拓片	rubbing
家谱	genealogy
地方志	chorography
期刊论文	JNArt
会议论文	ConPaper
学位论文	ETD
电子图书	ebook
音频资源	audio
网络资源	websit

---

① 欧阳宁、王莹、谢丽佳：《数字对象唯一标识符 CDOI 探析》，《图书馆理论与实践》2018 年第 3 期。

国内学者在 DOI 的基础上提出了 CDOI，CDOI 的系统架构如图 2-4 所示：

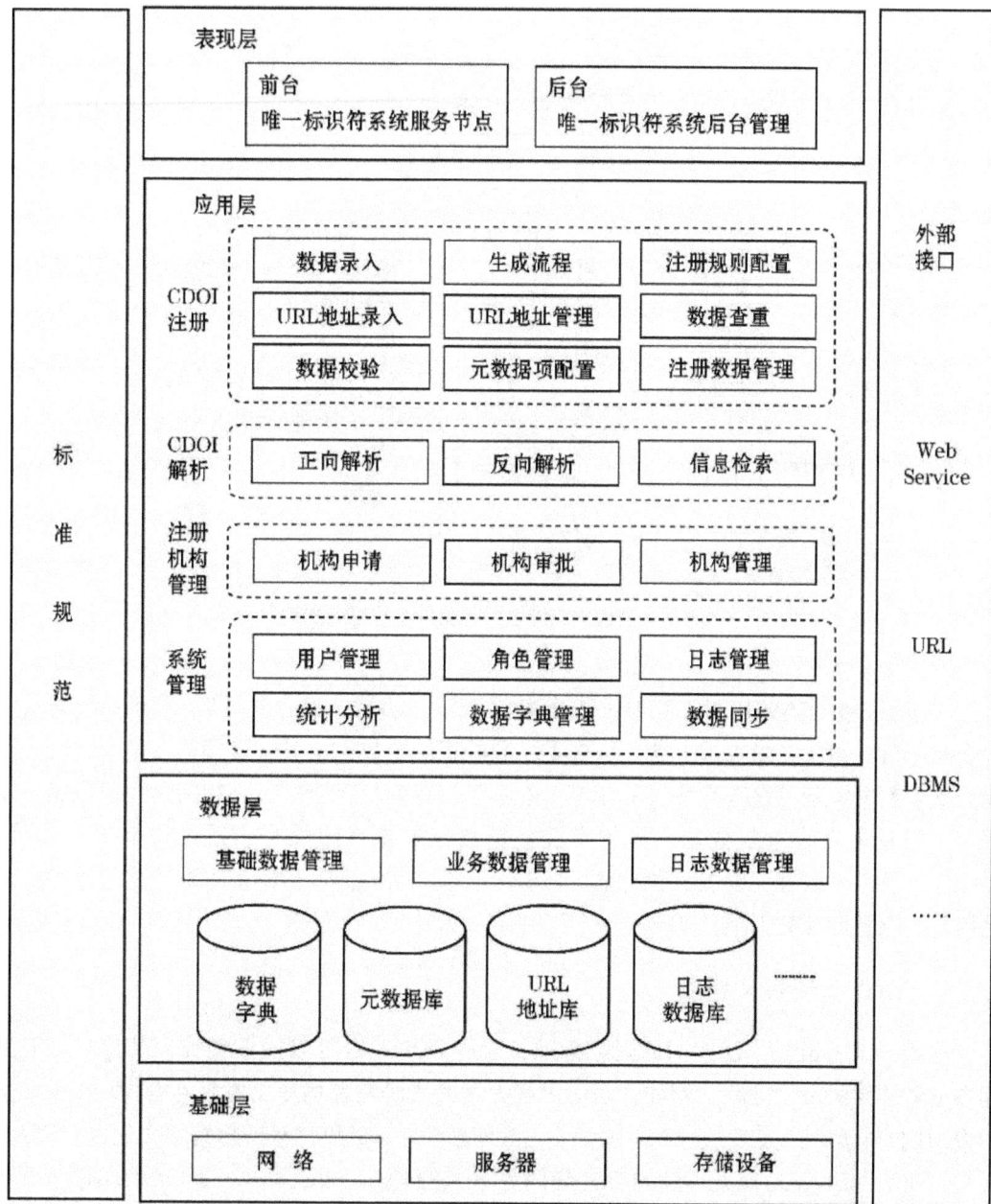

图 2-4　CDOI 系统架构图①

---

① 童忠勇、李志尧、孙秀萍：《国家数字图书馆数字资源唯一标识符系统的设计与实现》，《图书馆学研究》2013 年第 21 期。

11

根据 CDOI 系统架构图，王宇鸽研究了解析机制，如图 2-5 所示：

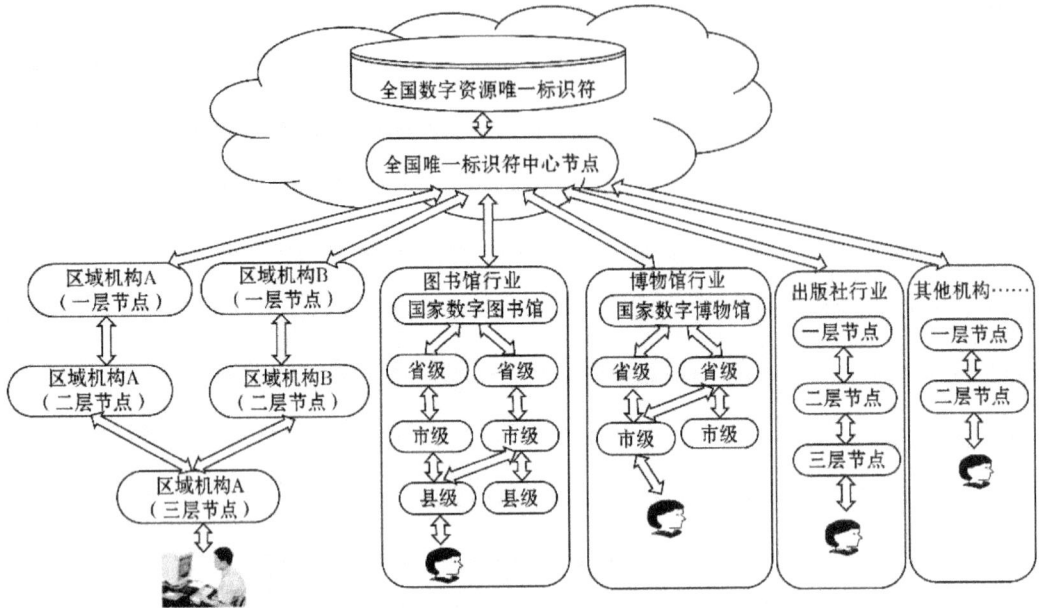

图 2-5　全国数字资源唯一标识符系统部署架构①

对于图 2-5 描述的机制，和 Handle 解析系统不同的是，王宇鸽指出："当一级查重字段全相等时，进行二级查重。若二级查重字段的相等个数大于等于设置的权重个数时，判断为重复数据；若二级查重字段的相等个数小于设置的权重个数时，判断为相似数据，需要人工判断是否为重复数据。具体字段包括数据来源系统编号、系统内部唯一编号、MARC 记录唯一编号、题名、创建者、ISBN（ISSN）、出版者、出版时间、资源类型、描述信息、颗粒度等数据项。"①

2.2.4　DOI 系统歧义问题

尽管 DOI 标准是广泛使用的国际标准，通过 DOI 编码可以搜索到唯一的论文，但是存在搜索结果的歧义问题。例如，西南民族大学民族研究院杨正文教授在《中国农业大学学报（社会科学版）》发表《从村寨空间到村寨博物馆——贵州村寨博物馆的文化保护实践》一文，在知网（CNKI）搜索得到的 DOI 编码为 10.13240/j. cnki. caujsse. 2008. 03. 017，而在万方数据搜索得到的 DOI 编码是 10.3969/j. issn. 1009-508X. 2008. 03. 001。这两个 DOI 编码在 IDF 查询均可以得到下载地址，但是属于同一篇文章，这样形成歧义问题。

看上去是歧义问题，但是以信息生态学视角，却是"信息生态位"问题的附属问题，

---

① 王宇鸽、王乐春、童忠勇、崔明明、万静：《数字资源唯一标识符体系统分析》，《图书馆学研究》2014 年第 3 期。

属于"信息生态位的重叠与竞争问题"。"信息生态位重叠与竞争是指当两个生物物种利用或占有生态环境中同一生态因子时，就会出现生态位重叠现象，此时，就会有一部分空间被两个物种的生态位所共有。在现实中，生态位完全相同的信息人一定会发生激烈的竞争，尤其是共处于同一生态环境之中的信息人之间，竞争的激烈程度愈加激烈。两个生态位完全相同的信息人不可能始终共存在一起，其中一个信息人最终会将另一个信息人完全排除。"①

具体来说，每个出版发行机构都有自己的"信息生态位"，有专门的医学出版社，也有专门的社会科学出版社。有些既是社会科学研究的问题，同时也是医学科研问题，存在"信息生态位"重叠现象。同时，同一"信息生态位"因为市场原因也会竞争，比如中科院系统很多期刊属于中国知网独家授权，其他数据库则没有发行代理权，但是，万方数据公司却有很多中华医学会的医学期刊资源。

因此，DOI 的歧义消除问题不是简单删除 DOI 系统的歧义数据，而是既可以保证不同"信息生态位"的本身功能不破坏，同时又能有效提出新的机制，提高信息利用的效率。因此，本书具体的研究方法是基于研究 DOI 编码的生成机制，研究目标是在兼容现有 DOI 标准前提下，提出改进措施，尝试解决 DOI 的歧义问题。通过解决 DOI 的歧义问题来解决不同"信息生态位"的信息共享冲突问题。

DOI 贯穿在出版流程上主要存在的现象如下：

（1）从审稿流程而言，国内部分期刊并没有使用投稿系统，只能邮箱投稿，例如《图书馆学研究》；部分期刊只接受论文纸质版的投稿，例如《中国软科学》。这些期刊没有采用 DOI 信息管理系统。

（2）从经济角度而言，国内期刊社大多是非营利的事业单位，经费并不充足，没有购买 DOI 注册服务。DOI 注册本身需要付费，"中文 DOI 每年年费为 500 元人民币；数据集不超过 5000 条时，每个 DOI 为 0.5 元人民币，多于 5000 条则每个 0.3 元人民币"②。

（3）从安全角度而言，DOI 系统需要向 IDF 同步数据，而 Handle 系统可以不需要。因此国家图书馆只用 Handle 系统，不用 DOI 系统编码。国家图书馆出版的《国家图书馆学刊》没有购买 DOI 注册服务。

《图书馆学研究》《中国软科学》《国家图书馆学刊》都属于南京大学 CSSCI 检索核心期刊，具有一定的代表性。这些期刊社将已经录用的文章发给图书馆数据库（如知网和万方），然后数据库加工文章后进行 DOI 编码。由于不是期刊社直接注册 DOI，从源头上就没有办法保证文章的唯一性。因此，尽管从 DOI 编码可以得到一篇唯一的论文，但是存在根据论文的标题搜索会得到很多不同 DOI 编码，而论文本身属于同一篇的情况。

歧义问题的成因表面上是以下三点：

（1）期刊社不使用 DOI 服务，由第三方机构自行进行 DOI 编码。第三方机构在编码时

---

① 刘志峰、李玉杰：《信息生态位概念、模型及基本原理研究》，《情报杂志》2008 年第 5 期。
② 罗鹏程、崔海媛、聂华、朱玲、韦成府：《高校图书馆持久标识符应用研究》，《大学图书馆学报》2017 年第 5 期。

没有录入期刊的元数据，而"元数据是促进 DOI 服务多样化的必需要素，是有效管理数字权益的基础"①。

（2）期刊社虽然使用 DOI 服务，但是同时委托多家第三方机构而不是一家第三方机构独家进行 DOI 编码。

（3）第三方机构的 DOI 编码中的 REG 代码不同，必然会造成信息重复，产生歧义。

但是，如果站在信息生态学角度，这些技术成因背后的原因是：

（1）从期刊社角度，是"信息生态位的分离"。刘志峰对"信息生态位分离"的定义是："在自然界，生活在同一群落中的各种生物物种的生态位都具有明显的差异，也就是说每一个物种的生态位都同其他物种的生态位相分离，这种现象就称为生态位分离。当许多生物共同占有某一特定的生存环境时，环境资源将被充分利用并尽可能最大限度地容纳更多的物种，使得生物物种间的竞争减少到最低程度。自然竞争的压力，促使生物物种不得不通过生态位的分离，达到与群落环境中其他物种的共存。信息人也同样存在生态位分离的现象，现实中，信息人之间在资源维度上经常会因重叠而发生竞争排斥。为了避免恶性的、无谓的竞争排斥作用，多数信息人会采取有效措施，对自身的生态位不断注入特质因子，有意识地将生态位与其他信息生态位分开，也有信息人会另辟新的生态位空间，扩大自身生态位中高适度空间的面积。"②中国学术期刊需要获得刊号的行政审批，刊号行政审批极其困难，同时很多学术期刊依托学术协会，对于每个期刊会在自己的细分学科上办出特色，因此不通过期刊会出现"信息生态位"分离而不是竞争，期刊社会委托第三方机构而自己本身并不使用或者不直接使用 DOI 编码。

（2）从数据库角度，是"信息生态位"的竞争。刘志峰等学者对"信息生态位竞争"的相交关系定义是："相交关系是指两个信息人的基础生态位只发生部分重叠，此时就会有一部分生态位空间被两个信息人共同占有，其余则为各自分别占有。在这种情况下，由于两个信息人都占有一部分无竞争的生态位空间，因此可以实现共存，但具有竞争优势的信息人将会占有那部分重叠的生态位空间。"国内主要的期刊数据库是知网、维普和万方，三者构成相交关系，因此会导致知网、维普、万方对 DOI 编码对象的重复编码。

2.2.5　PIIR 模型的消歧研究

对于上述成因，相关学者对歧义问题进行了不同层面的定义，设计了不同的解决机制，如 N. Paskin 定义了的三个层次：

（1）语法互操作性：系统处理语法字符串的能力，即使不同的系统采用了不同的语法模式，也可以识别出来。

（2）语义互操作性：系统确定两个不同的标识符是否表示同一个指示物，如果不是，两者是否有关系。

---

① 谷琦：《数字对象唯一标识 DOI 的应用研究》，《现代情报》2009 年第 5 期。
② 刘志峰、李玉杰：《信息生态位概念、模型及基本原理研究》，《情报杂志》2008 年第 5 期。

(3)交流互操作性：系统使用标识符合作和沟通的能力。①

刘振根据 N. Paskin 定义的三层次设计了"持久标识符互操作参考模型"（Persistent Identifier Interoperability Reference Model，简称 PIIR 模型），该模型主要分为登记机构（如 DOI 注册机构）、内容提供商（如期刊社）、解析器（如判断是否属于同一篇文章）三个层面去共享信息，消除歧义，具体模型如图 2-6 所示：

内容提供商 ➡ 登记机构 ➡ 解析器

图 2-6　持久标识符互操作参考模型

本书认同 N. Paskin 的层次定义和刘振的模型划分，但是该模型如果实际应用，除了解析器部分可以由计算机程序完成，而登记机构和内容提供商则需要协同和配合，不能做到完全自动化编码生成，此外该模型主要针对单篇文章的鉴别。

本书认同王宇鸽②对于"持久标识符互操作参考模型"中解析器部分的字段设计，这些字段均采用元数据而不是全文数据，生成唯一标识符时不涉及期刊社版权问题，根据这些字段可以用来判断是否为同一篇论文。但是在该机制使用过程中并未解决"持久标识符互操作参考模型"中登记机构问题，如果标识符登记机构不一样，仍会造成重复数据和歧义问题。

2.2.6　DOIAI 模型的消歧研究

本书在"持久标识符互操作参考模型"的基础上提出了新的模型"数字对象唯一标识符自动标引"（Digital Object Unique Identifier Automatic Indexing，DOIAI）模型，此模型并不只是在技术层面解决歧义问题，更是站在信息生态学视域下，提出机制的改进，把数据库渠道厂商的"信息生态位"的竞争关系变成"信息生态位"的分离关系，同时利用改进的机制建立信息生态的信息平衡。

本书提出的新的模型基于"持久标识符互操作参考模型"（PIIR 模型），但作了扩展和改进，改进的目标是减少"持久标识符互操作参考模型"中登记机构和内容提供商的人工协助，同时兼容 Handle 编码系统和 DOI 编码系统。它分为 4 个模块。信息发现模块和自动标引模块的目的是解决歧义消除问题，同时不破坏"信息生态位"，目标是把"信息生态位"中竞争关系的相交关系转变成"信息生态位"中的分离关系。标识维护模块既提供程序自动化维护，也提供利益关联方授权维护，同时提供标识评价模块。标识维护模块和标识评价模块是为了扩宽"信息生态位"中处于分离关系的各关联方，提高"信息生态位"的宽

---

① 刘振：《数字资源的持久标识符互操作参考模型构想》，《图书情报工作》2014 年第 5 期。

② 王宇鸽、王乐春、童忠勇、崔明明、万静：《数字资源唯一标识符体系系统分析》，《图书馆学研究》2014 年第 3 期。

度，让整个体系能容纳得更多，如图 2-7 所示。

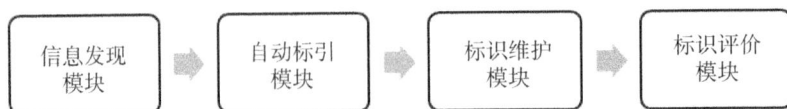

图 2-7　数字对象唯一标识符自动标引模型（DOIAI 模型）

1. 信息发现模块

该模块主要用于获取内容提供商，如期刊社的期刊元数据和文章元数据，期刊元数据字段为期刊的打印版国际刊号（Print ISSN），文章元数据字段为已发表文章的目录数据，即文章发表的年、卷、期。同时还需要获取文章的标题数据、作者数据和摘要数据。如果该文章有 DOI 编号，则获取 DOI 编号，如果没有则不获取。如果文章没有摘要，则将文档正文第一自然段视作摘要。同时还需要得到获得数据源的网址，具体信息发现模块获取的内容数据如表 2-4 所示：

表 2-4　　　　　　　　　　　　信息发现模块获取的内容数据

元数据类别	元数据标识符	元数据标题	是否必须获取
数据源网址	url	获得元数据的网站	必须
期刊元数据	issn	打印版国际刊号	必须
文章元数据	title	文章标题	必须
文章元数据	author	文章作者	必须
文章元数据	volumn	文章发表的年卷期	必须
文章元数据	abstract	文章摘要	必须，如果没有则为文章正文第一自然段
文章元数据	doi	文章 doi 编码	非必须

2. 自动标引模块

该模块是 DOIAI 模型的核心模块，该模块的作用类似"持久标识符互操作参考模型"的解析器模块，主要用来判断不同数据源得到的文章是不是本质上属于同一篇文章。根据不同类型生成的 DOIAI 模型编码，该编码采用 Handle 编码系统，并不是直接标记文章的 DOI 编码。具体自动标引的决策树如图 2-8 所示。

在图 2-8 决策树中，判断期刊是否相同，根据期刊元数据的打印版国际刊号 ISSN 判

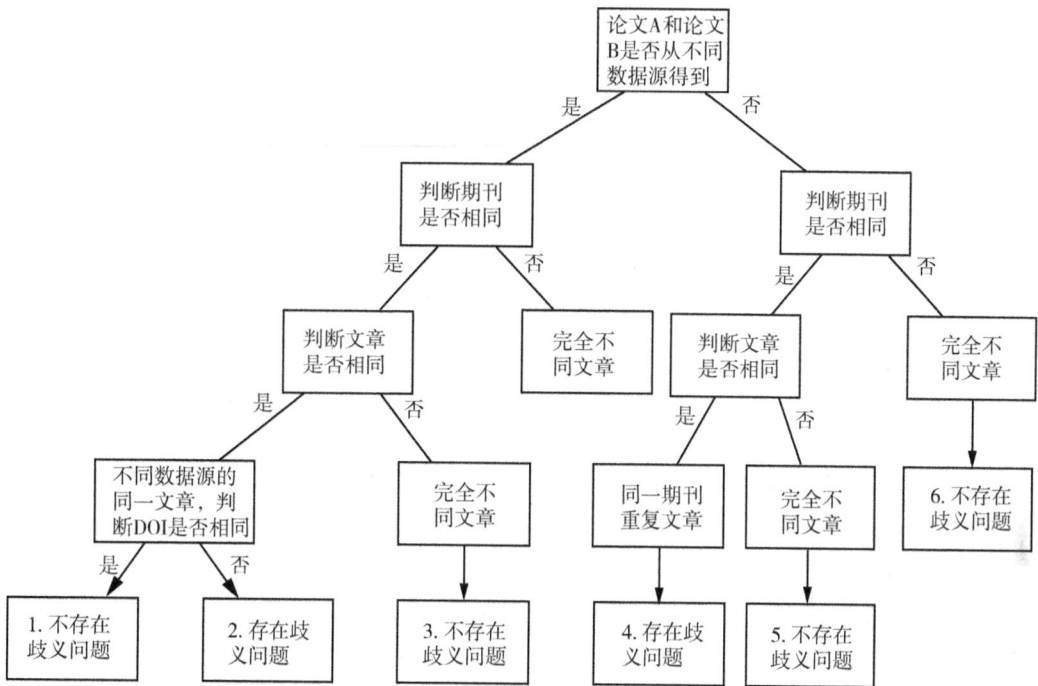

图 2-8 自动标引决策树

断。判断文章是否相同，根据两篇论文的标题、作者、文章发表的年卷期、文章摘要这四个字段是否同时相同来判断。因此根据图 2-8 决策树，仅有结果 2 和结果 4 存在歧义问题，其他结果(结果 1、结果 3、结果 5、结果 6)不存在歧义问题。

对于结果 2，DOI 本身用于标记文章，即根据一个 DOI 编码查询得到一篇文章，但是根据一个标题可能查出多个不同 DOI，属于同一篇文章的结果，此时的歧义问题从作者创建参考文献是歧义问题，但是从读者根据 DOI 下载文章是备份。另外，如果采用标题搜索文章会得到两个不同 DOI 编码但属于同一篇论文的结果。

因此，DOIAI 模型把结果 2 的所有数据存储为一个列表数据，列表中的每一项代表一个文章 DOI 编码，为这个列表生成一个列表 Handle 编码，同时，如果文章本身没有 DOI 号码，则采用 DOIAI 模型生成文章的 Handle 编码。DOIAI 模型生成的 Handle 编码分为文章 Handle 编码和列表 Handle 编码，具体的编码格式定义如下：

(1)文章 Handle 编码格式。

文章 Handle 编码格式的定义为：

<Handle 前缀>/<TYPE 类型>. <ISSN 号码>. <年 . 卷 . 期>/<数据源网址>

其中<Handle 前缀>为 CNRI 注册提供，例如测试的前缀为 20.500.12288，期刊文章的<TYPE 类型>为字母 a，代表 article。

如果被 Handle 编码的文章本身有 DOI 编码，则文章 Handle 编码指向 DOI 编码，如果没有则指向获取该文章的数据源网站的文章下载地址。例如，对于杨正文教授在《中国农业大学学报（社会科学版）》发表的《从村寨空间到村寨博物馆——贵州村寨博物馆的文化保护实践》一文，根据文章 Handle 编码格式生成的编码如表 2-5 所示。

表 2-5　　　　　　　　　　　　　　　文章 Handle 编码示例

数据源	DOI 编码	文章 Handle 编码
万方	10. 3969/j. issn. 1009-508X. 2008. 03. 001	20. 500. 12288/a. 1009-508X. 2008. 03. 001/ wanfangdata. com. cn
知网	10. 13240/j. cnki. caujsse. 2008. 03. 017	20. 500. 12288/a. 1009-508X. 2008. 03. 001/ cnki. net

（2）列表 Handle 编码格式。

列表 Handle 编码格式的定义为：

<Handle 前缀>/<TYPE 类型>. <ISSN 号码>. <年 . 卷 . 期>

其中期刊文章的<TYPE 类型>为字母 j，代表 journal。列表 Handle 编码请求返回的数据是一组文章 Handle 编码的集合，但是约束条件是集合中的文章 Handle 编码不能完全一样。例如，对于杨正文教授在《中国农业大学学报（社会科学版）》发表的《从村寨空间到村寨博物馆——贵州村寨博物馆的文化保护实践》一文，根据列表 Handle 编码格式生成的编码为 20. 500. 12288/j. 1009-508X. 2008. 03. 001。当利用 Handle 编码系统或者 DOI 编码系统请求数据，返回的数据包如图 2-9 所示。

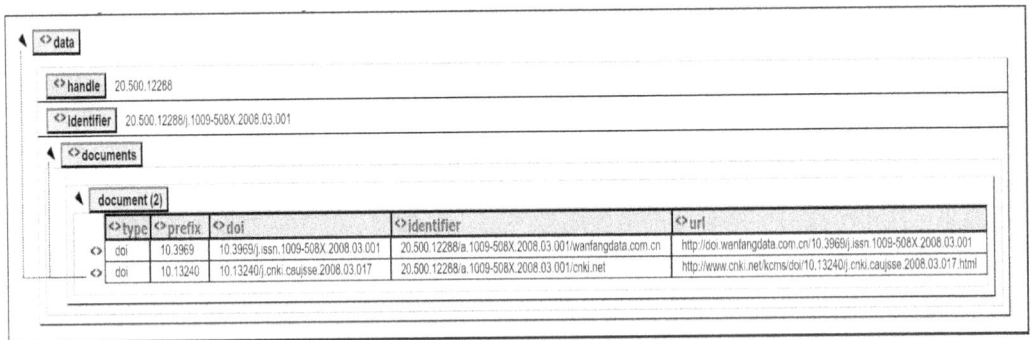

图 2-9　列表 Handle 编码返回数据

从图 2-9 可以看到，当采用 DOIAI 模型生成列表 Handle 编码后，访问列表 Handle 编码 20. 500. 12288/j. 1009-508X. 2008. 03. 001 后可以得到知网和万方的文章列表，同时由于采用 DOIAI 模型进行编码，会在 DOI 编码上增加一层列表，如果通过知网的 DOI 无法获得文章，则可以根据列表 Handle 编码中的其他文章 Handle 编码得到网址元数据。如果用户进行搜索时返回的不是文章的 DOI 编码而是该文章根据 DOIAI 模型生成的列表 Handle 编码,可以确保搜索一个文章标题、作者或者摘要后得到唯一列表 Handle 编码,这样也就消除了歧义,同时 DOIAI 模型生成编码过程不需要登记机构和内容提供商协助,可以自动化生成。

同理,对于结果 4,生成的文章 Handle 编码完全一样,此时代表数据源网站自身的数据备份,列表 Handle 编码只保留最后一篇文章的 Handle 编码,这样就消除了歧义。

通过自动标引模块,解决了图 2-8 中的结果 2 和结果 4 的歧义消除问题。

3. 标识维护模块

标识维护模块分程序自动化维护模块和利益关联方授权维护模块两个模块:

自动化维护模块:通过自动标引模块建立索引完成后,即可通过 Handle 编码系统或者 DOI 编码系统查询通过 DOIAI 模型生成的编码,这是因为期刊的各类信息在不断变化,需要不断地自动化维护。自动化维护模块的核心技术是通过互联网爬虫技术自动从各种公开发布的 PDF 报告中自动分析数据来维护标识,此过程无需人工干预。比如,南京大学每年都在更新 CSSCI 期刊目录。而数据库比如知网、万方等网站更新,如果是基于人工管理数据则不一定及时,此时对于期刊元数据的获取可能本身是因为历史数据导致存在错误。在笔者进行数据查阅时,发现知网收录的 CSSCI 期刊有 899 本,而最新的南京大学 CSSCI 期刊只有 753 本(含 CSSCI 扩展板),通过对比发现知网并未将已经不在最新版 CSSCI 的期刊移除。但是自动化维护模块会自动利用 CSSCI 的 PDF 报告的数据维护标识。

利益关联方授权维护模块:提供期刊社的实名维护认证,实名认证的认证凭证是 ORCID。当利益关联方实名认证之后,利用 ORCID 社区的开放数据来升级自动化维护模块的数据,利益关联方可以在自动化维护模块生成的数据基础上追加特色数据,但不能删除自动化维护模块生成的数据。通过 ORCID 对标识的认证来认领、维护和升级相关数据,这样就能加速利益关联方的"信息生态位"分离,使整个信息生态环境能容纳更多不同性质的信息。

4. 标识评价模块

通过标识维护模块维护数据后,本模型会监测不同标识符的维护频率,对信息质量进行评价,并且将评价数据追加到自动化维护模块或者利益关联方授权维护模块产生的信息之后,同时禁止删除之前的数据,这样积累的评价数据越来越多,会激励利益关联方的定位分离,也促进更多的利益关联方参与评价。当一个原始信息的评价信息更多时也有利于对该信息的歧义消除。标识评价模块产生的数据是对利益关联方授权维护模块产生的数据的补充,利益关联方授权维护模块是对自动化维护模块的补充。三者关系如图 2-10 所示:

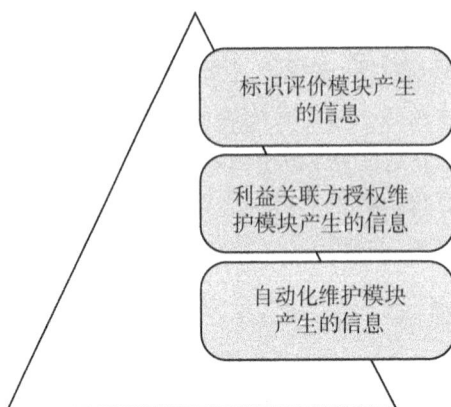

图 2-10　标识维护模块和标识评价模块信息关系图

2.3　元数据溯源研究

2.3.1　元数据溯源的研究背景

对于 Handle 系统或 DOI 系统来说，除了歧义消除问题外，另一个重要的问题是溯源问题。Handle 系统或者 DOI 系统本身并不限于标记论文科研数据，笔者在参与国家重点研发计划——生物安全关键技术研发重点专项"中国人类遗传资源样本库建设"的科研项目中，期望利用 Handle 系统和 DOI 系统的特点管理人类遗传资源样本信息。

从 Handle 系统和 DOI 系统的特点来看，该协议非常适合中国人类遗传资源平台样本信息的管理，但是也存在一个明显的缺陷，即无法提供可溯源功能。这是由于该协议早期的设计思想是针对知识版权保护而提出的，资源本身的高可备份性质、只读性质决定了收录后的资源在使用中出现的修改、移动、删除等操作大多具备可回溯能力。

人类遗传资源有其特殊性，收录后的操作、转移和使用必然会在可预见的时间内出现，这就导致在资源流转过程中出现不同时间的差异，因此需要加入有效的版本管理方案，这是现有 Handle 系统和 DOI 系统所无法完成的。

对于人类遗传资源研究，从其研究背景来说，我国《"十三五"国家科技创新规划》提出了对于改善和提升人类遗传资源系统整合与利用的新研究方向，这对中国人类遗传资源平台样本信息的精细化管理提出了更高的要求。

从现实应用的角度来看，实现资源精细化管理的基本方法是，在资源记录的命名时采用统一资源标识符，Handle 系统或者 DOI 系统在资源类型上与人类遗传资源有显著区别。

另外，人类遗传资源不仅记录基本信息，还记录物质信息。人类遗传资源的记录是为了保证完整性和溯源性，需要对物质信息的变动情况进行详细记录。而现有的流行标识符标准大部分未提供相关物质信息变动记录的细化标准①，在应用中需要额外设计辨识方法，而且若设计完成的方法缺乏国际标准的支持，也很难得到广泛的推广与应用。由于人类遗传资源的稀缺度高，任何不当使用都会导致资源价值利用不到位，为了保证使用的正确性，需要针对数据采集过程提供溯源功能，以便资源使用者合理利用相关资源。目前，国内在人类遗传资源管理研究方面主要集中在资源的共享与利用标准化，其中涉及两个大的模块：

（1）资源样本的处理规程标准，包括人类遗传资源信息的采集技术规范（涉及标本采集、整理和保存）、信息加工技术规范（涉及标准的加工、备份）、资源库的架设规范等。

（2）信息的描述标准，包括共性信息的描述规范、特性信息的描述规范、个性化信息的描述规范等。

目前，在实际应用中，中国人类遗传资源样本信息源管理的基本流程如下：

（1）制定物质资源处理与信息资源处理的基本规范，基于相应规范进行资源采集和记录。

（2）通过标准化的资源处理规范建设标准化资源信息库，所有采集和记录的资源通过信息库实现共享和发布。

（3）资源使用单位直接在资源库中进行信息检索和查询，查询到所需资源后再进行申请使用。

在信息标准化管理下，信息采集、加工和处置的基本流程如图 2-11 所示。

从图 2-11 所示的流程管理模式来看，中国人类遗传资源平台能够分别针对生物样本的实物资源以及与样本相关的遗传信息数据资源进行标准化处理，提供了在数据信息资源管理中共性信息、特性信息、个性化信息 3 项基本规范。② 其中，个性化信息规范能够为资源管理、操作、转移的责任人归属提供必要的管理条件。但从整个应用流程来看，其中并没有设计资源操作和时间、责任人溯源规范，或者说在溯源方法上没有提供一个标准方案。

结合这一流程来看，资源的使用和操作在申请使用后结束，此后不再有资源的记录，而且现有的资源记录标准中并未明确采集信息的完整记录要求，如果资源在使用后出现浪费或不当利用的情况，稀缺资源使用后不可再生，想要再去追究责任人的责任也就十分困难。

同时，从资源信息元数据管理的角度来看，国内针对中国人类遗传资源管理的研究大多集中在情报学领域，其中主要研究内容集中在资源样本命名的规范化和标准化管理，同时涉及了资源采集标准和保存标准。在信息记录的命名标准方面，为了实现资源共享的基本需要，对相关描述规范进行了标准化限制。如果有采集的溯源条件，资源的信息完整性以及适用建议都更为精确，这对降低样本浪费问题有十分明显的帮助。③

---

① 宋文、朱学军：《〈资源描述〉国家标准及对我国信息资源描述标准体系的思考》，《数字图书馆论坛》2016 年第 12 期。

② 王帅：《基于 DCI 的版权保护核心架构研究与实现》，北方工业大学学位论文，2015 年。

③ 肖红：《国内外数字资源唯一标识符系统对比研究》，《图书情报导刊》2016 年第 6 期。

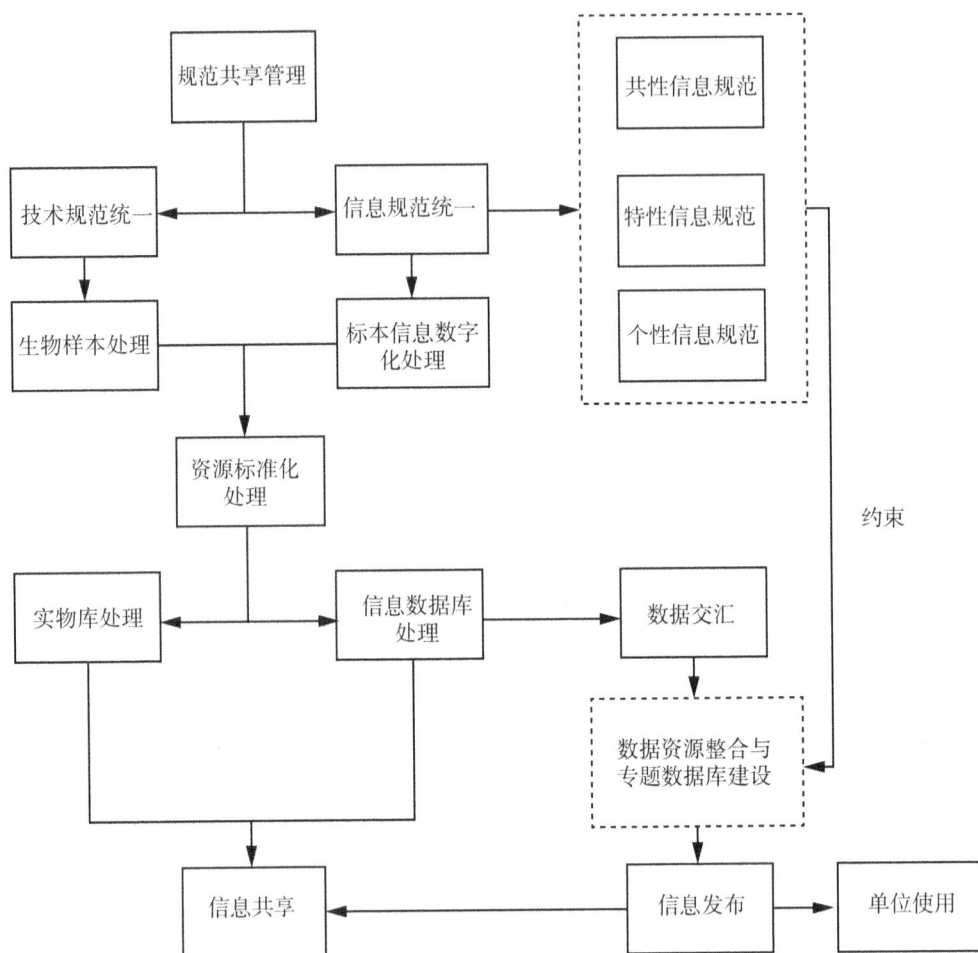

图 2-11　中国人类遗传资源平台资源共享的标准化管理基本模式

基于以上研究背景，本书作了元数据溯源问题研究并且以中国人类遗传资源样本信息为例。

从研究内容上说，元数据溯源问题研究包含业务模式溯源和技术模式溯源两类。其中业务模式溯源基于 SPREC 标准进行改进，技术模式溯源基于 IT 领域的版本技术进行改进。

2.3.2　SPREC 标准定义

国际社会环境和生物库（ISBER）认为，传统的资源管理模式无法有效对过往记录进行标准化管理，而生物样本资源在保存、使用的过程中会经常出现暴露操作，某些情况下会出现不必要的资源浪费，这对于资源保障并不利，因此为了提供稳定的样本资源记录条件，提出了 Standard PRE Analytical Code（SPREC）编码标准。

该标准针对生物样本资源的标识符管理需求，专门对生物遗传资源中物质信息的细节进行定义，将记录的信息内容具体到样本组成、样本属性、样本质量的可变影响因素、变异情况、可识别情况、协同操作标识等多个方面，可以说该标准是能够实现全面覆盖物质信息和基本信息全面记录的有效条件①，能够在标识符层面对资源类型进行准确归类，同时还能提供资源操作的可溯源管理条件，极大地方便了生物遗传资源标识符管理；同时，这一标准在全球的推广正在同步进行，未来也能够获得更为优秀的复用条件，便于资源库采集类型和规模的扩展。SPREC 标识符协议是由 ISBER 开发的资源管理方案和标准中的样本方案（A-01）和保存标准（A-02），其中保存标准主要指冷藏标准。配合信息记录标准，资源记录分为 7 个基本元素：

（1）元素 1，记录资源采集的具体环境、区域，包括 periphyton，benthic，epilithic 等 13 种区域环境描述词。

（2）元素 2，记录资源的具体收集方法，包括 squeezing，scracping，grasping，unkown 几种。

（3）元素 3，收集容器，包括 glass bottle，polyethylene bag，polyethylene bottle，unkown 几种。

（4）元素 4，运输和转移的基本条件，包括运输过程中所需维持的温度条件、压力条件、振动条件等。

（5）元素 5，运输时间，按照最低 1—2 天、最高 6 个月进行分类，基本标识以 days，weeks，months 进行单位记录。

（6）元素 6，隔离保护条件。

（7）元素 7，培养过程，样本培养过程描述。②

其中，样本的冷藏保存记录元素也有 7 个：

（1）元素 1，用于描述资源纯度和低温储存情况，一般记录是否改变过储存空间的环境，或者记录是否使用。

（2）元素 2，用于描述资源的类型、形状，是对资源记录的进一步描述，一般还需对样本收集和加工过程中的处理方法进行描述，记录具体适用何种储存环境以及移动操作后所需的恢复时间等。

（3）元素 3，主要描述样本与介质的组合形式，一般记录保护剂的基本成分、保存环境温度和接触时间。

（4）元素 4，主要描述冷藏保存的条件和转移过程中的温度变化区间。

（5）元素 5，描述样本储存容器的规格和使用模式分类，例如容器的梯级、形式、存储阶段、填入方法等。

---

① F. Betsou, S. Lehmann, G. Ashton, M. Barnes, E. E. Benson, D. Coppola, Y. Desouza, J. Eliason, B. Glazer, and F. Guadagni, "Standard preanalytical coding for biospecimens: defining the sample PRE analytical code.", *Cancer epidemiology, biomarkers & prevention: a publication of the American Association for Cancer Research, cosponsored by the American Society of Preventive Oncology*, Vol. 19, No. 4, 2010, p. 1004.

② Vladimir Vincek, Mehdi Nassiri, Mehrdad Nadji, and Azorides R. Morales, "A Tissue Fixative that Protects Macromolecules (DNA, RNA, and Protein) and Histomorphology in Clinical Samples", *Laboratory investigation: a journal of technical methods and pathology*, Vol. 83, No. 10, 2003, p. 1427.

(6)元素 6，描述温度条件变动后复温的具体方法。

(7)元素 7，描述资源使用时的具体转移条件。①

基于上述记录标注，可以对单个资源的物质情况、使用情况等进行详细的记录，转换后的标识符也是简单地由 7 个结构构成，并不复杂，而且所有的记录都与使用过程直接相关。例如，资源使用后，对所采用的运输条件(时间、转移工具、转移环境等)、资源使用方法(样本转移方式、培养方式、最终状态等)进行十分详细的记录，记录中包含了具体的使用时间，可以直接通过机构和记录关联来提供溯源功能。

2.3.3　业务溯源模型：基于 SPREC 标准改进

由上可知，Handle 系统提供的标识符命名规范无法满足生物样本资源标识的回溯功能，因此本书提出了基于 SPREC 协议完善 Handle 后缀部分的建议，以增加标识符中资源采集过程的参考。不过 SPREC 适用于多样化生物样本，在对采集环境的描述定义上不够细化，而人类遗传资源平台收录的资源来自人体，涉及更为严格的伦理规范，因此需要对采集环境进行进一步的细化标识，由此本书提出了增加<采集环境>字段的方法对 Handle 后缀进一步优化。下文分别讨论通过 SPREC 协议和采集环境编码标准定义来完善 Handle 系统标识的具体方法，并对样本采集过程中标识符的形成流程进行简要的说明。

1. 基于 SPREC 协议的 Handle 系统标识符细化方法

结合 SPREC 协议标准，以一个血液样本的信息记录为例，标记方法如下：

(1)该样本采集自人类，属于 Assemblage，参考 SPREC A-01，第一个要素应为 I。

(2)样本使用 squeezing 采集方式，第二个要素应为 B。

(3)样本采用聚乙烯瓶存放，第三个要素为 C。

(4)样品的运输条件为冷冻运输，第四个要素为 B。

(5)样本采集后需要在 2 天内进行保存，第五个要素为 A。

(6)样本孤立介质为暂时未知，第六个要素为 X。

(7)样本恢复条件为环境温度下 48 小时，第七个要素为 REB。②

由此可初步将该资源记录为 I-B-C-B-A-X-REB，这属于基本记录。当资源记录后，如果需要进一步记录资源保存条件，可以依据 A-02 标准附加七要素保存记录(例如 NOX-A-MC-MFA-CSC-RWB-REA)。

两条记录并行，第一条记录用于识别信息，第二条记录用于识别样本管理方法。在这

---

① L. C. Kao, A. Germeyer, S. Tulac, S. Lobo, J. P. Yang, R. N. Taylor, K. Osteen, B. A. Lessey, and L. C. Giudice, "Expression profiling of endometrium from women with endometriosis reveals candidate genes for disease-based implantation failure and infertility.", *Endocrinology*, Vol. 144, No. 7, 2003, pp. 2870-2881.

② Francesco Visinoni, Michele Bellini, and Matteo Minuti, Method, processor and carrier for processing frozen slices of tissue of biospecimens, 2012.

种记录条件下，样本的最新标识符能够反映样本的最新状态，所有后续记录则能够通过第4、5两个要素进行追溯，或者采用多记录存储。

在溯源功能方面，标识符依照 SPREC A-01/A-02 标准对照表进行查询即可得出资源刺激的基本条件，同时从中获取样本使用方法建议，从而能够有效避免资源使用过程中不必要的浪费问题。结合 Handle 系统标识符定义标准"<Handle>：=<Prefix>/<Handle Local Name>"，为了实现资源详细记录，可以对<Handle local Name>部分进行细化，具体设计为：

<采集机构编号>. <卫计委样本分类>. <SPREC 标识>. <时间戳>. <流水号>. 代表. <时间戳>. 采集血液样本

其中，SPREC 标识用于标记样本状态以及操作建议条件，便于实现样本实际情况的溯源，时间戳用于对应样本时间。

但在这一模式下，SPREC 标识的要素 1 只能反映人类遗传资源样本采集方式，该标准对于非人生物资源样本采集标识提供了相应的环境类别，但未设计人类样本资源采集的环境类别，而人类遗传资源样本的采集往往还需要记录资源采集用途、客户来源、客户服务类别、客户资源类别等采集环境信息，这一需求无法直接通过现有的 SPREC 协议标准进行准确标定。因此，本书采用在<Handle Local Name>部分加入<采集环境类别>的方式实现这一功能。

采集环境分为 4 字节编码，描述依次如表 2-6 所示：

表 2-6 **资源采集环境编码对照表**

编码位置	采集过程	编码	类别
第 1 位	采集性质	0	内部保留编码
		1	内部测试编码
		2	A 类工程
		3	B 类工程
第 2 位	客户来源类别	0	内部保留编码
		1	内部测试编码
		2	机关法人
		3	事业单位法人
		4	国有企业
		5	民营上市企业
		6	民营非上市企业
		7	自然人
		8	其他

编码位置	采集过程	编码	类别
第 3 位	客户服务类别	0	内部保留编码
		1	内部测试编码
		2	专科医院
		3	综合医院
第 4 位	客户资源类别	0	内部保留编码
		1	内部测试编码
		2	直接采集
		3	委托内部部门采集
		4	委托合作伙伴采集

具体 Handle 标识符设计如下：

10. 200/<采集机构编号>. <卫计委样本分类>. <SPREC 标识>. <采集环境>. <时间戳>. <流水号>. 代表 . <时间戳>. 采集血液样本。

2. 基于 SPREC 协议的资源采集标识符形成过程说明

样本基本信息记录过程如下：

第一，确定资源 Handle 标识符前缀，固定为 10. 200。

第二，进行资源性质确定。结合 SPREC A-01/A-02 标准对照表和本书资源采集环境编码对照表，记录 SPREC 标识和采集环境标识，同时记录操作时间。

第三，资源采集单位信息记录。

当资源使用者需要获取信息时，基于 Handle 系统进行资源检索，获取相应资源标识符后，系统自动转出可供非专业者阅读的资源信息，展示样本资源的采集方式、环境以及过往信息等，具体的溯源实现流程如图 2-12 所示。

总体来看，SPREC 协议在标识符标准定义中采用了专门针对生物样本资源的细化描述规范，通常可采用 14 个要素组合的方式对资源的获取途径、方法、使用规范进行详细描述，使后期的使用者能够更准确地获取资源信息，有助于规避资源的不必要的浪费。

在资源管理体系中，建议在资源录入标准中加入相应的标识符标准，强化信息记录的完整性，并同时应用在资源的使用过程中，完善单个资源多次使用后的多次记录细化程度，在保障资源共享质量的同时也保障资源本身的安全性，这对于不必要的样本资源浪费起到了有效的规避作用。

业务溯源研究的创新主要在于优化了 Handle 系统标识符在人类遗传资源平台资源统一标识上的应用方法，针对后缀部分进行了优化。其中 SPREC 协议提供了适用于生物样本资源标记领域的标准化标识方法，采集环境定义进一步弥补了 SPREC 协议在环境定义上的不足。从 Handle 系统的应用来看，其标准方案更适用于电子文献等纯信息资源的统

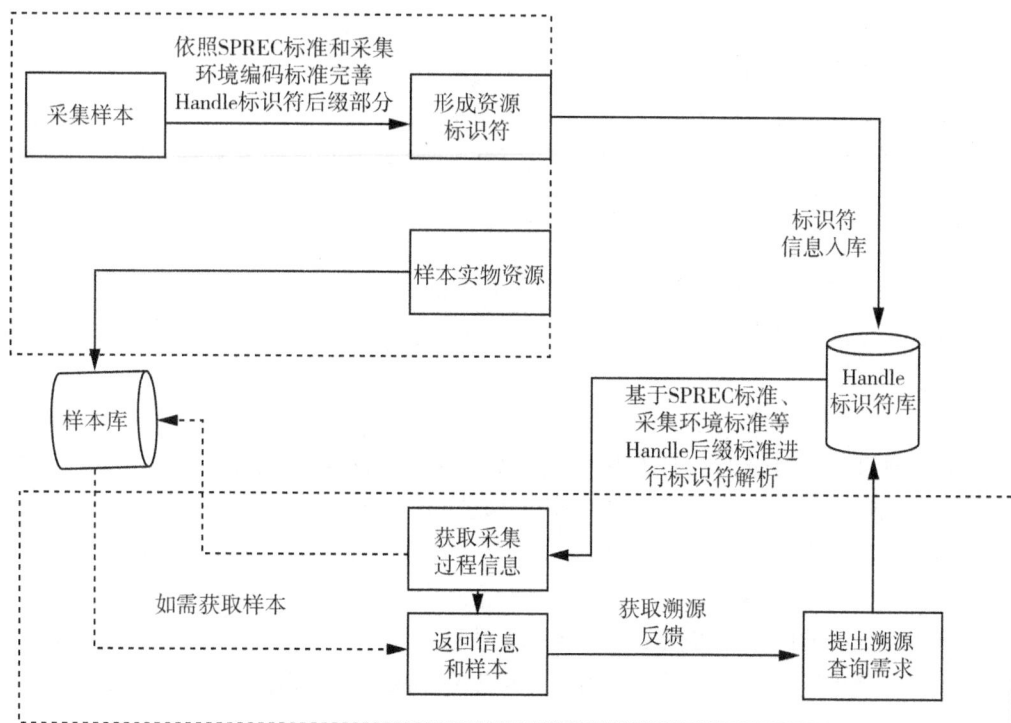

图 2-12 样本资源回溯过程

一标识符，在非此类型资源的标识符定义上没有给出明确建议，同时无法提供回溯功能。

在资源采集的回溯方面，注意发现标识方法中是否提供了操作时间、操作过程、操作环境、操作建议等标识符标准，如果不具备此类功能，需要单独设计相应标识符字段，用于完善此类信息，以提供更完整的回溯功能。

2.3.4 技术溯源模型：基于版本技术的改进

技术溯源管理的基本思想是，区分并记录不同操作时间后的资源单独记录，即通过版本来区分标识。目前常见的版本管理模式主要分为两类：

（1）集中版本控制：这种模式下，版本库存放于服务器，在版本获取过程中需要从服务器读取数据。[①] 类似于软件设计中普遍的浏览器端—服务端模式构架思想，常见的集中式版本协议主要为 SVN 协议。

（2）分布式版本控制：与前者相反，保证用户端或备用服务器都保存完整版本库，即便服务器故障或者个别用户端故障也不会影响版本库的获取。这类似于软件设计 C/S 客户端—服务端模式构架和分布式数据库的设计思想，常见的分布式版本协议主要为 GIT

---

① 刘校妍、蒋晓敏、楼燕敏、张丰、杜震洪、刘仁义：《基于事件和版本管理的逆基态修正模型》，《浙江大学学报（理学版）》2014 年第 4 期。

协议。

对比两类协议：SVN 协议与 GIT 协议均为开源协议，实现成本都较低：

（1）SVN 协议具备协同管理、旧版本还原、日志修改与查询、版本差异对比等功能，目标功能需求的实现能力较强，但对网络的依赖度高。

（2）GIT 协议基于版本库树形分类来实现索引，除具备基本版本管理功能外，还提供了强大的分支管理功能。分支管理的最大特色是减少对服务器的依赖，甚至能够实现不联网处理，但这种方法也意味着安全性的下降。

综合来看，GIT 协议的特色在于提升版本管理的稳定性，但不能保证版本管理的中央服务器授权，因此可以借鉴 GIT 协议的中央控制特色，结合具备集中控制的 SVN 对 DOI 进行版本管理。

DOI 结合具备集中控制的 SVN 方法进行版本管理，非常适合中国人类遗传资源平台样本信息的管理，同时也为人类遗传信息资源数据提供可溯源功能。

在实际遗传资源数据管理工作中，通过对数据资源版本控制，可以对数据的所有迁移和更新历史进行追溯和定位。平台中的数据所有历史副本将被永久存储，相关的数据维护提交人、数据访问用户都有对应的记录。如数据发生泄漏和错误，可以通过历史版本与溯源追溯到责任人，同时也可以恢复和找回历史数据资源。通过这一中央控制的溯源机制，使数据安全存储得到保障，数据资源的共享与传播控制效率得到提高，数据管理的责任边界可以清晰地定位。

结合前文分析来看，目前中国人类遗传资源平台样本信息管理的关键性目标在于实现便捷搜索和可溯源功能。在便捷搜索方面，最优的标识符方案为 DOI 协议方案，但该方案本身不具备版本管理能力，无法提供可溯源功能。因此，需要设计独立的<DSS>字段命名规范，提供内建的版本识别规范。在可溯源功能方面，在基本的字段命名方案基础上，需要对版本协议进行优选。考虑到平台信息共享与服务的稳定性以及人类遗传资源信息的保密性，具体的版本管理协议可以采用具备中央控制能力的 SVN 协议。

结合可溯源目标的版本管理需求，在原有的 DOI 资源标识符中加入版本区分代码，这里主要参考国家卫生和计划生育委员会（简称"卫计委"）组织分类标准来进行设计。标识符方案优化对比说明，如表 2-7 所示：

表 2-7 **DOI 资源标识符优化方案对比**

方案名称	DSS 字段标准	0001a 2017 年 12 月 17 日操作（总第 n 次操作）后样本实例	特色说明
DOI 标准方案	<DOI 命名机构>.<注册机构代码>/<自定义资源描述>	10.200/is NICGR 00-01-A	可以实现基本的资源唯一标识

卫计委组织分类方案	<DOI 命名机构>.<注册机构代码>/<自定义资源描述><机构><分类><时间戳><流水号>	10.200/is NICGR 00-01-A-20161217-n	能够在基本的资源标志外实现时间操作分类
改进后的 NICGR 资源样本命名方案	<DOI 命名机构>.<注册机构代码>/<自定义资源描述><机构><分类><时间戳>/<版本号>	10.200/is NICGR 00-01-A-20161217/rn	能够实现明细化的版本分类,提供多版本信息回溯的基本条件

在该标识符设计思想下,能够对版本信息进行标识,同时对版本信息和资源基本信息进行分离。在这种情况下不影响 Handle 系统的资源识别,只需要专门对<DSS>的识别规则进行专门定义即可满足正常的应用需求,同时可以提升信息溯源的有效条件。

基于具有集中管理功能的 SVN 版本管理方案的可溯源管理实现方法:

(1)在 Handle 系统的基础上进行 SVN 版本管理,对于共享平台管理单位、申请单位、保存单位、使用单位人员进行不同权限的管理。具体需要在 SVN 服务器端进行权限配置,需要根据 DOI 的版本号映射成 SVN 的版本号,需要实现 SVN 协议和 DOI 协议的桥接。

(2)服务端不接受其他终端或资源保存单位的版本库,终端信息记录后,服务器仅记录增加版本,不提供任何版本信息的删除和其他修改功能。

(3)在服务器新增记录更新后,其他需要保存版本信息的子服务器通过"svn_doireset"命令将获取新资源标识符并转换为 SVN 版本信息,用于更新本地版本库,依据所获取的版本信息来确定新版本信息归属于版本树形结构的哪个索引头和内容之下。

(4)子服务器的版本树与记录更新则利用 SVN 思想进行更新,保证分支机构在资源信息查询时能够获得所需的完整版本信息。

具体版本管理流程图见图 2-13 所示。

根据图 2-13,通过资源标识符的版本记录功能可以实现对人类遗传资源信息的细化记录:一方面,能够保证资源操作记录的完整性,满足资源样本多样化利用记录的可行性。另一方面,可以保证所有的资源操作都可被记录,稀缺资源的不合理使用情况均可被查询,在后期的资源使用追溯中能够更准确地定位责任人,不会出现样本资源浪费却无据可查的问题。目标用户资源查询中可以采取如下流程:

(1)用户确定资源信息,自行判断是否已获知版本信息。

(2)如果获知版本信息,则直接输入标准 DOI 识别符号,并返回相应版本文件;如果未获知版本信息,则返回所有版本文件。

(3)所有返回文件按照标识符版本编号标准进行额外命名。

中国人类遗传资源平台在未来发展过程中将会有更大的资源积累和更多的新资源出现。在开放化资源共享的发展趋势下,未来样本信息管理工作还需要进一步完善,尤其要注重对资源信息的查找效率、查找精确度、责任版本记录等关键信息,以保证资源共享服务的综合质量和已有资源的安全保障质量。

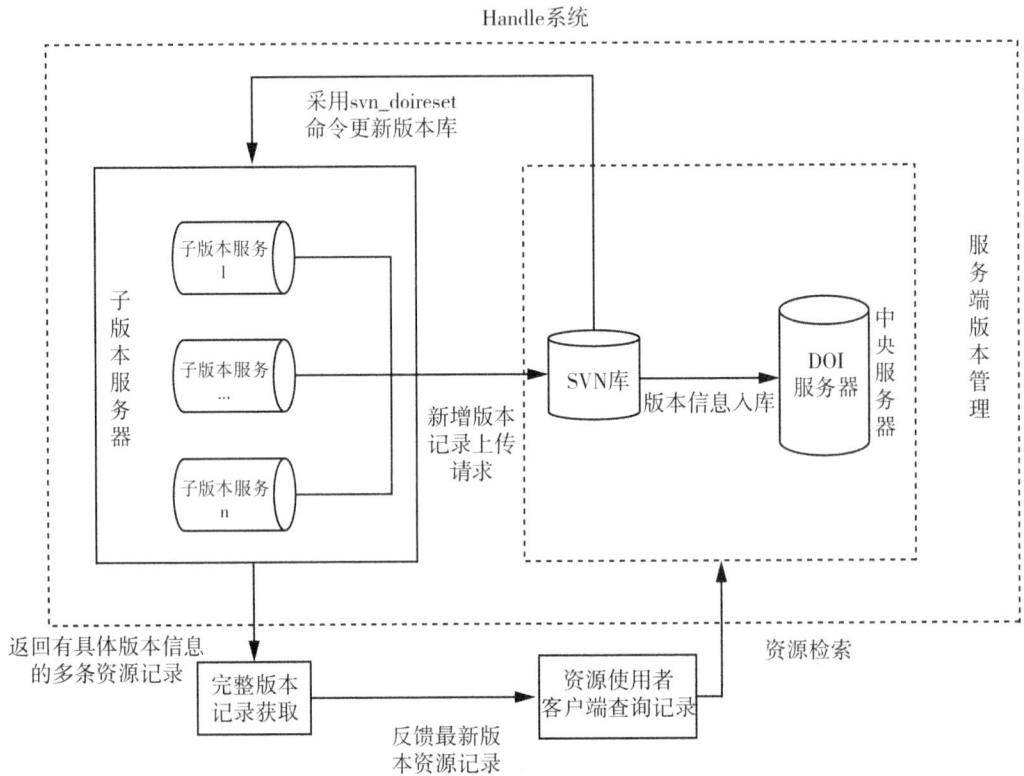

图 2-13 资源标识符版本管理与获取流程示意图

本章在元数据溯源的研究中主要介绍了业务溯源模型和技术溯源模型,以中国人类遗传资源样本信息的元数据为例,其中业务溯源模型主要研究思路是利用 Handle 系统或 DOI 系统结合其行业特征;技术溯源模型主要研究思路则是利用版本技术对 Handle 系统或 DOI 系统进行扩展,对元数据进行版本管理。

第3章 全文数据管理研究：专利数据为例

情报学主要关注的全文数据为专利数据和论文数据，本章的全文数据特指专利数据和论文数据。和IT领域相同在于专利数据和论文数据都是海量数据，但是和IT领域的数据对象不同。情报学中，全文数据不可避免地需要人工利用情报学方法进行人工挖掘，而人工挖掘时，阅读体验也会影响到数据管理。比如大量的论文数据在国内均为PDF或者中国知网的CAJ格式，这些数据是面向人工阅读的。因此本研究从适合人工阅读角度，将数据分为页式结构文档、流式结构文档两类：

(1)页式结构文档：分页状态明显，如PDF数据，删除任何段落不会影响到分页状态。

(2)流式结构文档：分页状态不明显，如Word数据，删除任何段落会影响到分页状态。

全文管理分为数据清洗层、数据存储层和数据渲染层三层：

(1)数据清洗层：将全文的原始数据整理成情报学可以分析的数据。

(2)数据存储层：全文数据的存储模式。

(3)数据渲染层：不同全文数据进行的可视化原理。

本书主要从全文数据对象、数据清洗层、数据存储层和数据渲染层四个方面进行介绍。

3.1 专利全文数据

专利是某种形式的知识产权，是国家依法在一定时期内授予发明人或权利受让人独有使用发明创造的权利，并且专利文献是可供人们公开查阅的公共文献。专利的目的是保护技术能够享有的独占性和排他性的权利，权利人之外的任何主体使用该项专利都必须通过专利权利人的授权许可。专利中涵盖大量的技术发明信息、经济方向信息及科技发展战略信息，专利记录了科学研究创新成果从学术领域到社会商业化的具体转变方式。获得专利证书的发明创造，即专利技术，是受国家认可并公开获得法律保护的专有技术，这种专利技术应该是一种具体的技术问题解决方案，是一种产品或方法。授予专利权的发明和实用新型应当具备新颖性、创造性和实用性：

(1)新颖性，指该发明或实用新型部署与现有技术没有任何单位或者个人就同样的发明或者实用新型在申请日以前向专利申请部门提出申请，并记载在申请日以后公布的专利申请文件或者公告的专利文件中。

(2)创造性，指与现有技术相比，该发明具有突出的实质性特点和显著进步，该实用新型具有实质性特点和进步。

（3）实用性，指该发明或者实用新型能够制造或者使用，并能够产生积极效果。

本书所研究的相关专利文献数据库均来自美国专利商标局，美国专利文献分为四个主要部分：

（1）元数据：包含专利编号、专利标题、发明人姓名、专利申请日等基本数据和发明摘要。

（2）图示：用来描绘发明的图示。

（3）说明书：对专利内容的详细描述。

（4）权利要求书：定义专利保护范围。

一份专利文献中关于专利技术的创新点及专利技术结构等相关信息描述主要涵盖在说明书和权利要求书中，其中说明书详细地阐述了该专利相关领域的现有技术、背景缺陷以及该发明自身区别于其他发明技术的创造性。权利要求书则使用了严谨且具有公式结构化的书写方式具体地描述了该项专利的技术组成结构。

美国专利商标局根据专利文献所提供保护的几种不同类型和专利题材所覆盖的不同类型，将美国公开的专利进行了 6 种类型的分类：

（1）发明专利（Utility Patent）是美国专利中最常见的一个类型，该种类型要求申请项目必须是一种新的且有用的发明，这种发明可以是一个工艺、机械、产品、物质组成或者是建立在某种发明基础上的一个新的有用的改进方法。一项发明专利的保护时间是从发明专利申请日开始的二十年，在有效期内发明专利保护了发明人对其发明项目的制造权、使用权和销售权等专属权利。

（2）外观设计专利（Design Patent）要求申请项目必须是一项适用于制造业的新样式的装饰设计。外观设计专利的保护范围主要限定在专利中所描述及绘制的物品外观设计部分，其保护时间为从专利授予日开始的十四年，在此期间发明人拥有对其专利设计的一切制造、使用和销售权利。

（3）植物专利（Plant Patent）是保护植物发明的专利，申请此专利的项目只能是一项无性繁殖的植物，这种无性繁殖包括人工培育、突变和杂交，或者是一项新发现的有性繁殖的植物幼苗。植物专利保护时限为二十年，保护发明人的专有权。

（4）再发布专利（Reissue Patent）用于纠正已授权的发明、设计或植物专利的错误，该专利不影响原专利所规定的保护时限，但会影响再补发专利的专利保护范围。

（5）防卫性专利（Defensive Publication）并不是发明专利、外观设计专利或植物专利。而是用于防止专利发明人申请的相关发明专利、外观设计专利或植物专利的类似发明专利被其他人非法注册。

（6）依法登记发明（Statutory Invention Registration）在 1985 年取代了防卫性专利并提供类似防卫性专利的专利保护内容。2011 年美国专利商标局宣布废除有关依法登记发明专利和其相关文件。所以，近年在美国专利申请类型中已经没有相关防卫性专利和依法登记发明的存在，但在公开数据库中，这两种类型的专利文献依然存在。

在专利数据管理上，美国专利商标局将专利文献数据库分为美国专利申请公开数据库（us-application-publication）和美国专利授权公告数据库（us-grant-publication）。申请公开数据库向用户提供了 2001 年 3 月 15 日以来公布的美国专利申请公布文献。授权公告数据库收录了 1790 年至最近一周美国专利局公布的全部授权专利文献。① 每周，美国专利商标局在其官方网页上上传一个专利授权数据的 ZIP 压缩文件，压缩包里包含一个 XML 文件，文件名编号由 ipg 加上发布时间组成，如 ipg20160105，其中 ipg 代表专利授权信息（Information of Patent Grant）。本书对专利数据文本挖掘技术的研究中所使用的所有专利文献数据均来自美国专利授权公告数据库。

在美国专利商标局的专利授权公告数据库中可以发现专利局在管理专利数据文件时使用的专利编号方式就是根据上述六种专利类型，将美国专利数据区分为 US0（美国发明专利）、USD（美国外观设计专利）、USP（美国植物专利）、USR（再发布专利）、UST（防卫型专利）和 USH（依法登记发明）。专利编号由美国缩写 US 加专利类型代码加专利号这三段组成。如表 3-1 所示，其中发明专利是最为典型的美国专利类型，无类型用数字 0 表示。

表 3-1 美国专利编号类型

类型	专利编号
美国发明专利	US08276906
美国外观设计专利	USD747925
美国植物专利	USPP20721
再发布专利	USRE45543
依法登记发明	USH001523

3.2 专利文件结构

本书的研究对象是专利文件。以美国专利文件为例，美国专利文件的结构主要分为专利名、摘要、权利要求书、说明书、引文，见图 3-1 所示。

美国专利商标局也以美国专利制度为基础建立了专利数据 DTD 结构，DTD（Document Type Definition）作为一种文档类型定义是标准通用标记语言（SGML）和可扩展标记语言（XML）的一部分，是为了进行程序间的数据交换而建立的关于标记符的语法规则。

XML（eXtensible Markup Language）是可扩展编辑语言，用于传送及携带数据信息，是一种将各种信息文字通过计算机所能理解的信息符号标记为计算机之间可以处理的语言，DTD 作为 XML 的一部分，让 XML 文档可根据定义的 DTD 语法规则验证格式是否符合此定义规则，保证 XML 文档格式的正确与否和规范性。简单来说，DTD 就像是一个 SGML 或者 XML 文档的验证模板用来验证这个 SGML 或者 XML 文档的格式是否符合 DTD 的格

---

① 陶玉娟：《中外互联网专利检索资源简述》，《江苏科技信息》2014 年第 3 期。

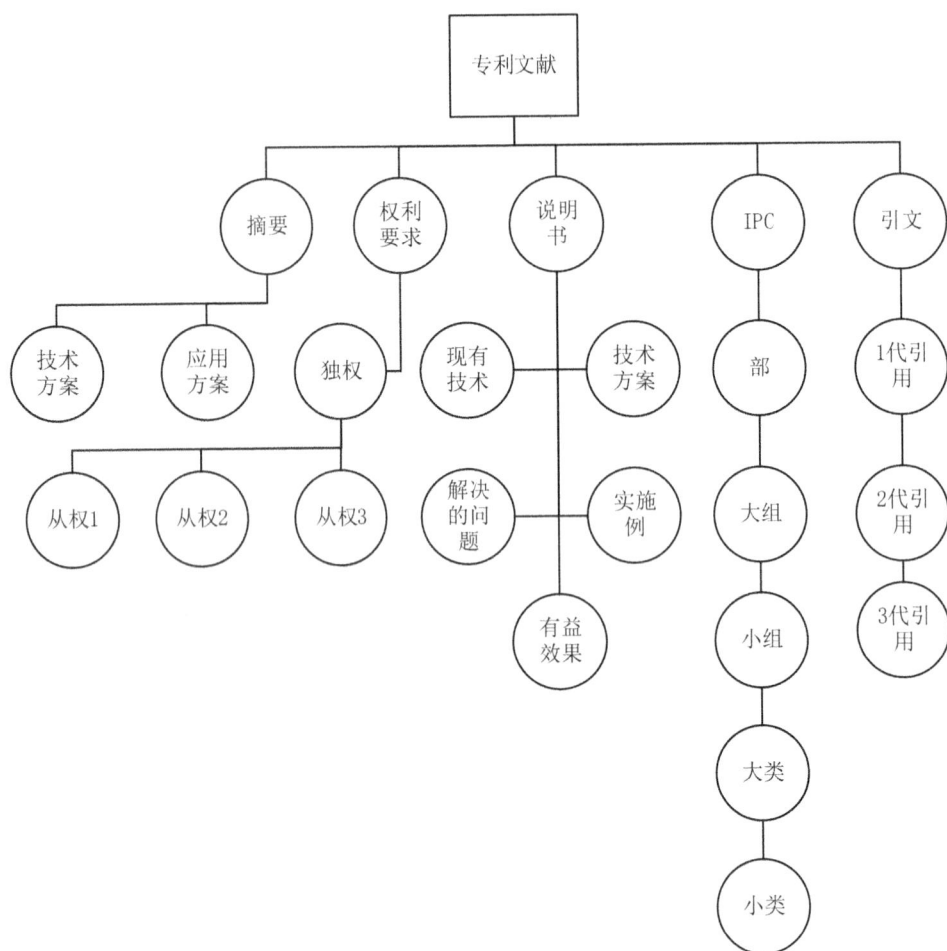

图 3-1　专利结构示意图①

式。DTD 由元素（Elements）、属性（Attribute）、实体（Entities）、注释（Comments）四个部分组成，在 DTD 中可以定义 XML 文件中的元素、元素的属性、元素的排列方式、元素包含的内容等。

　　美国专利商标局在建设专利数据信息化管理的初期为专利文档开发了 SGML DTD，但由于 SGML 高复杂性和高费用的缺点，美国专利商标局开始使用 XML DTD 替代 SGML DTD。XML DTD 是近年来在 XML 技术领域使用最广泛的数据传输模式，以美国为主的多个国家和组织都已将 XML DTD 用于处理专利等文献数据，这样的数据信息化管理建设可以有效提高知识产权信息的处理、交换、应用的效率，具有很强的实用性。美国专利商标局对 XML DTD 进行了长期的研究，并分别对申请公开数据库和授权公告数据库提供了适

---

① 王秀红、袁艳、赵志程、李洁玉、刘海军、杨国立：《专利文献的结构树模型及其在相似度计算中的应用》，《情报理论与实践》2015 年第 3 期。

应两种数据库的 DTD。目前授权公告数据库的 DTD 已经经过了 7 次版本更新，2002 年美国专利商标局正式在授权公告数据库上开始使用 XML DTD，DTD 编号标记为"ST32-US-Grant-025xml. dtd"，2004 年新的 DTD 替换了 2002 年的旧版本，并将 DTD 编号变更为"所属数据库+版本号+时间"格式的"us-patent-grant-v40-2004-12-02. dtd"，如表 3-2 所示：

表 3-2 美国专利授权 DTD 版本演变

发布时间	DTD 编号
2002-01-01	ST32-US-Grant-025xml. dtd
2004-12-02	us-patent-grant-v40-2004-12-02. dtd
2005-08-25	us-patent-grant-v41-2005-08-25. dtd
2006-08-23	us-patent-grant-v42-2006-08-23. dtd
2012-12-04	us-patent-grant-v43-2012-12-04. dtd
2013-05-16	us-patent-grant-v44-2013-05-16. dtd
2014-04-03	us-patent-grant-v45-2014-04-03. dtd

由于早期专利授权 DTD 文件的数据储存格式不统一，所以 ST32-US-Grant-025xml. dtd 的整体 DTD 框架与之后的 DTD 文件在元素名称定义上有较大的出入，如图 3-2 元素"！ELEMENT"定义的根元素 <patdoc> 是专利文本的缩写表示，根元素中包含的子元素 <SDOBI>、<SDOAB>、<SDODE>、<SDOCL>、<SDODR> 和 <SDOCR>，分别在专利授权 XML 文本中表示专利元数据、专利摘要、说明书、权利要求书、说明图示和光学字符识别。

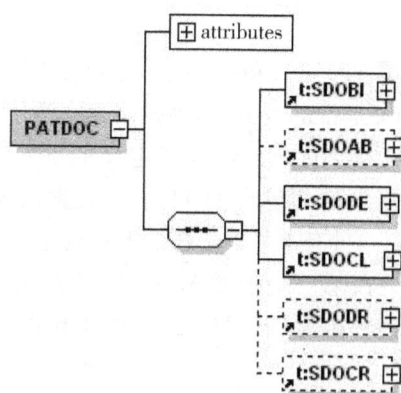

图 3-2 ST32-US-Grant-025xml. dtd 的 Scheme 图示

美国专利商标局授权公告数据库在 2004 年更新了第二版 XML DTD，之后虽然每隔几年 DTD 依然在继续更新进步，但每版 DTD 第一行的内容基本为如下形式：

代码 3-1

```
<! ELEMENT us-patent-grant ( doc-page + | ( us-bibliographic-data-grant, abstract *,
drawings?, description, us-sequence-list-doc?, us-megatable-doc?, table-external-doc *, us-
chemistry *, us-math *, us-claim-statement, claims ) ) >
```

"! ELEMENT"作为一个元素定义了专利授权 XML 文档的根元素<us-patent-grant>中包含元素如下：

（1）元素<us-bibliographic-data-grant>表示专利的元数据内容，并且这个元素是在专利授权 XML 文档根元素中被强制要求出现一次的子元素。

（2）元素表示专利授权文本中的摘要，这个子元素在根元素<us-patent-grant>中作为一个可选元素，可重复出现在专利授权 XML 文档中，也可以不出现。在 DTD 文件元素"! ELEMENT"中，使用通配符"＊"在后做标记，与其他子元素进行区分。

（3）元素<drawings>定义了专利授权 XML 文档中的专利发明技术的说明图示，这个元素在根元素中也是可选的，但区别于，元素<drawings>在根元素中的可选项只能是存在或者不存在，不可以出现多次，在"! ELEMENT"中使用通配符"?"标记，以区别于通配符"＊"。

（4）元素<description>定义了在专利授权 XML 文档中必须的对专利发明技术的说明描述，在根元素<us-patent-grant>下，它是一个强制出现一次的子元素。

（5）第五个和第六个元素<us-sequence-list-doc>文档列表顺序和<us-megatable-doc>文档中的大型表格都是使用通配符"?"标记，表示可选存在的子元素。

（6）第七个、第八个和第九个元素<table-external-doc>、<us-chemistry>、<us-math>是在专利根元素中使用通配符"＊"标记的可选元素，表示外部表格、化学元素或公式和数学元素。

（7）最后的<us-claim-statement>元素和<claims>元素在专利授权 XML 文档中表示专利权利要求书描述，为在根元素<us-patent-grant>中强制存在的子元素。

根据 DTD 文件的这一个元素"! ELEMENT"定义的一份专利 XML 文档在大结构上是由一个根元素<us-patent-grant>及其包含的 11 个子元素所构成的。从 V4.0 至现在的 V4.5 的 6 个版本的 DTD 文件，只有 V4.0 在这个大结构上有比较宏观的改动，如图 3-2 所示。而其他版本的更新都是在某一个子元素中的微观变化，如图 3-3 所示。美国专利商标局在不断地研究和改进后所定义的 DTD 已经可以满足美国专利数据管理过程的自动化需求。

通过不同版本的 DTD 文件对专利授权 XML 文档的文档类型定义，在专利授权公告数据库中的授权专利 XML 文档结构也存在一定的微观变化。由于 DTD 位于专利授权 XML 文件的外部，在专利授权 XML 文件中通过一个语法将 DTD 封装在 DOCTYPE 定义中：

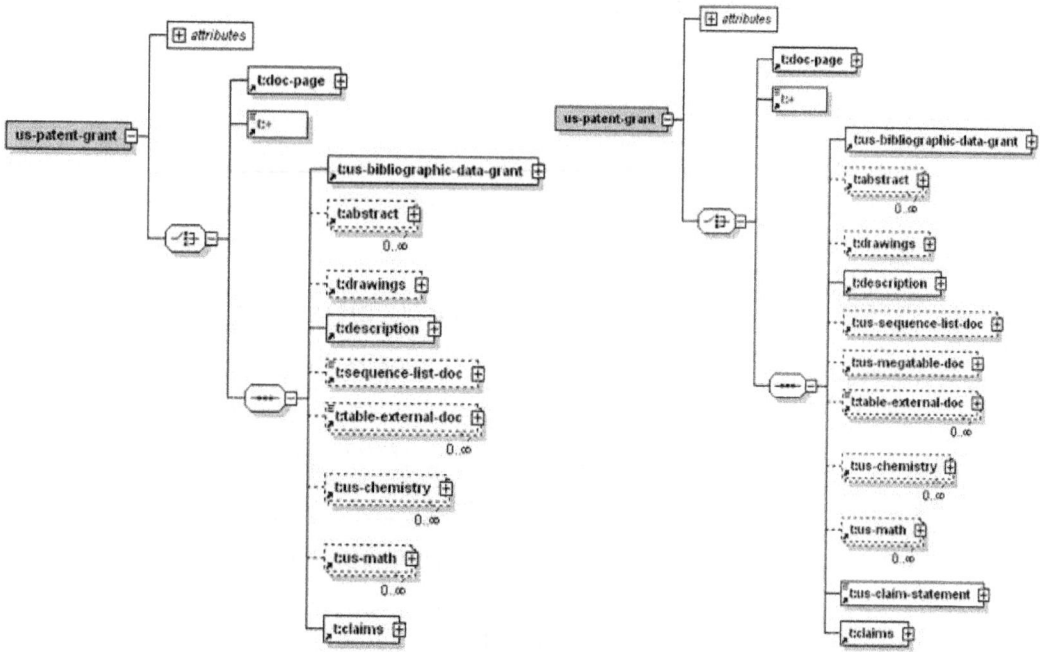

图 3-3　DTD V4.0 与 DTD V4.1 对比

代码 3-2

<! DOCTYPE us-patent-grant SYSTEM us-patent-grant-v42-2006-08-23. dtd" >

"！DOCTYPE"是 XML 中的文档类型声明，"us-patent-grant"是专利 XML 文档中的根元素，"us-patent-grant-v42-2006-08-23. dtd"代表专利授权 XML 文档中所使用的 DTD 文件名。以该"us-patent-grant-v42-2006-08-23. dtd"版本为例，专利授权公告数据库中的所有专利授权 XML 文件都是以一个<us-patent-grant>元素作为根元素进而扩展树结构，该根元素中包含该文档的所有元素、内容及外部引用以构成实体文档。在<us-patent-grant>元素下包含 5 个主要数据元素以构成一个完整的专利文档，如图 3-4 所示：

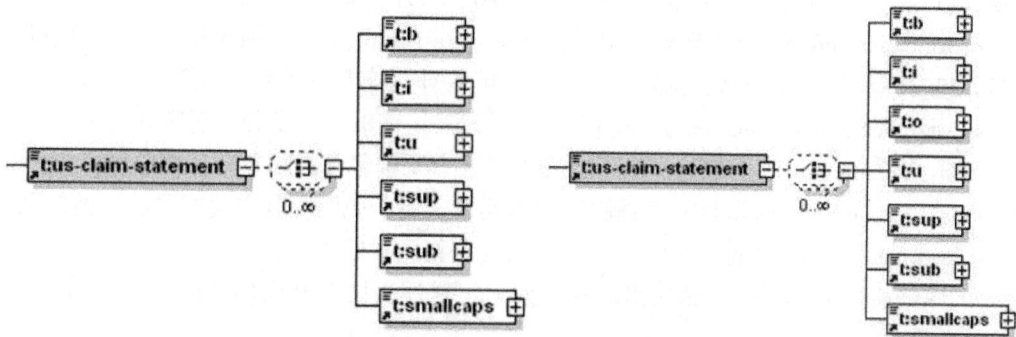

图 3-4　DTDV4.1 与 DTDV4.2 对比

　　<us-bibliographic-data-grant>元素表示专利授权著录项目数据，其中包含下述几个主要数据子元素，如图 3-5 所示：

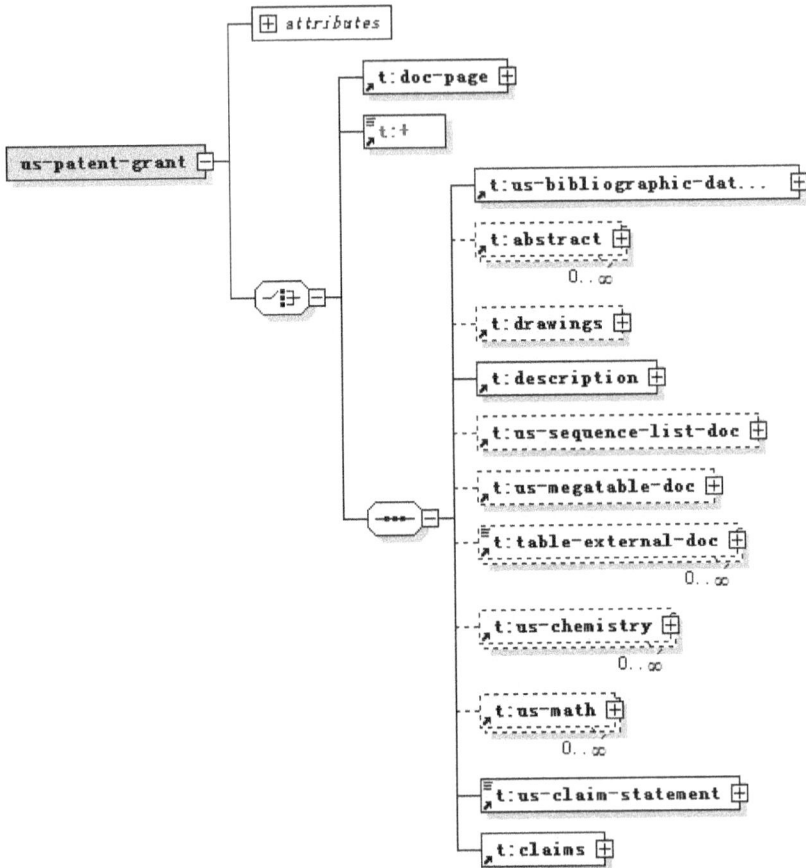

图 3-5　完整的专利 XML 文档的 Scheme 图示

　　<publication-reference>元素为在<us-bibliographic-data-grant>元素下强制出现一次的子元素，包含专利的国别、公开号、文献类型代码、公开日期等公开信息。

　　<application-reference>为在<us-bibliographic-data-grant>元素下强制出现一次的数据子元素，包含专利的申请类型、国别、申请号、申请日期等申请信息，如图 3-6 所示。

　　<us-application-series-code>为强制出现的子元素，表示美国专利申请序列代码。

　　<classifications-ipcr>元素是一个可选元素，这个元素包含国际专利分类信息。

　　<classification-national>是一个强制出现的元素，用于说明专利中美国原始分类信息。

　　<invention-title>为强制存在的子元素，记载专利发明标题。

　　<references-cited>是一个强制出现的子元素，描述美国专利引用和国外专利引用的引用文献信息。

　　<number-of-claims>是除了外观设计专利外的其他专利中必须强制出现一次的子元素，

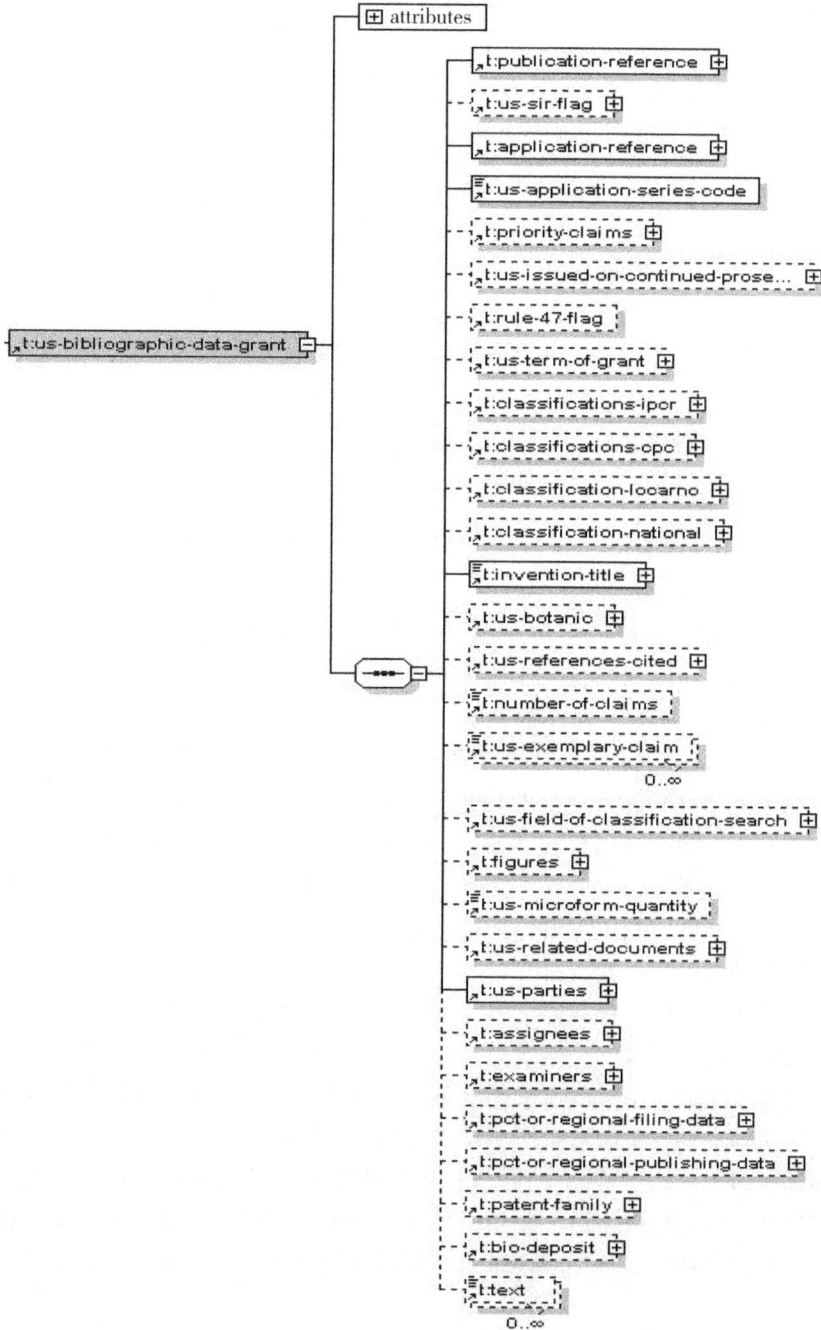

图 3-6 <us-bibliographic-data-grant>元素的 Scheme 图示

描述了专利文献中包含的权利要求书的权利要求条数。

<us-related-documents>表示与该专利有关的美国在先及其他文档信息。

<parties>元素描述专利申请人的信息。

<assignees>元素描述代理人的相关信息。

元素包含专利中的摘要内容。

<drawings id＝"DRAWINGS">元素包含一份专利的发明技术图示，如图 3-7：

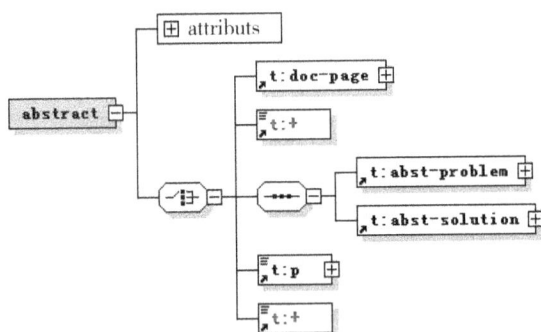

图 3-7　元素的 Scheme 图示

<description id＝"description">元素作为在根元素下的强制出现元素，其内容主要描述了专利发明技术完整且详细的说明书，其中应该包括与发明技术交叉引用相关的技术说明、专利技术领域、发明背景及详细说明。

<claims id＝"claims">元素为在根元素<us-patent-grant>下强制出现的子元素，描述了专利发明中要求被保护的权利要求信息，包含<us-claim-statement>、<d>、<num>和<claim-text>四个子元素。专利权利要求书是专利申请文件中最重要的部分，它的内容直接影响发明专利申请能否获得授权、获得专利权的保护范围大小以及专利申请在专利局的审批进度。一份专利申请的技术内容是否符合新颖性、创造性和实用性，以及是否符合单一性要求，他人是否侵犯了专利所有者的专利权，都取决于权利要求书的内容，并与权利要求书有直接关联。因此，权利要求书是发明专利要求保护的内容，是确定专利保护范围的重要法律文件，具有直接的法律效力，是专利证明的核心。权利要求书一般由主权利要求和从属权利要求组成。主权利要求是从创新发明的整体结构上反映该专利发明的技术方案，描述该发明解决其技术问题中所不可缺少的技术特征，并且该技术特征足以构成该发明的保护客体，使之区别于其他专利权利要求的保护内容。从属权利要求是跟随在主权利要求或者其他从属权利要求之后，使用附加技术特征对被引用的权利要求作更进一步技术保护扩展。附加技术特征是指在必要技术特征以外的技术特征扩展。

3.3　专利数据清洗

专利数据中蕴含了很多不同领域的发明创新技术、发明所有人、专利保护范围等内容信息，将这些信息收集整合有助于了解企业之间的竞争发展格局，帮助各个国家政府掌握创新发明发展趋势。由于科学技术不断发展，专利数量逐年增加，通过人工进行专利数据管理是一件非常耗时耗力的工作。

　　专利文献相对其他科技文献具有更严谨的文本结构，通过对专利文本结构的了解可以快速有效地从专利中提取数据信息。比如需要了解专利发明人和专利国际分类就直接读专利元数据，需要了解专利技术的保护范围就直接读权利要求书部分。这样的文本结构从句式结构上就会存在一些固定的内容模板。如权利要求书中的主权一般会以"An apparatus comprising："的句式作为开始。为了使计算机在处理专利数据的过程中更精准地挖掘重点信息，本书需要对专利数据进行清洗整理，去除噪音和脏数据，降低专利数据维度，以便于后面的查询。美国专利商标局专利授权公告数据库公布了 2005 年至 2012 年的专利授权 XML 文件。源数据是 zip 文件，里面是 xml 文件，均以 publish date（公开日期）命名，在该公开日期公开的所有专利的专利文件都存放在此文件中。每个专利均以 <? xml version = "1.0" encoding = "UTF-8"? > 作为首行。所以本书以此行为标记，将原始 xml 文件切割成单个以专利编号（US0xxxxxxx. xml）为标题的 XML 文件，并对专利文本进行了语法消歧，将专利文本句式的语法结构还原成原型。然后，把专利文本结构中普遍存在的一些用于承上启下，并与专利发明技术无关联的语句进行统一抽取剪裁。

第4章 页式全文数据存储原理：PDF为例

4.1 对象树

PDF 的文档结构反映了文件中的间接对象之间的等级层次关系，是一种树形结构。

树的根节点就是整个 PDF 文件的根对象(Catalog)，根对象包含多种属性，其中最重要的属性为页面属性，它包含了 PDF 文件用于显示文字、图形、图像等内容的信息。根节点下有四个子树：页面树(Pagetree)、书签树(Outline tree)、线索树(Articles Threads)、名字树(Named Destination)。

对于 PDF 中的每一页的文档，页面对象包含如何显示该页面的信息。

页面中包含的信息是保存在一个流(stream)对象里，这个流必须直接包含或指向另一个对象。每个页面对象直接对应文档中的一个页面，它包含了一个或多个内容流对象(Content Stream)的引用号(ID)，而流对象又包含字符、图形等具体页面内容的描述信息，如图 4-1 所示：

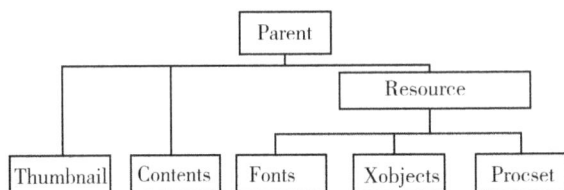

图 4-1 PDF 每一页的文档对象

4.2 图像

PDF 格式中的图像既包含图像内容，又包含绘图指令。采样图像是一个长方形的对象，包含一系列样本的数组，每一个样本分别代表一种颜色。该图像接近一些自然景象，通过输入扫描仪或摄像头产生。

PDF 提供两种方式来指定图像：第一种是图像 XObject(图像词典)①，是一个指定图像属性并且包含图像样本的流对象。类似所有的外部对象，它是通过在内容流中，引用绘

----

① 李珍、田学东：《PDF 文件信息的抽取与分析》，《计算机应用》2003 年第 12 期。

图操作的指令画在页面上。图像 XObject 还有其他用途，例如用来替代图像、伪装图像和缩略图。而第二种方式是内联图像，内联图像是一个直接内嵌在内容数据流中的小图像。但是这种方法表示图像在种类是有上限的。

PDF 的图像参数包括图像的分辨率、定位、扫描次序等。这些参数都完全独立于用于呈现的光栅输出设备。一个相应的阅读器通常使用一个抽样技术呈现图像，这种技术试图尽可能准确地还原图像的颜色值，但实际达到的精度依赖分辨率和输出设备的性能。

在系统设计中，为了画出一个图像，需要指定以下 4 个相互关联的条目，所有这些条目应通过图像 XObject 或内联图像直接或者间接地指定，具体来说：

(1)图像的格式：列数(宽度)、行数(高度)、每个样本的颜色组件的数量以及每种颜色组件的比特数。

(2)构成图像视觉内容的样本数据。

(3)用户空间的坐标与图像内部坐标空间的相关性，界定了用户空间中将用于接收图像的区域。

(4)从图像数据的色彩组件值到图像色彩空间的组件值的映射。

另外，四个参数用来描述一个图像的源格式：样品图像的宽度、样品图像的高度、每个样本的颜色组件的数量和每种颜色组件的比特数。图像字典应指定宽度、高度以及每个组件的明确位数，而色彩的元件数量由字典中指定的颜色空间推定。样本数据需要被表示为一个字节流，即 0~255 中的 8 位无符号整数。这些字节构成一系列连续的比特流，而在每个字节前有一个高位比特。这个比特流又以每 n 位分成多个单元，其中 n 是每个单元组件的比特数。

对于每个单元，编码一个颜色组件值，高位比特优先，而对于 16 位单元，最重要的字节应先给出。字节边界应被忽略，除非样品数据的每一行开始有一个字节边界。如果每行数据的位数不是 8 的倍数，该行的末尾应当填充额外的比特，填补最后一个字节。一个合适的 PDF 阅读器应忽视这些填充比特。

比特流中的每个 n 位单元应当被视为一个带有高位比特的、在范围 0~2n-1 的无符号整数。图像字典的解码提供了这个整数映射到色彩组件值的入口，相当于指定将用于颜色操作的方法，例如 SC 或者 g。

色彩组件应当按照样本交叉存取，如在一个三组件 RGB 图像，一个样品的红、绿、蓝组件的下一位也是红色、绿色和蓝色组件。如果图像字典的 ImageMask 项是 false。在一个图像中的颜色样本应理解为按照颜色空间指定的图像字典，而不必提及颜色参数在图形中的状态。然而，如果图像字典的 ImageMask 项为 true，样本数据应解析为应用图像状态未标记颜色参数。

4.3 坐标系统

每个图像都有自己的内部坐标系统或图像空间。

　　图像在图像空间占据 W 单元宽度和 H 单元高度的矩形，其中 W 和 H 是样本图像的宽度和高度，每个样本占一个方形单元。坐标原点(0，0)是在图像的左上角，其坐标水平从 0 到 W，垂直从 0 至 H。

　　图像的样本数据是按行排列，如图 4-2 所示，在方阵内的数字按样本顺序，从 0 开始计数。

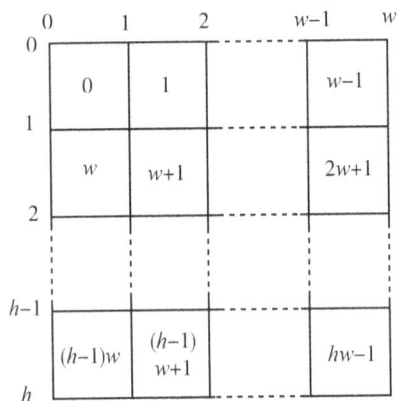

图 4-2　图像源的坐标系统

　　第一个样本的左上角是坐标(0，0)，在第二个位置设(1，0)。通过第一行，其左上角最后一个样本数据坐标在(w-1，0)，其右上角是(w，0)。之后的样本，是坐标(0，1)，(1，1)，依此类推，如图 4-3 所示：

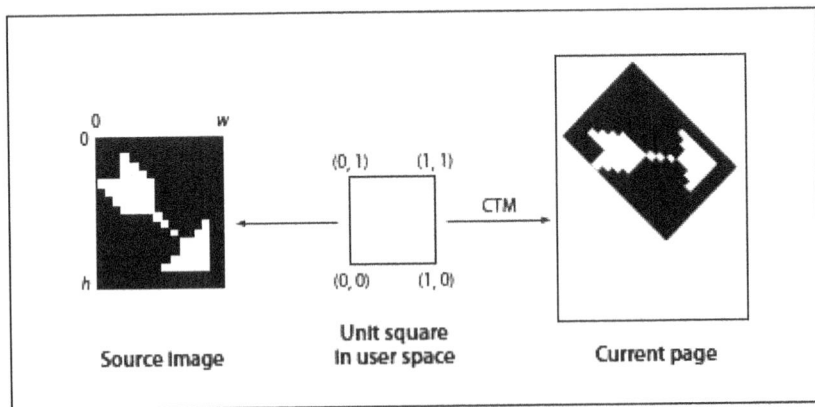

图 4-3　图像源的坐标映射

　　以下是一个图像坐标的数据实例，如图 4-4 所示：

```
0 obj% Page object
<< /Type /Page
/Parent 1 0 R
/Resources 21 0 R
/MediaBox [0 0 612 792]
/Contents 23 0 R
>> endobj
0 obj% Resource dictionary for page
<< /ProcSet [/PDF /ImageB]
/XObject << /Im1 22 0 R >>
>> endobj
22 0 obj% Image XObject
<< /Type /XObject
/Subtype /Image
/Width 256
/Height 256
/ColorSpace /DeviceGray
/BitsPerComponent 8
/Length 83183
/Filter /ASCII85Decode
>> stream
9LhZI9h\GY9i+bb;, p: e;G9SP92/) X9MJ>^: f14d;, U (X8P;cO;G9e];c$=k9Mn\]
„Image data representing 65, 536 samples…
8P;cO;G9e];c$=k9Mn\]~> endstream endobj
23 0 obj% Contents of page
<< /Length 56 >> stream
q% Save graphics state
132 0 0 132 45 140 cm% Translate to (45, 140) and scale by 132
/Im1 Do% Paint image Q% Restore graphics state endstream endobj
```

图 4-4   PDF 图像坐标的数据实例

4.4 内联图片

内联图片作为图像 XObject 的替代，一个图像会被存储为一个内嵌图片的形式。这种类型的图像应被直接定义在将被画出来的内容流中，而不是成为一个被分离的对象。由于内嵌格式降低了阅读器在图像渲染的灵活性，所以应仅用于（4KB 以下）小图像。一个嵌入式图像对象通过操作 BI 指令（开始图像）、ID 指令（图像数据）以及 EI 指令（终止图像）在内容流中划定。这些操作如表 4-1 所示：

表 4-1   内联图像对象的入口

Full Name	Abbreviation
BitsPerComponent	BPC

续表

Full Name	Abbreviation
ColorSpace	CS
Decode	D
DecodeParms	DP
Filter	F
Height	H
ImageMask	IM
Inter(PDF 1.1)	No abbreviation
Interpolate	I(uppercase I)
Width	W

BI 指令和 ID 指令包含一系列的键值对来指定图像的特征，例如它的尺寸和颜色空间，对一系列图像数据之间应遵循的 ID 指令和 EI 指令操作。因此，该格式是类似于图像 XObject 的一个流对象。内联图像对象不能被嵌套，两个 BI 指令操作不得在没有一个干预 EI 指令的情况下关闭第一个对象。同样，一个 ID 操作应当只出现在 BI 指令和其 EI 指令之间。除非图像使用 ASCIIHexDecode 或 ASCII85Decode 作为过滤器，ID 操作应跟在一个空白字符之后，而接下来的字符应被视为图像数据的第一个字节。关键值对在 BI 指令和 ID 指令操作之间出现类似于图像 XObject 的字典部分(虽然语法是不同的)。

表 4-1 表示一个嵌入式图像的有效入口，所有这些都应当与流字典或图像词典中的含义相同。

表 4-2 显示了可用于色彩空间和过滤器的缩写，这些缩写仅适用于内联图像，他们不能在图像 XObject 中使用。

表 4-2　　　　　　　　　　　　其他内联图像对象入口的缩写

Full Name	Abbreviation
DeviceGray	G
DeviceRGB	RGB

这里需要注意的是，PDF 颜色空间由 ColorSpace(CS)指令实现，并且必须为标准设备的色彩空间(灰度、RGB 模式或者打印 CMYK 模式)之一。

第5章 流式全文数据存储原理：WORD 为例

5.1 复合文档存储原理

复合文档(Compound Document)是一种集合了文本、图形(图片和自定义图像)、表格(文本表格、自定义表格)、声音、视频以及其他隐含信息的复合型文档。可以把复合文档视为一个集合所有者，它里面包含着文本内容、图形以及声音和图像等各种多媒体信息。

其中不定型的数据信息(如图像和声音)可以通过独立的所有者对象形式内嵌在文档中，又叫做 OLE 对象(Object Linking and Embedding)。复合文档的存储原理类似文件系统的存储原理，如微软 FAT 系统(Microsoft File Allocation Table)与微软 NTFS 系统(Microsoft New Technology File System)。复合文档是包含了流(Stream)的目录层次结构的仓库(Storages)。具体指复合文档将数据分成许多流，然后这些流又分别存储在不同的仓库里面。而这些流和仓库的命名规则与文件系统类似，同一个仓库下的流及仓库不能重名，不同仓库下可以有同名的流。复合文档格式图如 5-1 所示：

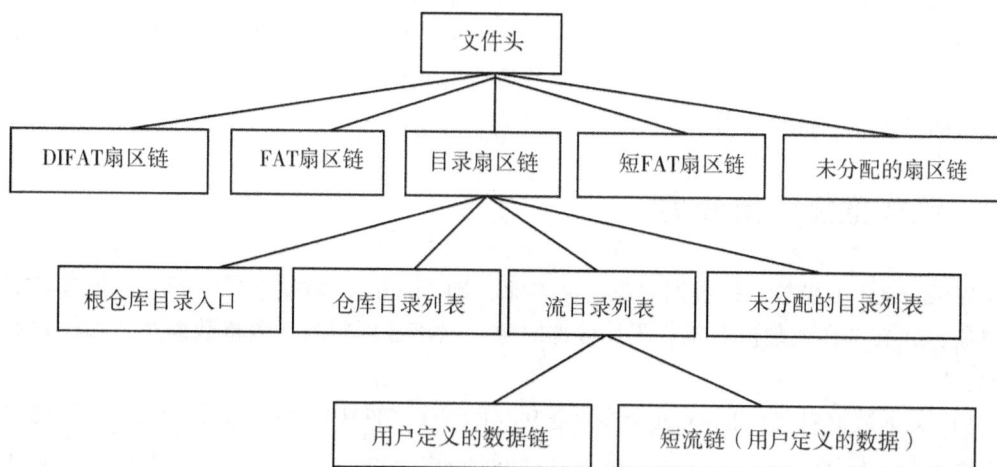

图 5-1　复合文档格式图

复合文档的开头是文件头信息，包含了文档初始化的重要信息。文件系统中的数据都是通过一个红黑树的数据结构存放每个仓库的直接成员(Storage 或 Stream)而组织起来的若干目录。复合文档是一种能够适用于不同资源设备在移动互联网上的可以存储不同数据信息的文件格式。微软的 Office 系列软件就是一种结构化的存储文件。整个微软 Office 中的 Word 2003 文件就是一个二进制文件，也就是一个复合文档格式文件，包含了一些存储仓库和一些存储重要信息的流。

在 Word 2003 中，通过复合文档格式解析可以分成不同的数据流：Word Document Stream，Table Stream，Data Stream，Summary Information Stream 和 Document Summary Information Stream[①]：

（1）Word Document Stream（以下简称 WDS）：主要存储了 Word 2003 文件中的文本信息（如实际的文字和格式化信息），另外也包含一些引用文件中其他部分的信息。在每个 Word 2003 文件中必须有 Word Document Stream，并且在第一个偏移位置（即 offset 为 0）一定存储了一个包含文档所有索引信息的结构体 File Information Block 数据块（以下简称 FIB）。FIB 内容开始的结构体是由一个记录存储了 Word 文件格式各个文本信息和文本样式信息的开始 FC 和硬盘上所占长度的结构体。该结构体要获取 Word2003 中的文字字符内容及样式、图片信息、表格信息都是与它有着密切关联的。

（2）Table Stream（以下简称 TS）：主要存储了引用 FIB 或者其他文件中的数据结构信息表。

（3）Data Stream（以下简称 DS）：主要存储了引用 FIB 或者其他文件中的数据结构信息，图片信息就存储在这里。

（4）Summary Information Stream（以下简称 SIS）：存储了 Word 2003 文件的摘要信息，如作者、标题、创建日期等。

（5）Document Summary Information Stream（以下简称 DSI）：存储了该 Word 2003 文件中的其他摘要信息，包含 Word 中一些内嵌对象的属性信息。

而一个 Word 2003 文件中至少包含一个 WDS 结构体和一个 TS 结构体，其中，WDS 包括这个文档中的所有文字、标示符号以及每个对象的属性信息。而 TS 结构体存储文档中所有的样式、字体信息等。

5.2　流式数据对象分类

Word 2003 中最核心的数据对象是文本流，即 Character 数据对象，同时还包含其他数据对象，如文本样式数据对象、图片数据对象、段落数据对象、表格数据对象和样式数据对象：

（1）文本数据对象（Character 对象）是 Word 2003 文件中的基本组成单元，它不仅包含可见的字符、数字、标点、还包含像 paragraph mark，end of cell mark，line break，section

---

① Intellectual Property, Rights Notice, Technical Documentation, Open Specifications, No Trade Secrets, Open Specification, Open Specification Promise, Community Promise, and Open Specifications Promise, Word Custom Toolbar Binary File Format Structure Specification, 2010. Gabe Fierro, Extracting and Formatting Patent Data from USPTO XML, 2013.

break 等这类 formatting Character 对象。最后，还有一些 footnote reference Character，picture anchor，comment anchor 等这类 anchor Character 对象。文件中字符在文本流（WDS）中的逻辑坐标即字符位置是由 CP（Character Position）来表示的。与之对应的字符在文本流（WDS）中开始位置的偏移位置是由 FC（Character Offset）来表示的。

（2）文本样式数据对象（Formatting Text 数据对象）：用于对 Character 对象格式化。

（3）图片数据对象（Picture 数据对象）：图片的格式可以是内联（Inline）的或者是浮动的（Floating）。当一个图片为内联时，它的 Character 的 Unicode 为 0x0001，并且 sprmCFSpec 值为 1，sprmCPicLocation 值指定了 Picture 数据的位置。当一个 Picture 为浮动时，它的 anchor Character 的 Unicode 为 0x0008，并且 sprmCFSpec 值为 1，而且浮动 Picture 由一个 PlcfSpa 结构引用，这个结构包含有关 Picture 的其他数据。一个浮动 Picture 可以随着它的 anchor 出现在页面的任意地方。文档的创作者可以选择使用浮动 Picture 的各种方式来重排文本。

（4）段落数据对象（Paragraph 数据对象）：对 Formatting Text 数据对象和 Picture 数据对象进行格式化。

（5）表格数据对象（Table 数据对象）：一个表格中包含了一系列的段落，这些段落有一系列特殊属性。在这些表格中有一些特殊的字符作为标记，这些字符一般在表格行的结束位置或者在单元格的结束位置，但是却没有特殊字符标记表格单元格的开始位置以及表格的结束位置。同时，表格也可以内嵌在其他的表格里面，此时表格里面的每个元素（内嵌表格、段落）都含有一个不为 0 的 depth 值来标记内嵌的层次。

（6）样式数据对象（Styles 数据对象）：可以用一个很方便的方法指定一系列复杂的属性，用户不必浏览完整的文档就可以改变文档的呈现。

对于上述数据对象的最终样式，一方面是来自样式的继承关系，另一方面来自直接应用的属性关系列表（Prl 元素），比如用户选择了一段文本，并在用户界面中选择了粗体。

为了渲染一个完整的 Word 2003，那么我们首先要保证抽取元素的完整性，下面我们对一个 Word 2003 文本的全局信息给出抽取说明，具体如表 5-1 所示：

表 5-1　　　　　　　　　　**Word 2003 逻辑显示结构抽取说明**

序号	结构	抽取说明	备注
1	Main Document（主文件）	它从字符位置为 0 开始，长度为 FIB 中 ccpText 属性的值	主文件的最后一个字符一定是 Paragraph Mark（即 Unicode 0x000D）
2	Footnotes（脚注）	它从 Main Document 结束后的字符位置开始，长度为 FIB 中 ccpFtn 属性的值	单个脚注的位置是由根据 FIB 中 fcPlcffndTxt 属性找到的 PlcffndTxt 结构体（见图 2.8 所示）所确定的；脚注字符的引用位置是由 FIB 中 fcPlcffndRef 属性所找到 PlcffndRef 结构体（见图 2.9 所示）所确定的

序号	结构	抽取说明	备注
3	Headers（页眉页脚）	它是从 Footnotes 结束的 CP 开始的，长度为 FIB 中 ccpHdd 属性的值	用 Stories 来表示在整个 DOCFile 中被分割的几个板块的文本范围，Story 指定了单独的页眉、页脚或者页眉、页脚分隔符的内容。这是由 Plcfhdd 确定的
4	Comments（批注）	它是从 Header Document 结束的字符位置开始的，长度是 FIB 中 ccpAtn 属性值	单个批注的位置是由 FIB 中 fcPlcfandTxt 属性所找到的 PlcfandTxt 结构体来指定的；批注的字符引用位置是由 FIB 中 fcPlcfandRef 属性所找到的 PlcfandRef 结构体来指定的
5	Endnotes（尾注）	它从 Comment Document 结束的字符位置开始，长度为 FIB 中 ccpEdn 的属性值	单独的尾注由 FIB 的 fcPlcfendTxt 属性所找到的 PlcfendTxt 结构体来指定的；尾注在整个文档（Main Document）中的字符引用位置由 FIB 的 fcPlcfendRef 属性找到的 PlcfendRef 结构体所指定的
6	Textboxes（文本框）	从 Endnotes 结束字符位置开始，长度为 FIB 中 ccpTxbx 的属性值	单独的文本框在 Text Document 中的位置是由 FIB 的 fcPlcftxbxTxt 属性所找到的 PlcftxbxTxt 结构体所指定的；文本框的锚点在主文本（Main Document）中的位置是由 FIB 中 fcPlcSpaHdr 属性所找到的 PlcfSpa 属性来确定的；不是所有的 PlcfSpa 结构体都指定文本框的位置，有的成员就用来指定文本框锚点和图形锚点的关系
7	Header Textboxes（页眉页脚内的文本框）	它从文本框文本的结束字符位置开始，长度为 FIB 中 ccpHdrTxbx 属性值	单独的文本框在页眉、页脚文本框中的位置是由 FIB 中的 fcPlcfHdrtxbxTxt 属性所找到的 PlcfHdrtxbxTxt 结构体所指定的；但是它在整个页眉、页脚文本中的锚点是由 FIB 中 fcPlcSpaHdr 属性所指定的 plcfSpa 属性来确定的

　　为了解释不通流式数据对象的存储原理，以下以流式数据对象的抽取流程为例来解释其存储原理。

5.3　文本内容数据存储原理

　　一个 Word 用户的基本需求就是获取文本内容，而文本的字体信息、样式等都是作为文本的装饰在后续内容中进行详细描述的。文本的内容全部都存储在 WDS 中，所以从 WDS 中 Offset 为 0 位置开始抽取我们所需要的文本内容。图 5-2 给出了如何从 Word 2003 中获取文本的流程：

　　（1）Word 2003 文件中 Word Document Stream 的第一个 byte 解析得到 FIB 结构体（File

```
WDS中0位置获取Fib
        │
        ▼
TS中读取CLX
构建PieceTable
        │
        ▼
从PieceTable中构建
PieceList
        │
        ▼
不是PieceList中的 ──Flase──→ 结束
结束位置
        │
       Ture
        │
        ▼
取出PieceList中下
一个元素
        │
        ▼
获取这段文本的逻辑
起始与结束位置
        │
        ▼
转换WDS中字符信息
的存储结构
        │
   Fc.f Compressed
        │
        ▼
计算文本的编码方式 ──→ 根据文本的编码方式和逻辑
                    起始、结束位置计算文本
                    字节长度
                        │
                        ▼
                  在WDS中从字符的物理起始
                  位置读取字符字节长度内容
                        │
                        ▼
                  根据编码方式将字节文本
                  转换成字符串
```

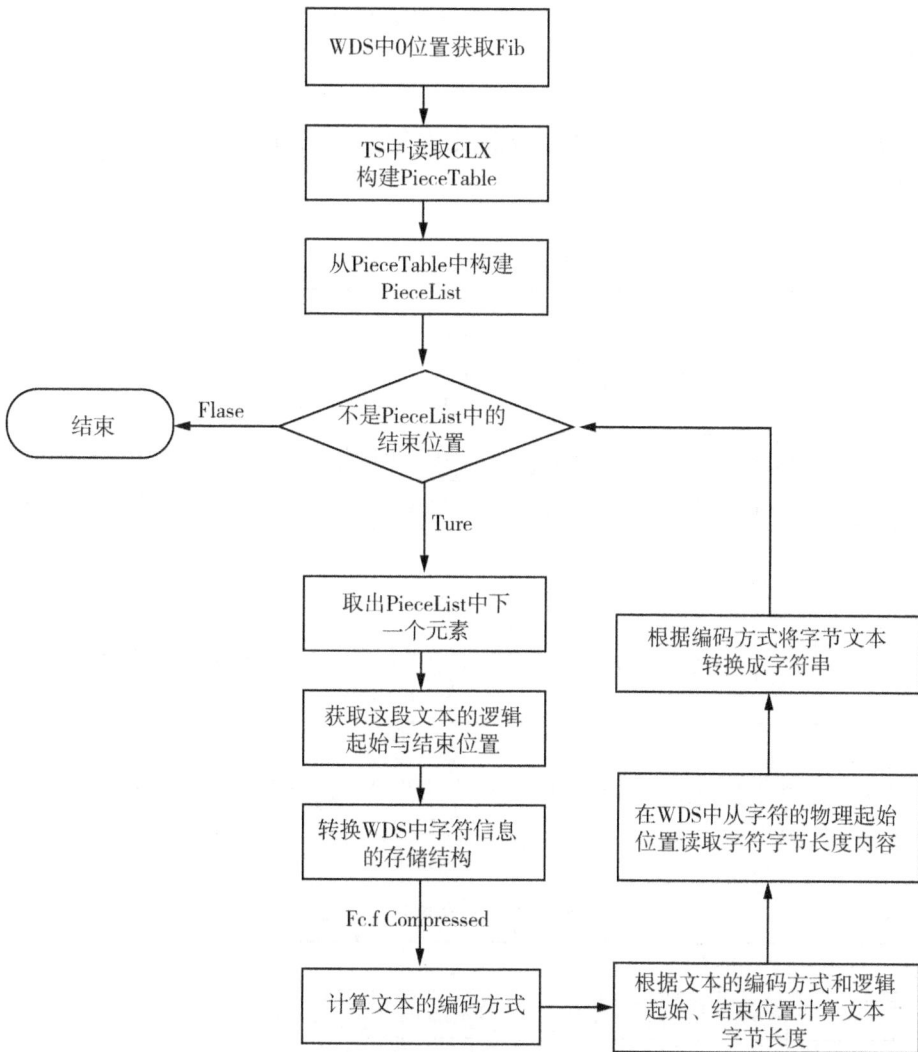

图 5-2　Word 2003 文本信息的抽取流程图

Information Block，记录了文本流的开始位置（FIB. fcMin），文本流的长度和文件状态等信息）。

（2）根据 FIB. fcclx 从 TableStream 中读取 Clx 构建 PieceTable，含有若干个 Piece List 存储文字碎片内容的集合。

（3）根据 PieceTable 中的每个元素中的属性 fc. fCompressed 来对每个字符进行编码得到所有的文本内容，在这里用到重要的 PLC 结构算法，即一个含有 2 个元素（A，B）的结构体 C 中，元素 A 的个数等于元素 B 的个数加 1，计算 B 的个数 N，如图 5-3 所示：

$$N = \frac{Length(C) - Length(A)}{Length(A) + Length(B)}$$

图 5-3　PLC 结构算法

对于解析 Word 2003 的文件结构，我们先要了解在文字抽取过程中涉及的一些必要结构体的缩写形式，如表 5-2 所示：

表 5-2　　　　　　　　　　　　**Word 2003 中重要结构体的全称对照表**

序号	缩写	全称	功能说明
1	ISTD	Indexes to Style Descriptors	代表一个段落样式属性更改时候的 id
2	sprm	Single Property Modifier	代表属性更改的操作结构体
3	prl	Property modifiers stored in a List	在一个列表中存储的属性
4	grpprl	Group of PRLs	包含了一系列 prl 的集合，存储了一系列属性
5	CP	Character Position	用 4 个字节的 Integer 表示文件中字符在文本流中的逻辑坐标，即字符位置
6	FC	File Character position	用 4 个字节的 Integer 表示该字符在 WDS 中 offset＝0 位置开始的字符位置

在解析的过程中会得到文本流中的一些特殊符号，这有助于我们在抽取解析时进行验证，如表 5-3 所示：

表 5-3　　　　　　　　　　　　**文本流中特殊符号及其编码**

序号	符号	ASCII 编码	Unicode 编码
1	段结尾	Paragraph End	131300
2	行分隔符	Hard Line Break	111100
3	分割连接符	Break Hyphen	454500
4	空白符	Space	323200
5	制表符	Tab	090900
6	页分隔	Page Break	121200
7	单元格标记	Cell Mark	070700
8	表格行结束标记	Table End Mark	070700

所以，在解析的过程中，我们会根据各种特殊字符对文本解析中的一些特殊字符进行处理，尤其是在处理表格的过程中会用到这里的 Mark 标记符号。

5.4 文本样式数据存储原理

Word 2003 中的中字符的内容和样式是分别存储在不同的结构体当中，图 5-4 为文本字符样式(具有相同字符样式的文本简称为 TextRun 数据对象)的流程图：

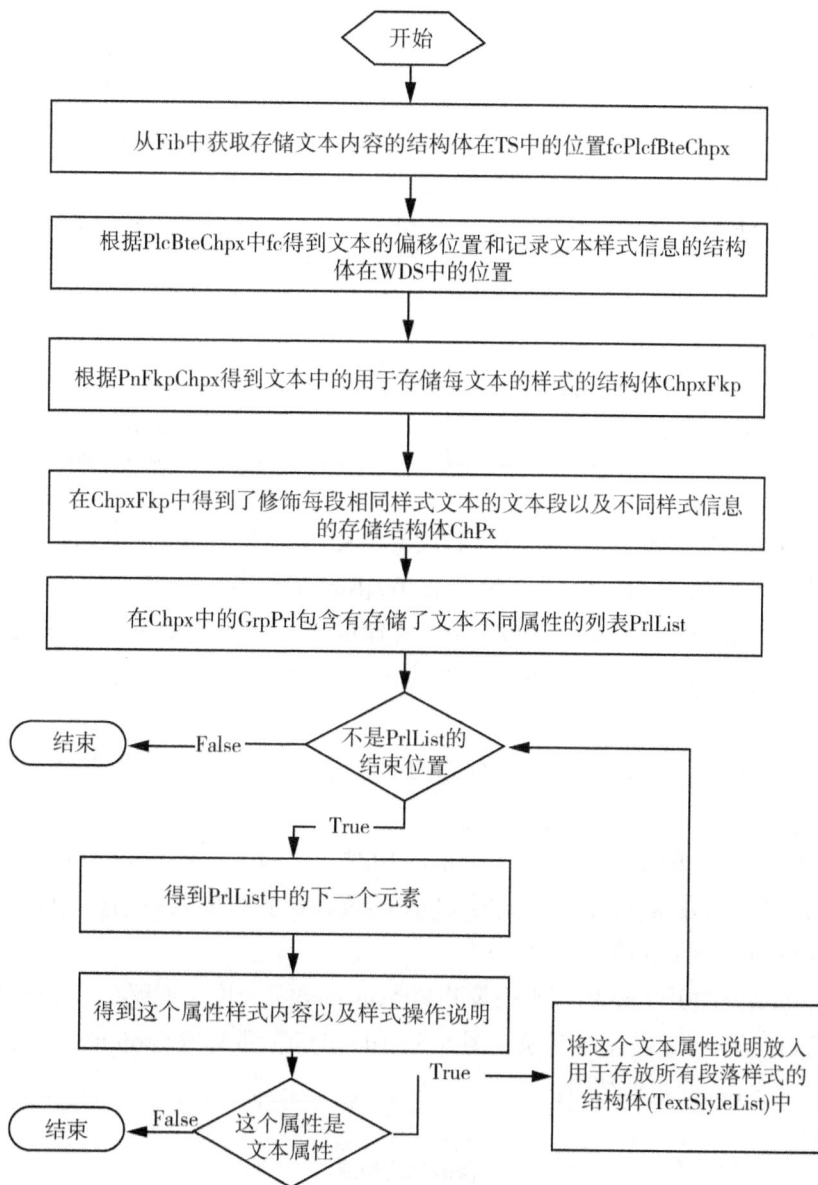

图 5-4 Word 2003 文本样式抽取流程图

具体而言，其数据存储结构如下：

（1）从 FIB 结构体中的 fcPlcfBteChpx 和 lcbPlcfBteChpx 属性在 TS 中找到用来存储在文本中格式文本信息的属性的结构体 PlcBteChpx（如表 5-4 所示）：

表 5-4 　　　　　　　　　　　　　　　　　PlcBteChpx 结构

FC[0]	FC[1]	⋯	FC[N]	PnFkpChpx[0]	⋯	PnFkpChpx[N-1]

PlcBteChpx 中的 FC 记录了在 WDS 中文本的开始位置，连续两个 FC 记录了一段样式文本，而 PlcBteChpx 同样采取类似 PLC 存储结构，它后面的 PnFkpChpx[x]记录了每段连续文本（FC[x-1]至 FC[x]这一段）的样式信息。

（2）每个 PnFkpChpx 中的 pn 记录了在 WDS 中 ChpxFkp（将文本样式映射到相应的文本内容上）的起始位置，结构见表 5-5 所示：

表 5-5 　　　　　　　　　　　　　　　　　ChpxFkp 结构

Rgfc[0]	Rgfc[1]	⋯	Rgfc[N]	Rgb[0]	⋯	Rgb[N]	crun

（3）每个 ChpxFkp 都是一个 512 字节长度的结构体单位，且每个单位的最后一个字节 byre[511]就是当前这个 ChpxFkp[i]包含的 TextRun 的个数（crun），而 rgb 存储的就是 Chpx（每个 TextRun 的属性信息）在 WDS 中的存储位置，rgb 的个数是与 crun 相等的。

（4）根据 ChpxFkp 中 crun+1 个 rgfc 所界定的 crun 个文本段与相关的 Chpx 找到对应的属性信息。

图 5-5 所示的流程指示图是在文本样式的抽取过程中的简略结构图以及各个结构体的结构构成：

在计算得到 Chpx 的偏移位置时：当在 TS 中时，offset（Chpx）= offset（ChpxFkp[i]）+2 * val（Chpx[j]）；当在 WDS 中时，此时 Chpx 的偏移位置指的是在当前 ChpxFkp 中的位置，offset（Chpx）= 2 * val（Chpx[j]）。

根据 Sprm 结构体中 spra 的值来决策 Prl 中 Operand 的长度，理解在 Sprm 结构体中 sgc 所代表的我们当前 Sprm 操作的对象。图 5-5 中的②和③都是与 Sprm 的结构相关的，表 5-6详细说明了 Sprm 的基本结构：

表 5-6 　　　　　　　　　　　　　　　　　Sprm 结构组成

序号	名称	大小	功　　能
1	ispmd	9bits	和 fSpec 一起用来阐述修改的属性内容
2	fSpec	1bit	和 ispmd 一起用来阐述修改的属性内容

续表

序号	名称	大小	功　能
3	sgc	3bits	sgc 值区分该 Sprm 的操作属性类别： sgc 值为 1，则 Sprm 是修改的一个段落(PAP)属性 sgc 值为 2，则 Sprm 是修改的一个字符(CHP)属性 sgc 值为 3，则 Sprm 是修改的一个图片(PIC)属性 sgc 值为 4，则 Sprm 是修改的一个分页(SEP)属性 sgc 值为 5，则 Sprm 是修改的一个表格(TAP)属性
4	spra	3bits	spra 的值直接关联了在这个 Sprm 结构体属性操作(Operand)的长度： Spra 值为 0，则 Sprm 结构体的操作符长度为 1byte Spra 值为 1，则 Sprm 结构体的操作符长度为 1byte Spra 值为 2，则 Sprm 结构体的操作符长度为 2bytes Spra 值为 3，则 Sprm 结构体的操作符长度为 4bytes Spra 值为 4，则 Sprm 结构体的操作符长度为 2bytes Spra 值为 5，则 Sprm 结构体的操作符长度为 2bytes Spra 值为 6，此时的操作符长度是由 Spra 后第一个字符的值来表示的 Spra 值为 7，则 Sprm 结构体的操作符长度为 3bytes

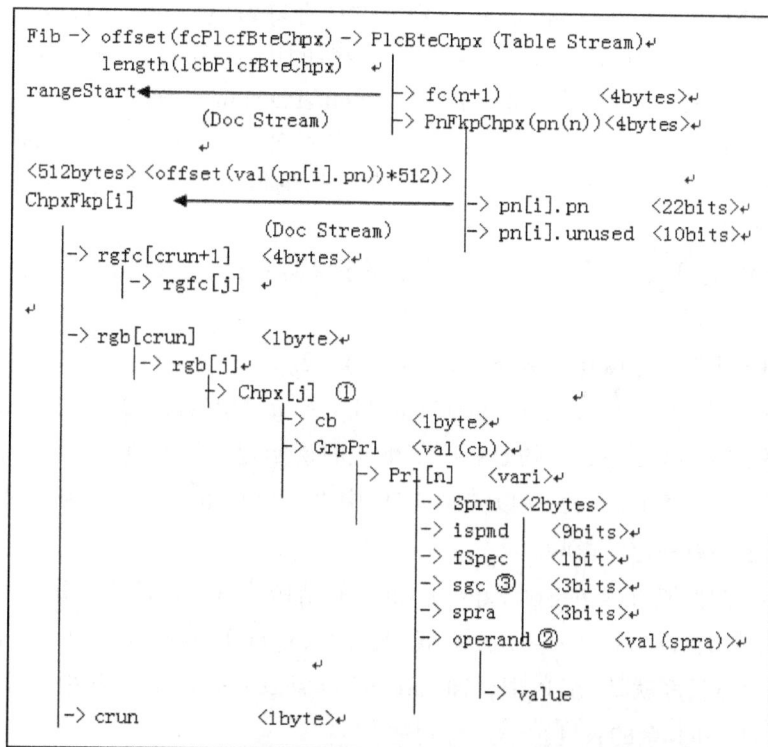

```
Fib -> offset(fcPlcfBteChpx) -> PlcBteChpx (Table Stream)↵
        length(lcbPlcfBteChpx)
rangeStart◄─────────────────────── ┌-> fc(n+1)          <4bytes>↵
                 (Doc Stream)       └-> PnFkpChpx(pn(n)) <4bytes>↵
                         ↵
<512bytes> <offset(val(pn[i].pn))*512)>
ChpxFkp[i]     ◄───────────────────── ┌-> pn[i].pn        <22bits>↵
                         (Doc Stream)  └-> pn[i].unused    <10bits>↵
    ┌-> rgfc[crun+1]   <4bytes>↵
    │   └-> rgfc[j]  ↵
    ↵
    ┌-> rgb[crun]      <1byte>↵
    │   └-> rgb[j]↵
    │       └-> Chpx[j]  ①
    │               ┌-> cb        <1byte>↵
    │               ├-> GrpPrl    <val(cb)>↵
    │                   └-> Prl[n]  <vari>↵
    │                       ┌-> Sprm    <2bytes>↵
    │                       ├-> ispmd      <9bits>↵
    │                       ├-> fSpec      <1bit>↵
    │                       ├-> sgc ③      <3bits>↵
    │                       ├-> spra       <3bits>↵
    │                       └-> operand ②       <val(spra)>↵
    │                                   ↵
    │                           └-> value
    ┌-> crun        <1byte>↵
```

图 5-5　文本样式抽取结构指示图

5.5　段落及其样式数据存储原理

Word 2003 段落主要指一段存储了文字和图片信息的文本，Word 2003 中段落的组织结构如图 5-6 所示：

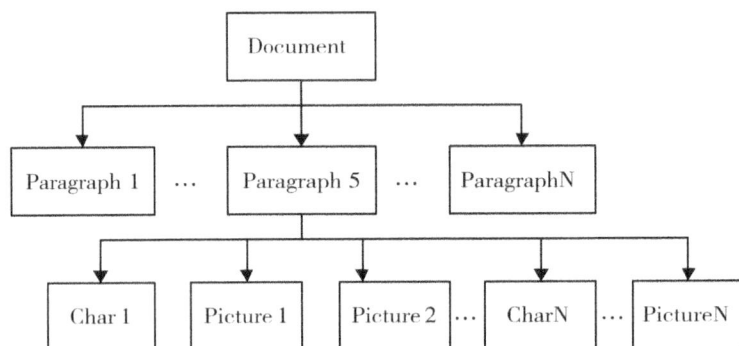

```
                    ┌──────────────┐
                    │   Document   │
                    └──────────────┘
          ┌────────────────┼────────────────┐
   ┌─────────────┐   ┌─────────────┐   ┌─────────────┐
   │ Paragraph 1 │ … │ Paragraph 5 │ … │ ParagraphN  │
   └─────────────┘   └─────────────┘   └─────────────┘
        ┌──────────┬────────┼────────┬──────────┐
  ┌────────┐ ┌──────────┐ ┌──────────┐ ┌────────┐ ┌──────────┐
  │ Char 1 │ │ Picture 1│ │ Picture 2│…│ CharN  │ │ PictureN │
  └────────┘ └──────────┘ └──────────┘ └────────┘ └──────────┘
```

图 5-6　Word 2003 段落组织结构

段落的文字内容以及样式获取的关键是获取每个段落的边界位置，即确定每个段落的开始位置和结束位置，见图 5-7 Word 2003 段落样式抽取流程图：

从 FIB 结构体 FIB. fcPlcfBtePapx 中得到文本中存储段落的 PlcBtePapx，PLC 结构算法，从 PlcBtePapx 中 PlcBtePapx. fc[i]找到每个段落的边界(存储 FC 的数组，按 FC 的升序排列，相邻的 FC 表示段的开始和结尾)以及 PlcBtePapx. pn[i]得到每个段落文本内容和样式的结构体 PapxFkp，这样从 PapxFkp 中可以得到对应 Section、Paragraph、Character、Table、List 的属性。图 5-8 流程指示图是由段落样式的抽取过程中的简略结构图以及各个结构体的结构组成：

在段落文本的抽取过程中，BxPap 主要是用于说明 Papx(与 Chpx 类似)在 PapxFkp 中的偏移位置，具体而言：

(1)在 WDS 中时，Offset(Papx)= val(bOffset) * 2。

(2)在 TS 中时，Offset(Papx)= Offset(PapxFkp)+val(bOffset) * 2。

PHE(Paragraph Height)记录的是更改了默认的初始化的段落高度。因为内嵌在段落中的图片也是属于段落的元素，所以需要在 DS 中去寻找 Picture 信息，因为图片的高度对文本段落的高度会有一定的影响。

在段落样式的抽取过程中得到 Papx 与 Chpx 的结构体有一定区别：每个 Papx 中第一个 byte 值(cb)为 0，即 val(cb)= 0，所以我们要读取 Grpprl 中的第一个 byte 值(cb')，此时，Grpprl 的总体长度就是 cb'的值，即 val(cb')= sizeOf(Grpprl)。其中，val(cb')是指 Grpprl 中除了 cb'外其余的长度。

在得到 Paragraph 的开始 paraCpStart 和结束的 paraCpEnd 时，我们要通过以下步骤判

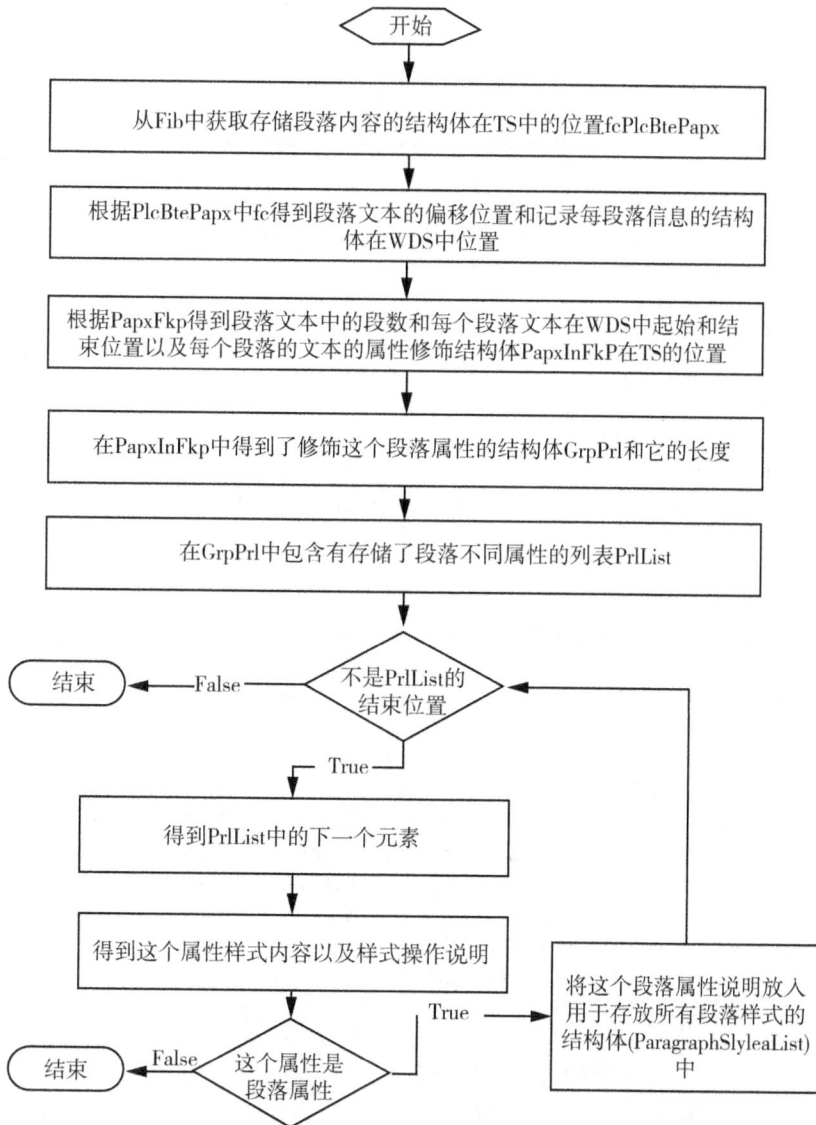

图 5-7　Word 2003 段落抽取流程图

断我们的有效选区：

（1）确定 Pcdt 的有效 Fc，其伪码如下：

pcdtService. getPcdt( ). getFileCharacterPositions( ). containsKey(paraCpStart) &&

pcdtService. getPcdt( ). getFileCharacterPositions( ). containsKey(paraCpEnd)

（2）在有效选区内获取所有有效的 ChpxFkp(Formatted Disk Page for CHPXs)，遍历整个 WordDocument 中所有的 ChpxFkp，并根据 FcStart 和 FcEnd 确定有效选区 ChpxFkp 的个数，其伪码如图 5-9 所示：

```
Fib -> offset(fcPlcfBtePapx) -> PlcBtePapx (Table Stream).
        length(lcbPlcfBtePapx)
rangeStart                          => fc(n+1)          <4bytes>.
              (Doc Stream)      -> PnFkpPapx(pn(n))<4bytes>.
<512bytes> <offset(val(pn[i].pn))*512)>
PapxFkp[i]                          => pn[i].pn         <22bits>.
              (Doc Stream)      -> pn[i].unused     <10bits>.
    -> rgfc[crun+1]    <4bytes>.
        -> rgfc[j]    .

    -> rgbx[prun]    <1byte>.
        -> rgbx [j].
              -> BxPap ①           .
    -> prun <1byte>.
          .
PapxInFkp                     -> bOffset    <1byte>.
          (Doc Stream).
                              -> reserved <12bytes>    [PHE].
                                  ②.
  -> cb          <1byte> ③      -> A- fVolatile      <1byte>.
  -> cb'         <1byte>        -> B- fUnk           <1byte>.
  -> GrpPrl      <val(cb')>     -> C- fDiffLines     <1byte>.
                                -> clMac             <2bytes>.
      -> istd <2bytes>          -> dxaCol            <4bytes>.
      -> Prl[n]                 -> dymLine           <4bytes>.
                                -> dymHeight         <4bytes>.
          -> Sprm <2bytes>      -> dcpTtpNext        <2bytes>.
                                -> dymTableHeight    <4bytes>.
            -> ispmd            -> D- fSpare         <1byte>.
            -> fSpec <1bit>.
            -> sgc  <3bits>.
            -> spra <3bits>.

          -> operand      <val(spra)>.

              -> value    .
```

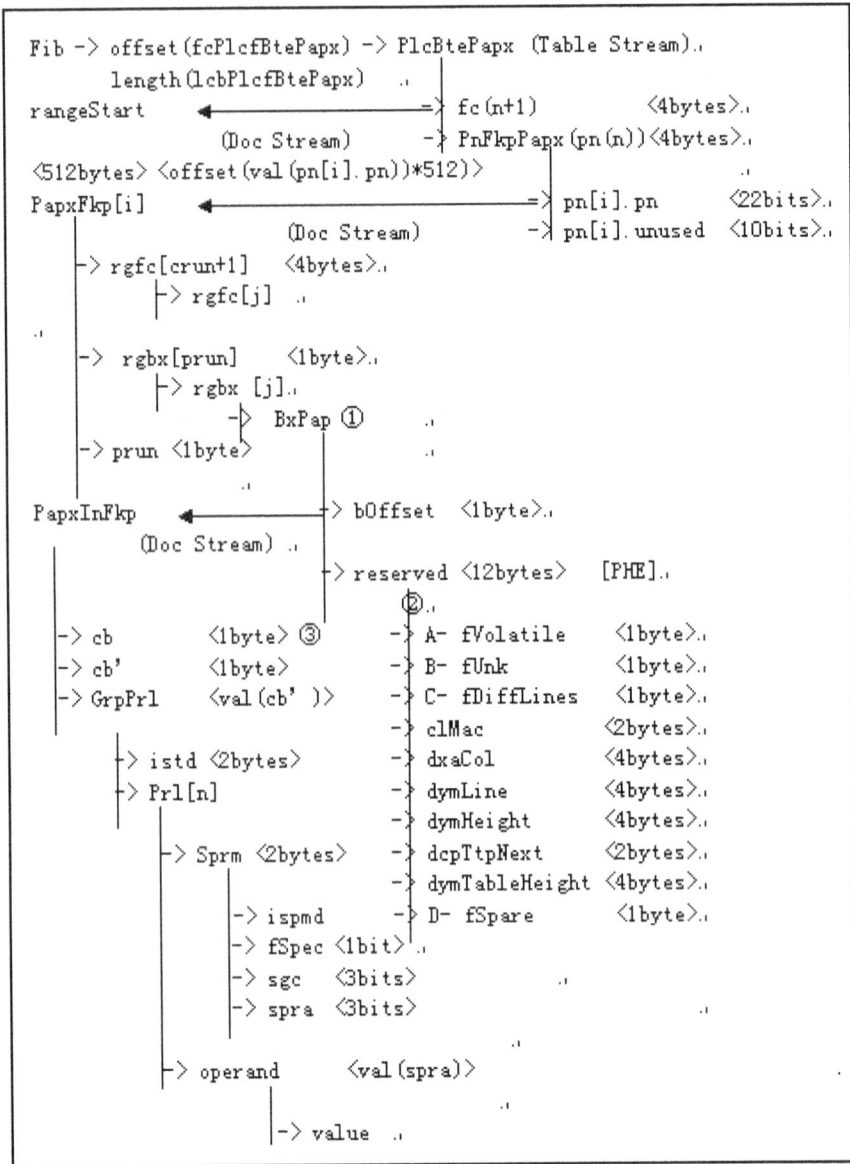

图 5-8 段落样式抽取结构指示图

(3)确定有效选区所有有效的 Fc(chpx 的 Fcs)，其伪码如图 5-10 所示；

(4)在给定有效区域下得到所有的 TextRun：遍历所有在步骤 2 中得到 ChpxList 的过程中，再次精确地将每个 TextRun 作有效选择，避免丢失数据，其伪码如图 5-11 所示；

(5)通过精确得到字符的起始和结束位置，结合文本编码取得段落文本内容。

表 5-7 是在抽取段落的过程中遇到的一些关于文件格式的术语。

这里说明一下 CP 数据对象，它是一个无符号的 32 位整数，它是一个 Character 在整

```
1   for (int i = 0; i < chpxFkpList.size(); i++)
2   {
3       ChpxFkp chpxFkp = chpxFkpList.get(i);
4       for (int j = 0; j < chpxFkp.getGrpchpx().length; j++)
5       {
6           if (chpxFkp.getRgfc().get(j) < fcMin
7               && chpxFkp.getRgfc().get(j + 1) > fcMin)
8           {
9               chpxList.add(chpxFkp.getGrpchpx()[j]);
10          }
11          else if (chpxFkp.getRgfc().get(j) >= fcMin &&
12              chpxFkp.getRgfc().get(j) < fcMax)
13          {
14              chpxList.add(chpxFkp.getGrpchpx()[j]);
15          }
16      }
17  }
18
```

图 5-9　遍历 Chpx 图

```
1   for (int i = 0; i < getChpxFkpList().size(); i++)
2   {
3       ChpxFkp chpxFkp = getChpxFkpList().get(i);
4       if (chpxFkp.getRgfc().get(chpxFkp.getRgfc().size() - 1) < fcMin)
5       {
6           continue;
7       }
8       if (chpxFkp.getRgfc().get(0) > fcMax)
9       {
10          break;
11      }
12      int max = chpxFkp.getRgfc().size() - 1;
13      if (i == (getChpxFkpList().size() - 1))
14      {
15          max = chpxFkp.getRgfc().size();
16      }
17      for (int j = 0; j < max; j++)
18      {
19          if (chpxFkp.getRgfc().get(j) < fcMin && chpxFkp.getRgfc().get(j + 1) > fcMin)
20          {
21              fCpList.add(chpxFkp.getRgfc().get(j));
22          }
23          else if (chpxFkp.getRgfc().get(j) >= fcMin && chpxFkp.getRgfc().get(j) < fcMax)
24          {
25              fCpList.add(chpxFkp.getRgfc().get(j));
26          }
27      }
28  }
29
```

图 5-10　遍历 Fc 图

个文档文本中的索引号，整个索引是从 0 开始的。那些连续 CP 指定的文本，在文件中并不一定需要相邻。文件中每一个 Character 的 size 都是不一定的。文件中每一个 Character 的 location 变量和 size 变量都可以用下面的算法计算：

（1）从 Word Document Stream 的起始为 0 位置读取 FIB。

（2）不管 FIB 是什么版本，它都包含且只包含一个 FibRgFcLcb97，虽然它有可能嵌套

```
1   int fcChpxStart = chpxFcs.get(i);
2   int fcChpxEnd = chpxFcs.get(i + 1);
3   if (i == 0 && fcChpxStart < fc)
4   {
5       fcChpxStart = fc;
6   }
7   if (i == (chpxList.size() - 1) && fcChpxEnd > fcEnd)
8   {
9       fcChpxEnd = fcEnd;
10  }
11
```

图 5-11　确定 TextRun 图

在一个更大的结构里面。FibRgFcLcb97.fcClx 指定了 Clx 在 Table Stream 中的 offset，FibRgFcLcb97.fcClx 指定了 Clx 的 size，单位为 byte。从 Table Stream 中读取 Clx。

表 5-7　　　　　　　　　　　　　　段落文本及样式中的重要术语

序号	术语	解释
1	文档（Document）	表示的是含有若干 Paragraph 和 Table 组合而成的存储了所有文字、图片、表格信息的集合体
2	段落（Paragraph）	在呈现器的设计中的文档主要组织元素，指的是在 WDS 中连续的一系列文本内容，其中也包含了一些段落标记字符、行标记字符和其他一些特殊的标记字符
3	文件头 FIB（File Information Block）	包含文档的信息以及组成该文档的结构体的索引信息（一般包含这个结构体在流中开始位置以及在该流中所占的字符长度）
4	页（Page）	在 WDS 中从 512 字节的边界长度开始，以 512 字节为一个单位的文本段。它的索引信息是存储在 FIB 中的
5	流（Stream）	含有存储文本信息的 WDS、存储了若干引用信息的 TS、存储图片信息及 DS、存储文件统计信息的 SIS 和存储了文档摘要信息的 DSI
6	连续字符片段（Piece Table）	表示的是存储了一连串具有相同样式信息的字符，它的索引信息是存储在 FIB 中的，是结合图 2.9 PLC 结构算法来找到这个文档中所有的连续字符片段的开始字符和结束字符的文件 offset。它的索引信息是存储在 FIB 中的
7	章节（Section）	表示的是在文本中一系列连续样式的段落组成的。它的索引信息是存储在 FIB 中的
8	段落属性（PAP, Paragraph Property）	表示的是文本中某一个特定段落的属性，是与 PAPX（段落异常属性）相对应的

序号	术语	解释
9	段异常属性 PAPX（Paragraph Property Exception）	它描述了与这个特定的段落属性(PAP)相异的段落属性信息，它含有一个用于指引段落属性索引的 ISTD。结合 PAP 和 PAPX 可以计算出该段落的所有段落属性信息，即 Character、Table、Picture、List、Section 信息(这点是 Sprm 中的 Sgc 值来判断得到的)
10	格式化磁盘存储页 FKP（Formatted disk Page）	它由 512 个字节组成一个单位（页），它分为 ChpxFkp(用于映射字符内容和这些字符属性的关联)和 PapxFkp(用于映射段落内容和这些段落属性的关联)
11	章节属性 SEP（Section Property）	描述了一个特定节的属性信息
12	章节异常属性 SEPX（Section Property Exception）	与 SEP 相异常的节异常属性信息

（3）Clx 包含一个 Pcdt，一个 Pcdt 包含一个 PlcPcd，从 PlcPcd. aCp 中找到一个满足 PlcPcd. aCp[i]<=给定 CP 的最大的 i，跟所有 Plc 结构一样，PlcPcd. aCp 中的元素都以升序排列。跟所有 Plc 结构一样，PlcPcd 中 aCp 的数目总比 aPcd 的数目多 1，因此，如果 PlcPcd. aCp 中最后一个元素<=给定 cp 的话，那么这个 cp 就不在这个文档中。

（4）PlcPcd. aPcd[i]是一个 Pcd 结构。Pcd. fc 是一个 FcCompressed，指定了 PlcPcd. aCp[i]代表的文本在 WordDocument Stream 中的 offset。

（5）如果 FcCompressed. fCompressed 为 0，在 cp 位置的 Character 是一个 16-bit 的 Unicode Character，在 Word Document Stream 中的 offset 为 FcCompressed. fc +2(cp-PlcPcd. aCp[i])。也就是说，cp 为 PlcPcd. aCp[i]位置的文本，offset 从 FcCompressed. fc 开始，每一个 Character 占 2 个 byte。

（6）如果 FcCompressed. fCompressed 为 1，在 cp 位置的 Character 是一个 8-bit 的 ANSI Character，在 WordDocument Stream 中的 offset 为（FcCompressed. fc/2）+（cp-PlcPcd. aCp[i]），cp 为 PlcPcd. aCp[i]位置的文本，offset 从 FcCompressed. fc/2 开始，每一个 Character 占 1 个 byte。

Character 总共包含 text，anchor 和 control Character(各种 paragraph mark，cell mark，row mark)三类。在 Word 2003 结构中，表格属性和列表属性是存储在段落属性内的。所以，在存储段落样式属性的信息里面会包含区分列表和段落样式的属性值，这一点与我们前面抽取的 Grpprl 中存储的若干 Sprm 相关的。

5.6　表格及其样式数据存储原理

在 Word 中的表格是一个不可缺少的元素，在抽取的过程中，我们发现一个表格的存储结构是由若干 tableRow 组成，而每个 tableRow 又是由若干 tableCell（为 1～63 个）组成，而每个 tableCell 中又包含了一个或者若干的 paragraph（其中，可能段落内容为 0）。

在每个 tableRow 的结束、tableCell 的结束以及 paragraph 的结束都会有一个 Mark 作为标识结束符。同时，每个 paragraph 都会有一个 tableDepth（深度）标识在表格中内嵌的层次。具体判断方式如表 5-8 所示：

表 5-8　　　　　　　　　　　　　　　　**Table 中 Mark 判断列表**

TableDepth	Character Unicode	SprmProperty	MarkType
等于 1	0x0007		CellMark
大于 1	0x000D	sprmPFInnerTableCell = 1	Paragraph Mark
等于 1	0x0007	sprmPFTtp = 1	RowMark（TTP）
大于 1	0x000D	sprmPFInnerTtp = 1	RowMark（TTP）

在实际逻辑结构中的 Mark 标识符号如图 5-12 所示：

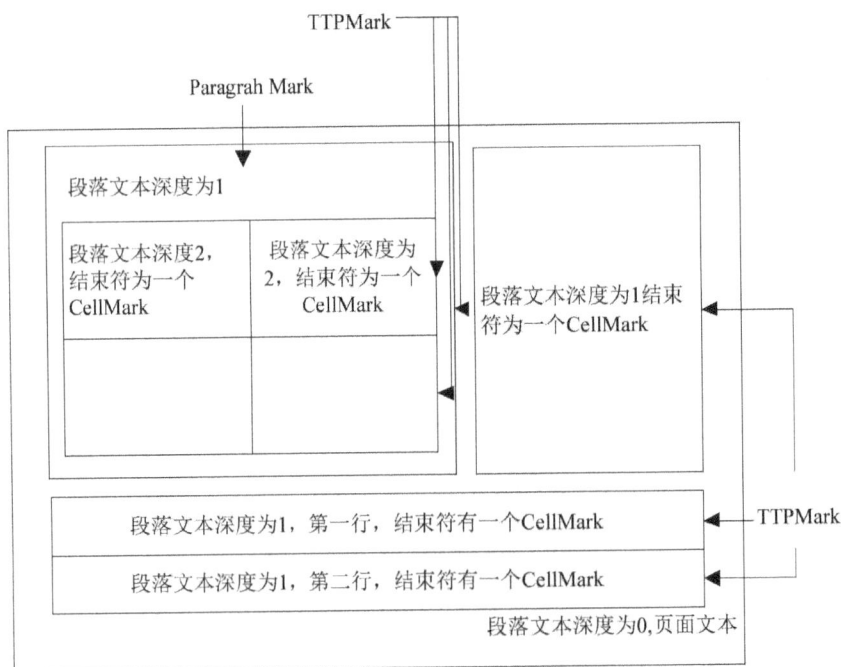

图 5-12　Table 中 Mark 标识存储图

所以，根据 table 中的特殊标识符号，可以抽取到 table 中的内容和样式，表格属性的抽取具体流程如图 5-13 所示：

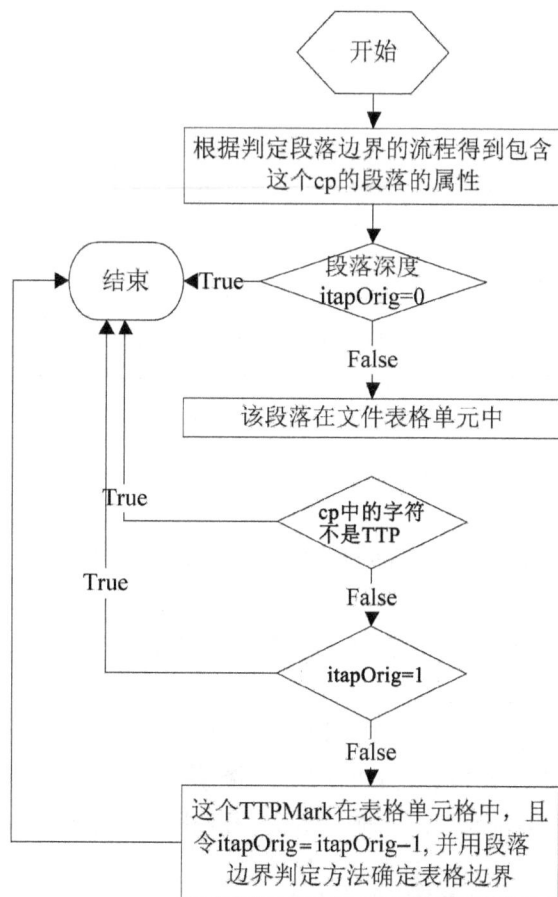

图 5-13　Word 2003 中表格抽取流程图

在抽取过程中，我们会发现水平或者垂直合并后的单元格中的组合 Cell 的 Cell Mark 也是会一并存在的，并不会因为单元格的合并而消失。图 5-14 的流程指示图是表格样式的抽取过程中的简略指示图：

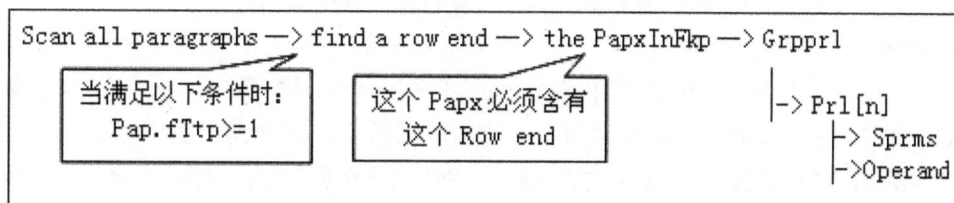

图 5-14　Word 2003 中表格抽取指示图

遍历抽取得到的所有 Papx，当这个 Papx 的深度>=1 时，则这个 Papx 的属性一定是一个 Tapx(存储表格样式信息的属性)，同时，确定 Table Row End。

63

5.7   图片及其样式数据存储原理

在 Word 2003 中有两种图片。一种是 Inline Picture（内联图片，与文字信息在一个平面层，嵌套在文字内容中的一种图片）；另外一种是 Floating Picture（浮动图片，这种图片是在文字平面层之上或者之下的）。

当一个图片为内联时，它 Character 的 Unicode 为 0x0001，并且其中的一个 Sprm（sprmCFSpec）值为 1，另外的一个 Sprm（sprmCPicLocation）的值指定了 Picture 数据的位置。当一个 Picture 为浮动时，它 anchor Character 的 Unicode 为 0x0008，并且有一个 Sprm（sprmCFSpec）值为 1，而且浮动 Picture 由一个同样由 FIB 对象索引的存储在 WDS 中的 PlcfSpa 结构引用，这个结构包含有关这个 Picture 的其他数据（例如，大小和后缀名等信息）。

一个浮动 Picture 可以随它的 anchor 出现在页面的任意地方。文档的作者可以选择使用浮动 Picture 以各种方式来重排文本，或者使用自定义方式进行文档排版。浮动 Picture 的抽取涉及关于其他复杂结构体的关联，这将是更大的一个模块，在此不作具体阐述。

根据调查显示，大多数用户习惯内联图片，所以在这里着重关注内联图片。图片信息都存储在 DS 中，与文字内容抽取格式一样，同样是从 FIB 中的属性找到在 DS 中的存储索引 Offset。接着可以得到这些图片的后缀名、存储路径等信息。

5.8   列表及其样式数据存储原理

通过 FIB 中的 rgFcLcb97 找到 fcPlfLst，lcbPlfLst 和 fcPlfLfo，lcbPlfLfo，根据这两对值，在 TS 中找到 PlfLst 和 PlfLfo，然后在 PlfLst 后面还紧跟着 rgLvl（由一系列 LVL 组成，用于区别说明该 List 中的段落和文本样式，每个 LVL 描述了一个 List 中特定 Level 的格式属性信息）。PlfLst 主要存储了整个 List 本身所具有的格式属性信息。而 PlfLfo 用来关联 LSTF（PlfLst 中存储的原始列表的各种默认信息）元素并覆盖其格式信息。

列表区分无序和有序两种：

（1）无序列表的 Bullet（列表前面的符号表示）有各种类型：■ ● ◇ ➢ ✓ ⬇ ◆。

（2）有序列表的 Bullet 也有多种情况，分为罗马数字，区别大小写（I，i）；阿拉伯数字，不区别有无单括号（1，1）；英语字母，区别大小写（a，A）；无汉字，汉字转为阿拉伯数字（"一"转为"1"）。

图 5-15 是存储了列表信息的 PlfLst 结构体的组成图。

图 5-16 是抽取所有 LSTF 的结构流程图。

Word 2003 中 List 的存储结构如下：

（1）PlfLst 由 cLst（说明 Lstf 的数量）和 rgLstf（由 LSTF 的数组）组成，其中 LSTF 描述了

```
Fib -> offset(fcPlfLst) -> PlfLst (Table Stream).
        length(lcbPlfLst)              ->clst              2bytes      .
                                       ->LSTF[]            val(clst)   .
                                          -> lsid .
                                          -> TPLC          4bytes      ↵
                                                 -> TPLCbuildin↵
                                                 -> TPLCUser↵
                                          -> rgistdPara   short[9] istd↵
                                          -> fsimplelist  1bit↵
                                          -> bunused      2bits↵
                                          -> cfAutoNum    1bit    FixType↵
                                          -> dunused↵
                                          -> efHybrid     1bit.
                                          -> freserved    3bits.
                                          -> grfhic       Grfhic(Html).
                                       -> LVL[]            .
                                          -> iStartAt      4bytes↵
                                          -> nfcshort      1byte↵
                                          -> jc            2bits↵
                                          -> fLegal        1bit↵
                                          -> fNoRestart    1bit     ↵
                                          -> fIndentSav    1bit↵
                                          -> fConverted    1bit.
                                          -> fTentative    1bit.
                                          -> rgbxchNums    xchNums[] 1byte.
                                          -> ixchFollow    1byte↵
                                          -> dxaIndentSav  4bytes↵
                                          -> unused2       4bytes↵
                                          -> cbGrpprlChpx  1byte↵
                                          -> cbGrpprlPapx  1byte.
                                          -> ilvlRestartLim 1byte.
                                          -> grfhic        1byte.
                                          -> grpprlPapx    Prl[]  ↵
                                          -> grpprlChpx    Prl[].
                                          -> xst  .
```

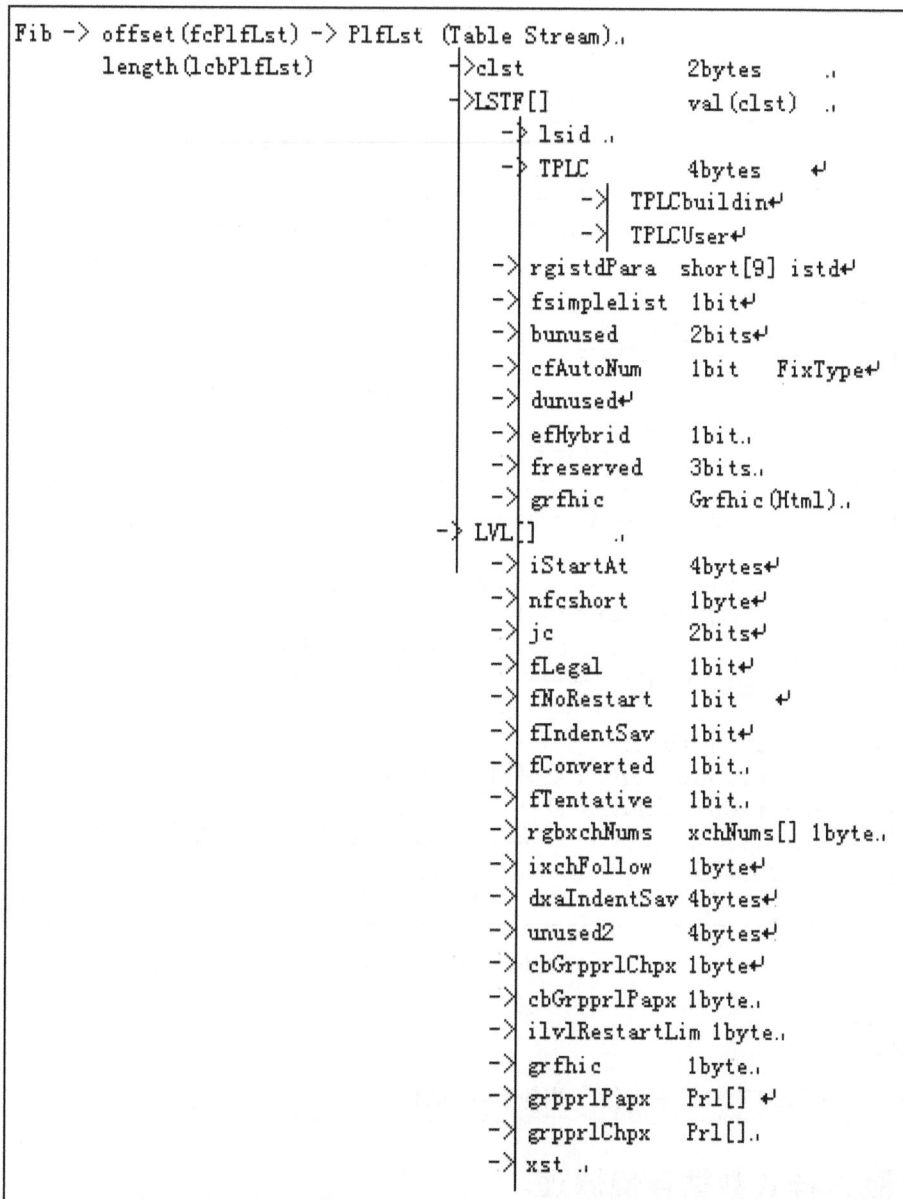

图 5-15　PlfLst 结构体组成

一个 list 的格式化属性。

（2）后面紧跟着 rgLvl，rgLvl 由一定数量的 LVL 构成，数量可以通过前面的 rgLstf 计算出来，但是每个 LVL 的长度是不确定的，只有抽取每个 LVL 时才能够得到，LVL 由 LVLF（LVL 格式属性信息），grpprlPapx（存储段落样式的信息），grpprlChpx（存储字符样式的信息组成），Xst（内嵌字符的符号内容）组成。LVL 描述了一个 list 中特定 level 的格式

65

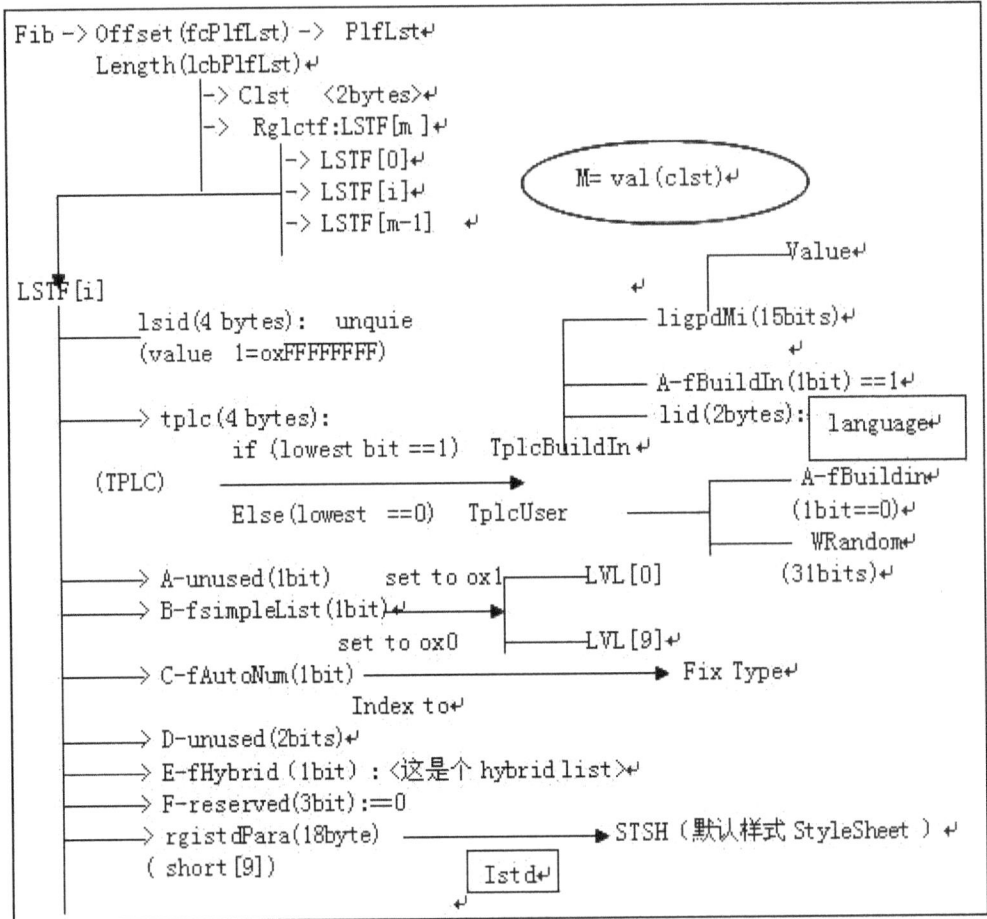

图 5-16　LSTF 结构流程图

化属性信息。

（3）LVL 按 LSTF 的顺序来指定相应 level 的格式。

5.9　默认样式数据存储原理

对于 Word 2003 中没有进行格式化操作的对象是拥有 Word 2003 的默认样式的，这些默认样式库是单独存储在流中的，图 5-17 是这个默认样式库的抽取结构流程指示图：

在默认样式的抽取过程中，需要注意以下几个方面：

（1）StdfPost2000OrNone. istdLink：表示通常我们所说的 stylesheet 中的 istd，也就是指向 StyleDefinitions 中的某种 style 的 index，它是每种样式的唯一标识。

（2）StdfPost2000OrNone. fHasOriginalStyle：用来判断当前所描述的 style 是否为一种 revision-marked 样式，即是否为一种修订的样式。

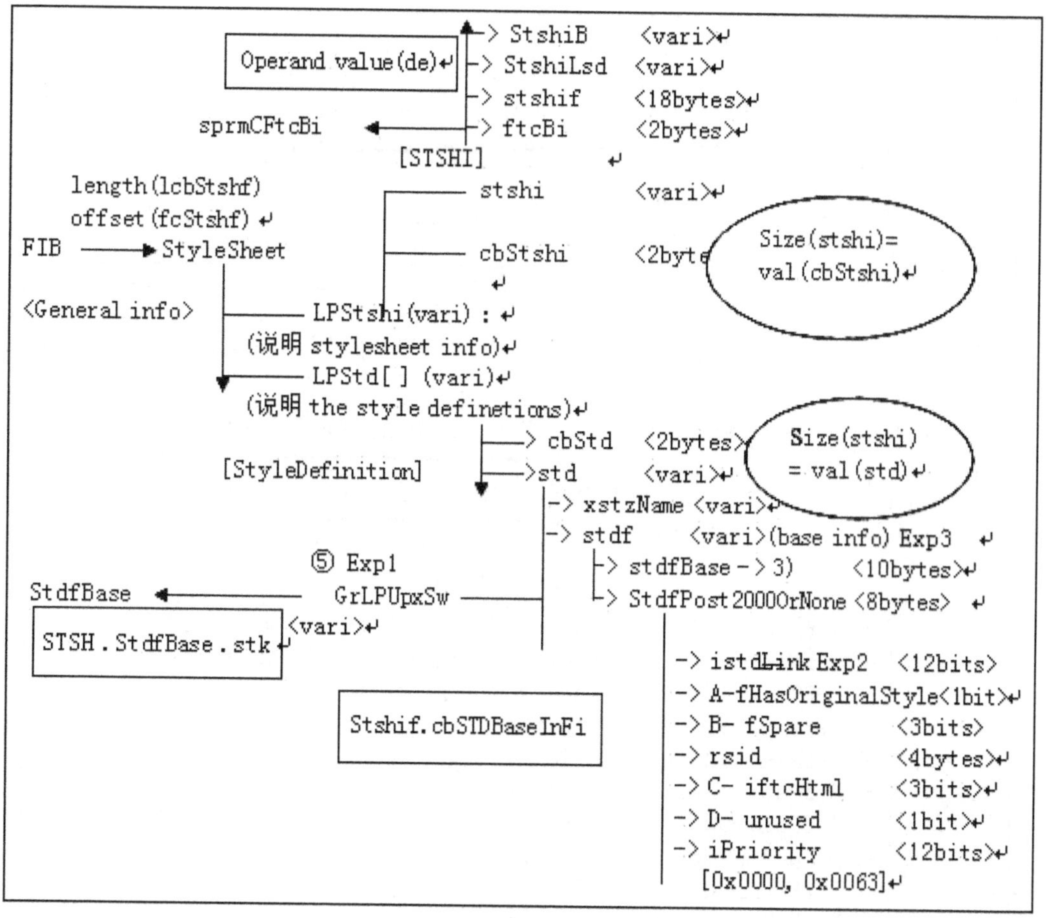

图 5-17　LSTF 结构流程图

（3）StdfPost2000OrNone. rsid：表示当最后一次修改 style definition 之后修正的最终的 revise id（这里可以用于我们调出用户在历史记录中的任何一次内容或者用于 command 操作的维护）。

（4）StdfPost2000OrNone. iPriority：用于存储上一次修改样式时该种 style 在以前 style 列表中的样式序列值（这里可以用于我们调出用户在历史记录中的任何一次内容或者用于 command 操作维护）。

图 5-18 给出了每种样式的统计信息（stdfBase）的抽取过程：

在默认样式中存储的所有样式包含四种，它们是根据 stk 的值来进行区分的：

（1）当 stk 值为 1 时，那么 GrLPUpxSw 中含有一个用于描述段落样式的属性内容 StkParaGRLPUPX（Paragraph）。

（2）当 stk 值为 2 时，那么 GrLPUpxSw 中含有一个用于描述段落样式的属性内容 StkCharGRLPUPX（Character）。

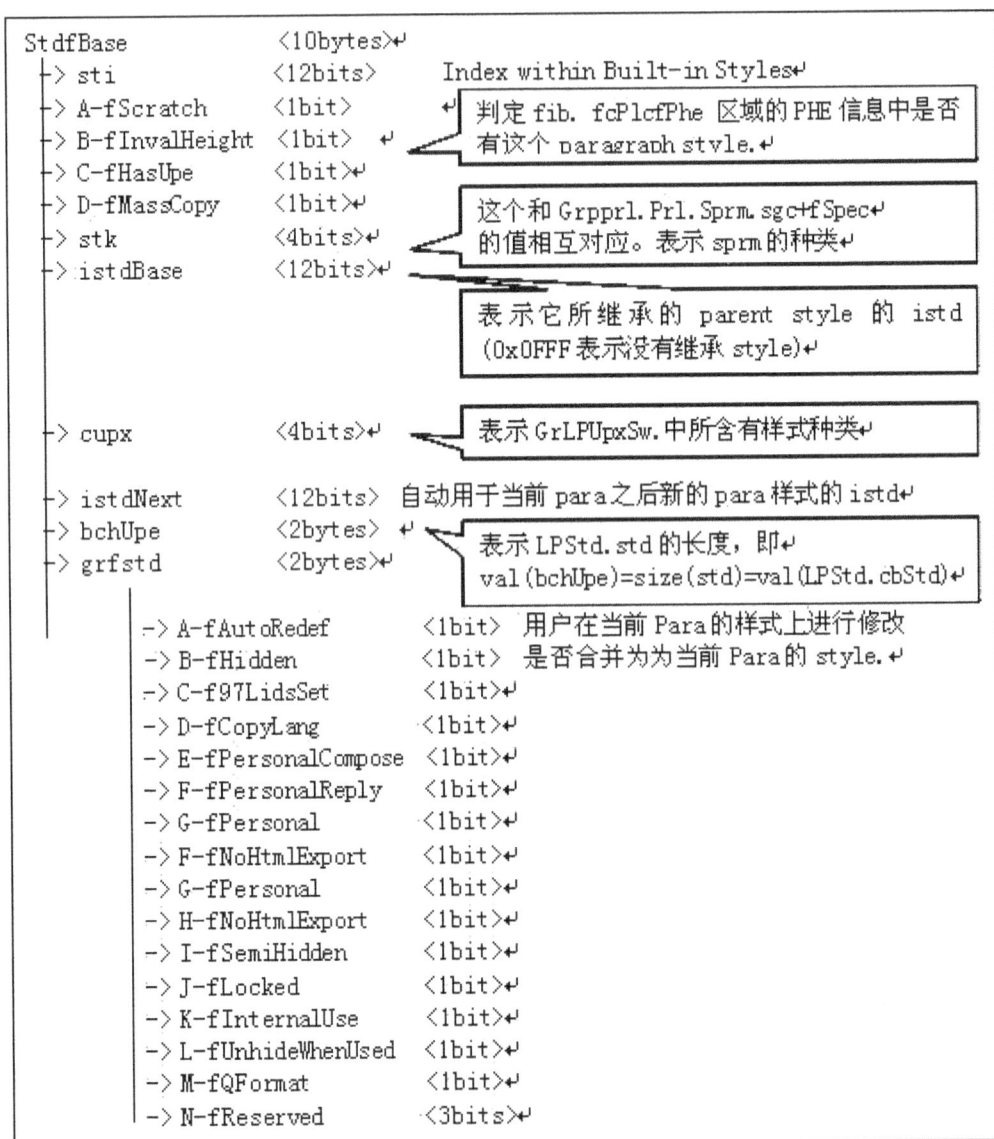

图 5-18　LSTF 结构流程图

（3）当 stk 值为 3 时，那么 GrLPUpxSw 中含有一个用于描述段落样式的属性内容 StkTableGRLPUPX（Table）。

（4）当 stk 值为 4 时，那么 GrLPUpxSw 中含有一个用于描述段落样式的属性内容 StkListGRLPUPX（Number）。

且每个 PUPX 的结构都相似，以 StkParaGRLPUPX 为例，图 5-19 表示一个默认段落样式的存储结构：

我们在抽取过程中得到的每一个 Chpx 和 Papx 以及 Tapx 都会与默认样式库中存储的

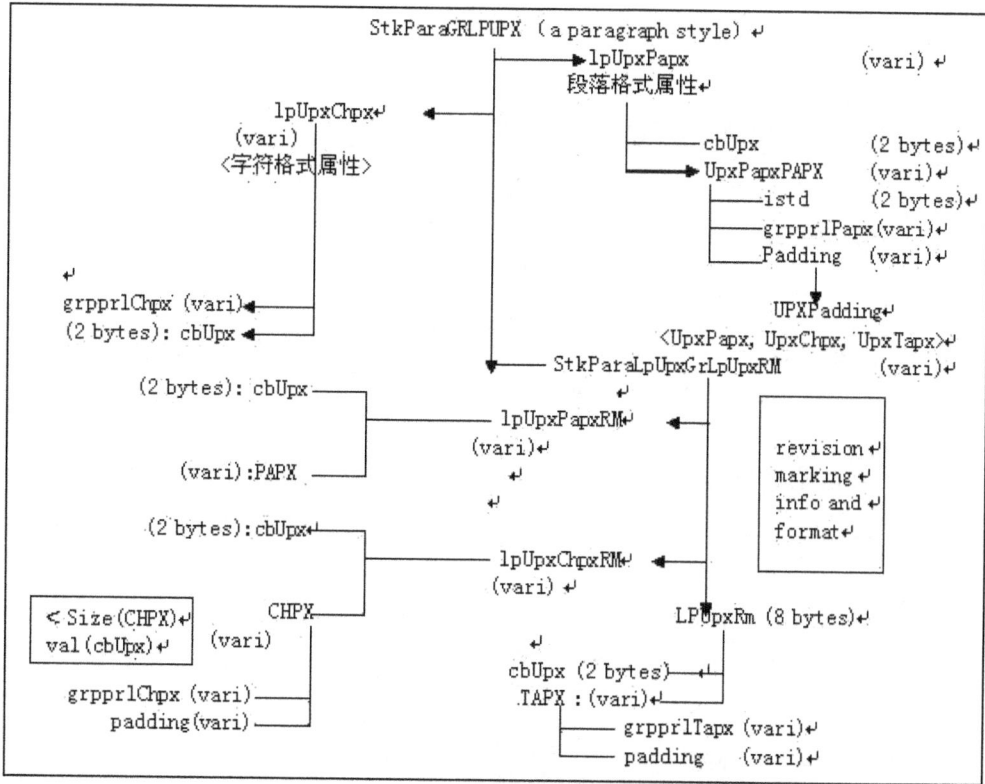

图 5-19　默认段落样式存储结构

Chpx 和 Papx 以及 Tapx 进行比较，如果在默认样式库中没有这种样式，则我们会将这些新的样式信息存储在样式库中，否则就摒弃这些已经重复冗余的样式信息。

5.10　章节数据存储原理

Word 2003 中的章节(Section)可以单独设置一些页面格式来对整个文本进行区分，或者也可以认为，如果对页面的大小和方向等进行页面设置变更或者对于行编号、列数或页眉和页脚进行更改时，这样就会创建一个新的章节。

如果在 Word 2003 中没有插入分节符，那么我们将默认整个文档是一个整体部分，所以在一个文档中至少含有一个节(Section)，分节符表示的是一个节的结束标识符。分节符是一个特殊的 Unicode 码字符，它保存着页面的各种统一设置。分节符以"分节符"字样的双虚线形式显示在整个文档中。

图 5-20 阐述了在 Word 2003 中如何分节以及抽取每个节属性的流程图：

(1)通过 FIB 中 fcPlcfSed 属性和 lcbPlcfSed 属性找到 PlcfSed 这个结构体在 TS 中的位置与大小。

```
                        ┌──────────┐
                        │   开始    │
                        └────┬─────┘
                             ↓
┌──────────────────────────────────────────────────────────┐
│     从 Fib 中获取存储节内容的结构体在 TS 中的位置 fcPlcfSed      │
└──────────────────────────────┬───────────────────────────┘
                               ↓
┌──────────────────────────────────────────────────────────┐
│  根据 PlcfSed 中 cp 得到节文本的逻辑位置和记录每节属性信息的结构体  │
│                          Sep 列表                          │
└──────────────────────────────┬───────────────────────────┘
                               ↓
┌──────────────────────────────────────────────────────────┐
│  循环遍历 Sep 列表，在 Sep 中 fcSepx 得到了修饰这个节属性的结构体 Sepx │
│              在 WDS 中的偏移位置 GrpPrl 和它的长度              │
└──────────────────────────────┬───────────────────────────┘
                               ↓
┌──────────────────────────────────────────────────────────┐
│  循环遍历 Sep 列表，在 Sep 中 fcSepx 得到了修饰这个节属性的结构体 Sepx │
│              在 WDS 中的偏移位置 GrpPrl 和它的长度              │
└──────────────────────────────┬───────────────────────────┘
                               ↓
┌──────────────────────────────────────────────────────────┐
│       在 GrpPrl 中包含有存储了节不同属性的列表 PrlList          │
└──────────────────────────────┬───────────────────────────┘
                               ↓
┌────────┐   False       ◇ 不是 PrlList 的 ◇
│  结束   │ ←──────────── ◇   结束位置    ◇ ←──────────────┐
└────────┘               ◇               ◇                │
                               │ True                      │
                               ↓                           │
┌──────────────────────────────────────────────────────────┐ │
│              得到 PrlList 中的下一个元素                    │ │
└──────────────────────────────┬───────────────────────────┘ │
                               ↓                           │
┌──────────────────────────────────────────┐     ┌──────────────────────┐
│       得到这个属性样式内容以及样式操作说明      │     │  将这个节属性说明放入用   │
└──────────────────┬───────────────────────┘     │  于存放所有节样式的结构   │
                   ↓                         True │  体(SetionSlyleList)中  │
┌────────┐  False   ◇ 这个属性是 ◇ ──────────────→ └──────────────────────┘
│  结束   │ ←─────── ◇  节属性   ◇
└────────┘          ◇           ◇
```

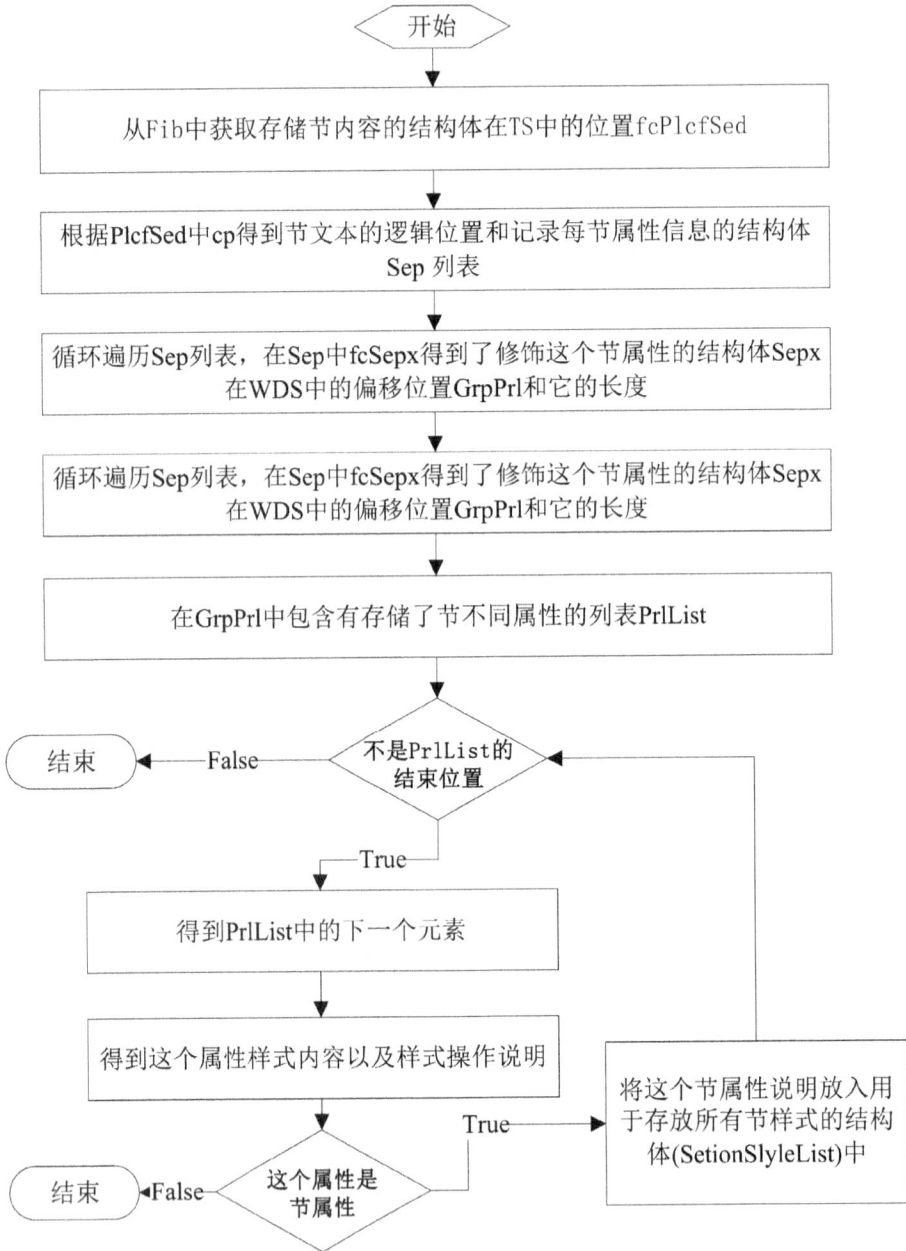

图 5-20　Word 2003 中抽取章节属性流程图

（2）PlcfSed 中存储了在主文本（Main Document）中每个章节的逻辑显示位置（CP）和每个节（由 CP[i] 与 CP[i+1] 来确定）的属性信息 Sed[i]。因为每个 Sed 的长度为固定的 12bytes，所以可以根据类似 PLC 算法：

（lcbPlcfSed-length（cp））/（length（cp）+length（Sed））。

由此可以计算出在这个文档中所含节的个数。

(3)遍历所有 Sed 列表，通过 Sed[i]中 fcSepx 找到在 WDS 中存储了章节属性信息的 Sepx[i]。

(4)Sepx[i]里面存储了该章节所有的属性信息以及用于说明该章节信息的长度。

章节是比段落包含内容更广的一种字符组织方式，它具有与段落、表格、字符、列表不同种类的样式表现形式，如某个章节的页面边距不同，某个章节的页面高度不同，某个章节的页面宽度不同，某个章节的文档分割线的高度不同，某个章节的页眉页脚内容形式不同，等等。

5.11 书签数据存储原理

Word 2003 支持用户在文本编辑或者阅读 Word 2003 文档篇幅较长时对文档进行书签标记定位，方便用户以后对文本进行快速查找定位或者进行修改等。所以，为了抽取书签，我们需要得到书签的名字以及书签所标注的开始和结束位置。抽取书签 BookMark 流程图，如图 5-21 所示：

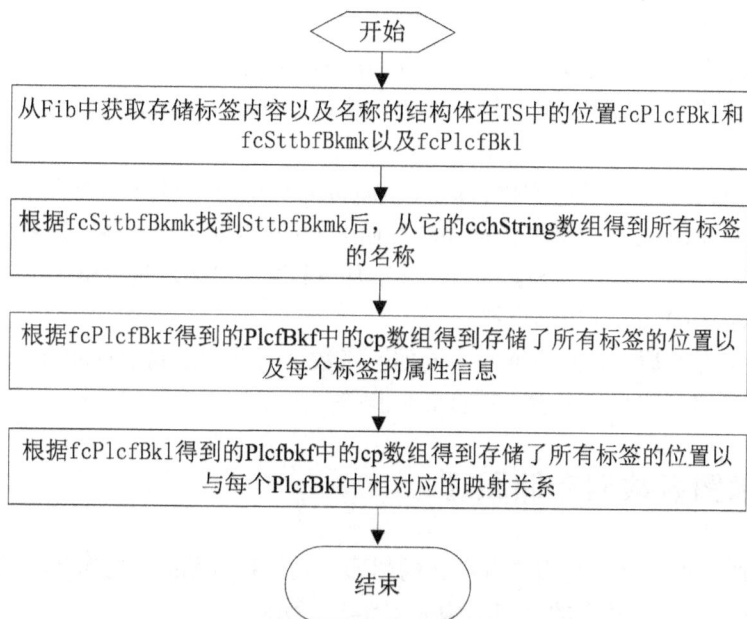

图 5-21 Word 2003 中抽取书签流程图

(1)通过 FIB 中的 fcSttbfBkmk 和 lcbSttbfBkmk 属性找到在 TS 中存储整个文档的所有书签的名称的结构体 SttbfBkmk；通过 FIB 中 fcPlcfBkf 和 lcbPlcfBkf 属性找到存储所有书签在 TS 中的偏移位置以及长度信息的 PlcfBkf 结构体；通过 FIB 中 fcPlcfBkl 和 lcbPlcfBkl 属性找到存储书签所有的映射信息的 PlcfBkl 结构体。

（2）通过 SttbfBkmk 结构体中 cchString 数组得到每个 BookMark 的名称。通过抽取发现，书签的命名要以字母开头，可以包含数字但不能有空格，可以用下划线来分隔文字，例如，"书签 1_ Word 2003 中书签的抽取"。

（3）在 PlcfBkf 结构体中存储了这个文档中对应顺序存储的与 SttbfBkmk 对应名称的每个书签在文本中的字符位置（CP），以及每个书签的其他属性信息 fbkf。

（4）在 Plcfbkl 结构体中存储了对应每个书签的结束位置（CP）。

5.12　页眉、页脚数据存储原理

页眉、页脚是属于 Word 2003 中 Headers 这一部分，它是从 Footnotes 结束的字符位置 CP 开始的，长度是由 FIB 中 ccpHdd 指定的。

在 Word 2003 中所有的页眉、页脚是被指定为若干个被切割的文本块，其中单独的每个页眉、单独的每个页脚以及页眉、页脚分隔符都属于被切割出来的文本块。它是由 Plcfhdd 结构体来指定的。如果文本块不为空，那么它一定是以 Paragraph Mark 作为结束的标记，而这个 Paragraph Mark 也仅仅是属于标记，却不能算这个文本块中的内容。如果文档中被分割的文本块为空，那么这个文档一定不包含任何的内容和 Paragraph Mark，或者说是一个空文本。

当文档中含有页眉、页脚时，那么 Plcfhdd 一定不为空，且指定了页眉、页脚各种分隔符：页脚分隔符、页脚连续分隔符、页脚连续备注、尾注分隔符、尾注连续分隔符和尾注连续备注等。

Plcfhdd 存储了页眉、页脚文档（Header Document）中所有被分割的文本块的起始和结束位置，它同样是以 PLC 结构进行存储的。而 Plcfhdd 也仅仅只存储了这些内容。

Word 2003 文件中因为每个章节可以划分为一个组，它必须包含整个 Paragraph，而且一定是以 Paragraph Mark 标识结束符结束。

每个组之间在页眉、页脚方面是不同的：奇数页面页脚、偶数页面页脚、奇数页面页眉、偶数页面页眉、首页面页眉、首页面页脚等。

5.13　艺术图像数据存储原理

Word 2003 文件会有一些用户自定义的图形，它们是以 Shape 的形式存储在整个 Word 2003 文档中的，它在文档中的存储结构如图 5-22 所示。

（1）每个 Word 2003 文档都会有一个 DrawingGroup 对象，表示所有绘制信息和图片信息。

（2）每个 DrawingGroup 中包含若干个 Drawing 以及图片的集合（BLIP Store），和一个描述了新的 Shape 默认属性对应表（Property Table）。

（3）每个 Shape 指一个 Page（页面）中的一些对象，这些对象的属性是由 Property Table 来描述这个 Shape 中的属性，Client Data 用来存储这个 Shape 在文档中的 Anchor，即坐标、文本以及 OLE 对象的数据信息等。

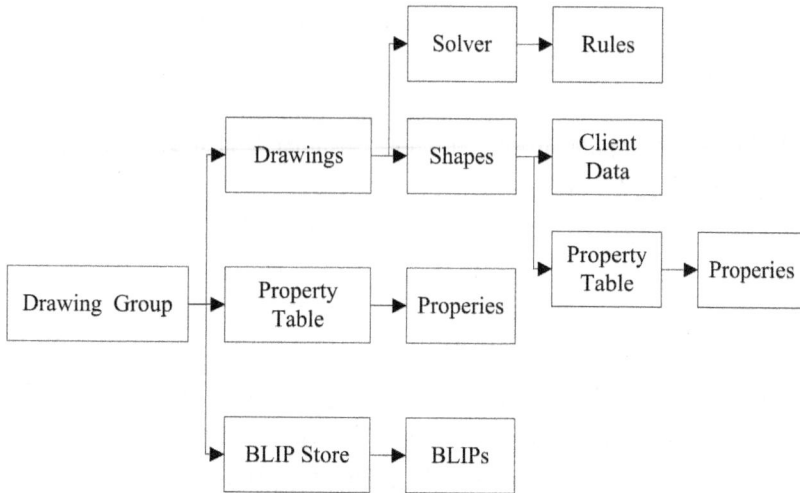

图 5-22　Word 2003 中艺术字存储结构

（4）每个 Blip Store 包含了若干 Blips 对象（Blips, Binary Large Images of Pictures 二进制大图像文件）。

为了能够区分在 Word 2003 文件中的每个 Page 中的 Drawing 对象，实际每个 Drawing 的存储流程如图 5-23 所示。

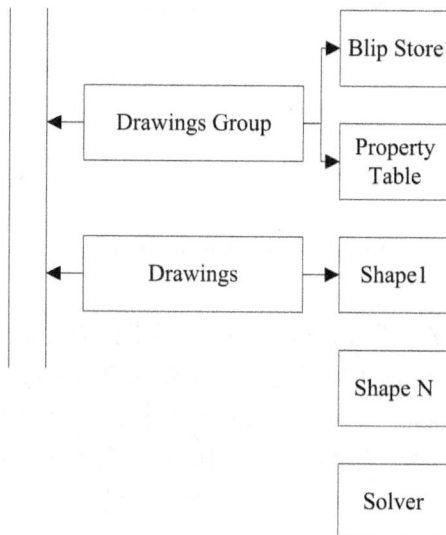

图 5-23　Shape 实际存储形式

在一个 Word 2003 文件中，包含了 Main Document、FootNote、Header、Comment、Endnote、TextBoxes 以及 Header TextBoxes 这几个部分，但是在大部分 Word 2003 文件里是

忽略了 TextBoxes、Header TextBoxes 这两个部分。所以，一个 Word 2003 文档里面至少存在五个平级的 Document，而我们所需要抽取的 Shape 是会存在于 Main Document 或者 Header Document 中的。而这两个结构体中 Shape 相关信息是由一个名为 PlcfSpa 的结构体来存储的：

（1）通过 FIB 中 fcPlcSpaMom 属性和 lcbPlcSpaMom 属性可以在 TS 中找到存储 Main Document 中 Shape 信息的 PlcfSpa 结构体。

（2）通过 FIB 中 fcPlcSpaHdr 属性和 lcbPlcSpaHdr 属性可以在 TS 中找到存储 Header Document 中 Shape 信息的 PlcfSpa 结构体。

（3）通过 FIB 中 fcDggInfo 属性和 lcbDggInfo 属性可以在 TS 中获得一个描述 Document 里 Drawing 信息的 OfficeArtContent 结构体。

关于 PlcfSpa 结构体，我们通过抽取后发现，它同样是一个 PLC 存储结构，它存储的 CP 指的是 Shape 在 Document 中的坐标，只是它的 Data 部分是 SPA 结构体（26bytes），这个 SPA 结构体就描述了 Shape 的一些坐标信息和绘制信息。SPA 中 4bytes 的 lid 属性说明这个 Shape 在 OfficeArtDggContainer 结构体中的 ID，SPA 中 16bytes 的 rca 结构体就是对这个 drawing 存在的一个矩形框信息。关于 OfficeArtContent 结构体，它的结构如图 5-24 所示：

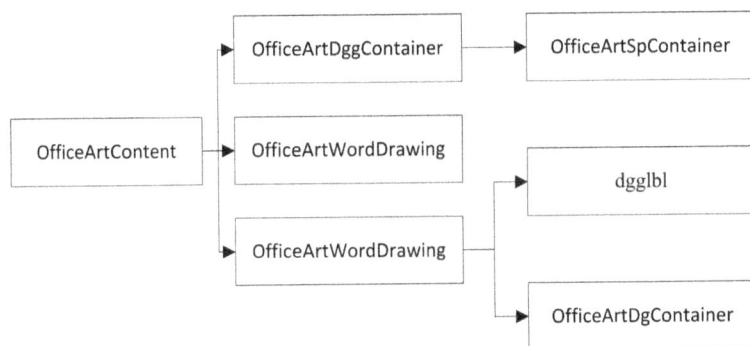

图 5-24 OfficeArtContent 结构体

OfficeArtDggContainer 在这里所表示的功能相当于前面存储 Shape 结构体中的 Drawing Group；而 OfficeArtWordDrawing 相当于前面所代表的 Drawing，在 OfficeArtDggContainer 中含有若干个 OfficeArtSpContainer 结构体表示若干个 Shape。在 OfficeArtWordDrawing 中占有 1byte 的 dgglbl 属性是一个用于区分后面的 Drawing 是描述 Main Document 还是 Header Document 的标识符号。

第6章 数据库系统存储原理：专利数据为例

6.1 基于关系型数据库的数据管理

关系型数据库查询系统的典型代表是 MySQL，这类方法的优势是可以保持对象的关系，而且操作方便。本书管理专利网络数据采用此方法。本书的方法基于 UC Berkeley 大学冯·科尔曼实验室（Coleman Fung Institute）Gabe Fierro 的项目 patentprocessor。此方案采用 python 开发，主要用于管理美国专利全文数据的标题数据、摘要数据和专利元数据，建立的数据库结构如图 6-1 所示：

Gabe Fierro 处理流程如下：

（1）解析专利的 XML 文件，提取主要信息：元数据（发明人、地址、公开时间、代理律师、专利分类、专类间引用）、权利要求书。

（2）解析后对权利要求书的主权和从权的 XML 进行解析，解析的时候对专利的主权和从权建立关联关系。

（3）数据存入 MySQL 数据库后，利用其他数据库，比如地理数据库对现有数据库的数据进行验证和更新。

Gabe Fierro 论文提出方案的主要优点如下：

（1）在单个数据文件处理上：对权利要求书中专利半结构化的数据（比如 claim-text 节点）和结构化的数据（比如元数据）进行分类。

（2）在数据写入时：采用循环遍历，并不是一次入库所有数据。先对分类的基本数据（比如主分类）写数据库，然后对数据进行更新，使其更精确（比如二级分类）。二级分类的重要性不如一级分类，但是数据量巨大。

（3）在数据关系管理上：将 XML 的结构数据转化成关系型数据的映射关系，比如 1∶N关系，N∶N关系，可以较快地镜像关系统计查询。

（4）在权利要求书的操作上，将权利要求书的主权和从权进行拆分，数据库中记录了从权和主权的外键关系，对基于专利结构的统计分析很有帮助。

但是，通过实验，Gabe Fierro 论文提出的方案已解决了大多数问题，本书发现 Gabe Fierro 论文的方案还未涉及的领域如下：

（1）只处理权利要求书，专利文档中另外一个重要文献——说明书，Gabe Fierro 并没有处理。

（2）对主权进行处理的时候，删除了主权本身的内容，只保留了从权的内容。

（3）如果数据量在 10 万条专利以上，此时的权利要求书在 200 万条记录以上，查询

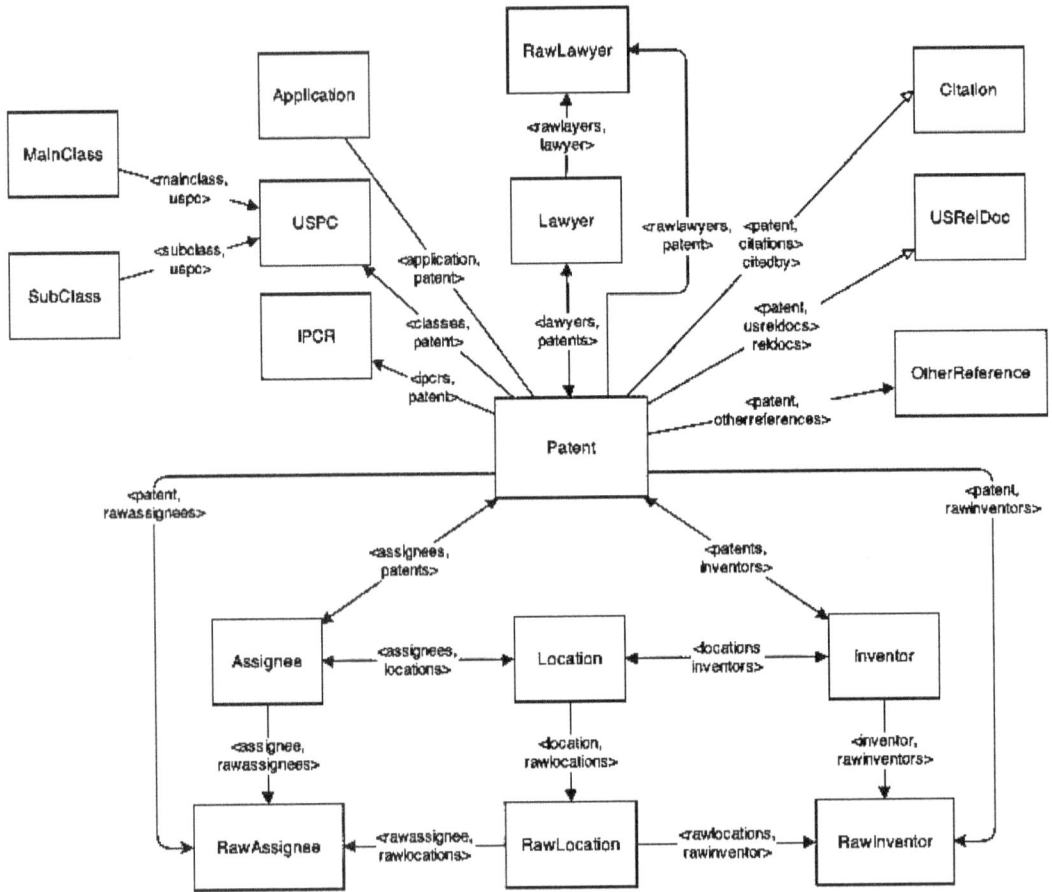

图 6-1 patentprocessor 数据库结构图

会相当慢。

本书修改了 Gabe Fierro 论文的方案，实现说明书相关写入的代码，建立常用的统计查询缓存数据表。本书分析专利网络演化的数据是基于 Gabe Fierro 论文方案进行管理。对于权利要求书的全文查询，由于 SQL 会涉及几层 where 查询，因此查询非常慢。如果采用关键词统计或者更新，因为写入前数据要先查询出来，若数据量较大，则写入操作很慢。

6.2 基于 XML 数据库的数据管理

XML 本身是树状结构，如果美国专利局的专利全文数据，树状结构的查询效率是 $O(\log(N))$，而且和方案 6.1 相比，XML 的查询支持 Stream 查询，并不是要所有结果都查询出来才能写到结果文件中，非常适合大数据的查询和基于 XML 节点的写入。这类方案主流的产品是 IBM 的 DB2 Prue XML 数据库和 Sedna XMLDB。

　　本书采用 Sedna XMLDB 管理，Sedna 管理的数据库主要分为 collection 和 document，collection 类似方案 6.2 中 MySQL 的数据表，而每个 document 相当于表中的一条记录。数据维护采用 XPath，本书利用 XML 管理专利文件本身数据，整个数据库有 1.10TB。

　　XML 数据库的优势是查询快，支持 Stream 查询。但问题是如果数据对象之前是 N∶N 关系，则 XMLDB 不提供直接支持。但是方案 6.2 的 MySQL 数据库可以很好地支持。本书分析专利时，如果两个竞争公司之间建立专利栅栏（Patent Fence），相关专利族会是 N∶N 关系。Sedna 底层的原理也是 XML 树。

第7章 页式全文数据渲染原理：PDF 为例

7.1 相关概念

7.1.1 数据渲染器分类

本章介绍数据渲染原理，渲染器的作用在于将数据层存储的数据进行可视化。

本书分别以页式全文数据渲染和流式全文数据渲染为例，和全文数据存储不同的是，页式数据由于采取绝对定位模式，渲染效果比流式渲染器的渲染效果好。而流式文档考虑到编辑交互功能，流式文档在数据渲染层除了考虑可视化的功能，还需要考虑人机交互，即编辑器的特点。本章开始介绍的页式文数据渲染原理以 PDF 格式的渲染器为例，而流式数据渲染器原理以 Word 2003 格式的渲染器为例。除了介绍两者在渲染方面的不同，还会介绍 Word2003 格式编辑器的原理。

7.1.2 设计模式

设计模式(Design pattern)是一套被反复使用、为多数人知晓的、经过分类编目的、代码设计经验的总结，实际上是良好编程思想的一种提炼。使用设计模式是为了可重用代码，让代码更容易被他人理解，保证代码的可靠性。

设计模式能让我们在学习和开发软件时少走弯路，开发出来的软件具有更强的可维护性，并且使得软件开发更流畅、更具模块化。

现代软件逐渐流行起来的研究方法应当首先从所谓结构看起，从整体着眼可以对体系结构有整体把握，能够从体系上自然与其他技术体系比较；得出这种体系的优点体现在哪里，缺点表现在哪里，今后发展的方向应该在哪里。一个体系结构中各种元素彼此之间的纵横交错、文理经脉能够一目了然。

设计模式不是万能的，也并不是总能解决问题，每种模式都包括了影响的信息。在应用模式之前，我们必须先分析问题的情境，并评估模式的影响，再决定是否采用模式和采用哪一种模式。

在 PDF 渲染的过程中，主要采用了五种设计模式，其中，单例模式控制系统资源，工厂模式实现元件，组装模式用来分层，命令者模式作数据交换的画图队列，装饰子模式用来显示。

7.1.3 数据实体

整个应用程序的模型，借用 MFC 概念而使用了文档视图(document/view)模型。这在默认的情况下将 MFC 分成两类进行数据管理。

文档可以存储数据，管理打印数据和更新多个视图。视图用以显示数据和管理其用户交互，如选择和编辑。在此模型中，一个 MFC 文档对对象进行持久存储的读取和写入数据，该文件也可以提供一个可以连接任何位置数据的接口。

一个分离的视图对象在呈现给用户的选择编辑数据的窗口管理数据的显示，该视图显示从文件中获得的数据以及在数据通信中文档的任何数据变化。也就是说文档/视图模型使得一个分离的视图对象可以驻留在文档中，将文档和视图分离。

在本程序中定义文档类 Document，用于表示文档，视图类 View 用于显示文档。显示框架为 Eclipse SWT 技术，如图 7-1 所示：

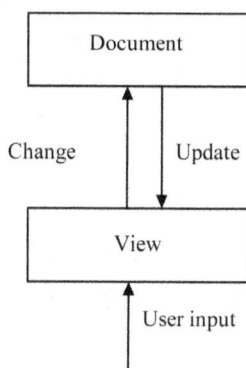

图 7-1　程序模型

7.2 页式渲染器文档结构模型

对于文档结构，本书选择使用组合(Composite)设计模式。将文档组织到树结构中，把部分与整体的关系用树结构表示出来，使得客户端对单个对象和组合对象的使用具有一致性，以达成"部分—整体"层次结构。组合体内，这些对象都有共同接口，当组合体一个对象的方法被调用执行时，Composite 将遍历(Iterator)整个树形结构，寻找同样包含这个方法的对象并实现调用执行。

Composite 设计模式可以使客户端调用简化，客户端可以一致地使用合成结构或其中单个对象，用户就不必关心自己处理的是单个对象还是整个组合结构，这就简化了客户端代码。另外，Composite 设计模式使得在组合体内加入对象部件的操作更容易，客户端不必因为加入了新的对象部件而更改代码。①

---

①　李英军、马晓星、蔡敏、刘建中：《设计模式：可复用面向对象软件的基础》，机械工业出版社 2007 年版。

使用 Composite 设计模式应当首先定义一个接口或抽象类，这是设计模式通用方式，其他设计模式对接口内部定义限制不多，Composite 却有个规定，那就是要在接口内部定义一个用于访问和管理 Composite 组合体的对象集合（或称部件 Component）。

在本系统的文档模型处理上，定义抽象接口 Glyph 用来表示一个抽象符号，它可以是一个字符、一个段落，或者其他结构。下面的代码是抽象接口定义：

```
public interface Glyph {
    int width( );
    int height( );
    void draw( Graphics g );
}
```

但是，如果一个 Glyph 既要表示内容，又要决定如何排版和显示，将增加设计和实现的难度。对于这个问题，一个较好的解决方法是将 Glyph 分为两类。一类仅仅表示文档的基本数据，不涉及任何显示逻辑；另一类用于给前一类数据排版，结果就是将要显示的视图数据。为了简化模型，文档的基本数据由若干段落构成，每个段落又由若干个字符或图片构成。因此，为了表示文档的基本结构，抽象出以下类：

（1）Char 类：表示一个字符；

（2）Picture 类：表示一个图片；

（3）Paragraph 类：由若干 Char 和 Picture 组成的段落。

Document 类只需要保持一个段落列表就能访问所有段落，进而访问任意一个 Char 或 Picture，层次关系如图 7-2 所示：

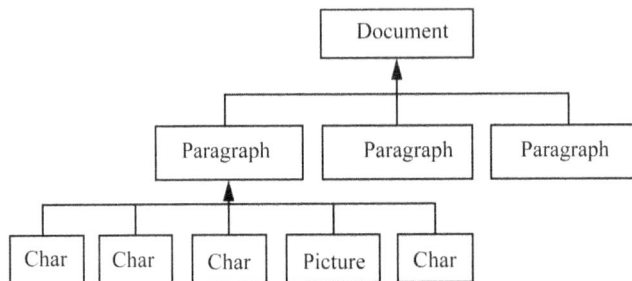

图 7-2　Document 的层次结构

要显示的基本图形为 Char 和 Picture，分别对应文本样式（StringStyle）和图片样式（PictureStyle），每一个字符数据元素对应一个格式数据（Format）显然效率很低。

一篇文档可能有上万个字符（Char 结构数据），用上万个 Char 将极大地浪费内存，因为往往是连续的 Char 有相同的 Format，因此需要抽象成标准模板类。因此，我们用一个 FormatRange 类来格式化一段连续的文本数据。

对于光标位置、用户选择的范围来说，光标位置只需要一个 Paragraph 对象和一个

index 就可以定位光标。用户选择范围需要一个起始位置和一个终止位置，起始和终止位置都需要一个 Paragraph 对象和一个 index 来定位。

综上所述，用户的具体操作，如插入或删除都会直接导致表示基本数据 Paragraph 的修改，此时需要从合适的地方开始重新排版，也就是重新生成 Page 对象、Row 对象、或者修改现有的 Page 对象、Row 对象。接下来设计 PageStyle，用来表示页面样式渲染 Page 对象、PageStyle 的基本属性，具体变量定义如下，对应关系如图 7-3 所示：

width：总宽度

height：总高度

leftMargin：左边距

rightMargin：右边距

topMargin：上边距

bottomMargin：下边距

bindingMargin：装订线宽度

bindingPosition：装订位置

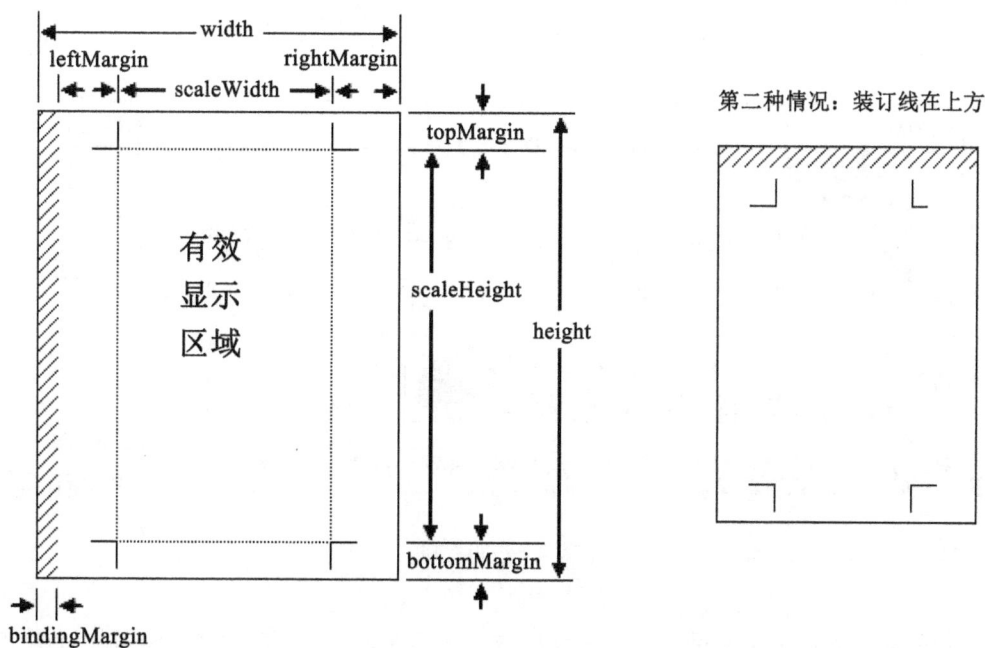

图 7-3　页面样式

如图 7-3 所示，可以很容易地计算出有效显示区域 scaleWidth 和 scaleHeight：

```
public float scaleWidth()
{
```

```
    return width-leftMargin-rightMargin-( bindingPosition == BINDING_LEFT ? binding
Margin:0. 0f) ;
  }
    public float scaleHeight( )
  {
    return  height-topMargin-bottomMargin-( bindingPosition == BINDING_TOP ?
bindingMargin:0. 0f) ;
  }
```

为了简化设计，规定所有 Page 的 PageStyle 属性相同，因此只需要一个 PageStyle 对象即可。在 ParagraphStyle 对象中，Paragraph 的总宽度就是 PageStyle 的宽度。在这里作如下定义，对应关系如图 7-4 所示：

alignmen：对齐方式

firstIndent：首行缩进

leftInden：左缩进

rightIndent：右缩进

rowSpace：行距

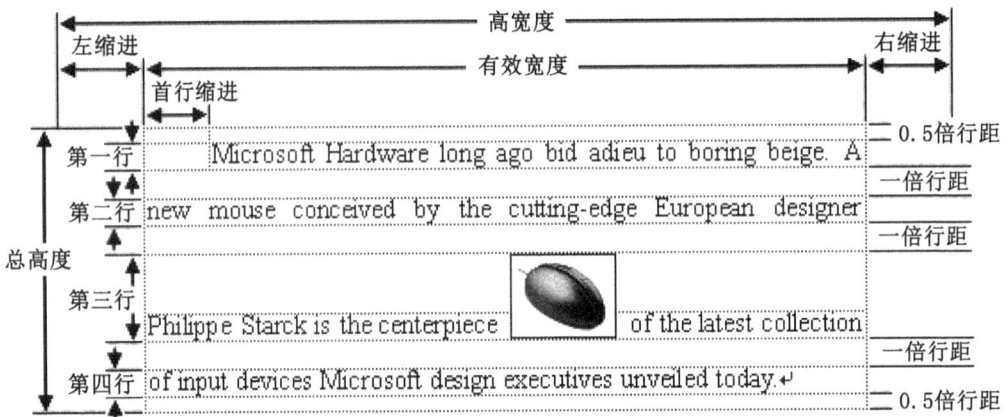

图 7-4　行距实现

行高是由所在行的最高的一个 Glyph 决定，如图 7-4 第三行的高度就是图片的高度。行距是预设的常数，初始值为 0.4。Paragraph 的总宽度由页面属性 scaleWidth 决定，总高度无限制，也不必计算。分页是按照行高而不是 Paragraph 的高度、Paragraph 的有效宽度 scaleWidth 计算的：

```
    public float scaleWidth( boolean firstRow) {
      return this. pstyle. scaleWidth( firstRow) ;
  }
```

7.3　页式渲染器元件绘制原理

工厂模式一般用于提供创建对象的接口，它是最常用的模式，因为工厂模式相当于创建对象的 new 方法。工厂模式就是用来创建对象的。①

为了更方便地表述文档结构，建立专门生产 Char 和 Picture 实例的工厂，如图 7-5所示：

```
 1  public class CharFactory {
 2      private static CharFactory instance = new CharFactory();
 3      private Hashtable char_map = new Hashtable();
 4
 5      private CharFactory() {
 6          char_map.put(new Integer(Char.RETURN.charValue()),  Char.RETURN);
 7          char_map.put(new Integer(Char.TABLE.charValue()),  Char.TABLE);
 8          char_map.put(new Integer(Char.SPACE.charValue()),  Char.SPACE);
 9      }
10
11      public static CharFactory instance() {
12          return instance;
13      }
14
15      public Char createChar(char c) {
16          Char ch = (Char) char_map.get(new Integer(c));
17
18          if (ch != null) {
19              return ch;
20          }
21
22          ch = new Char(c);
23          char_map.put(new Integer(c),  ch); // <key, value>          return ch;
24      }
25  }
```

图 7-5　字符工厂

而对于 Picture 实例的工厂，定义如图 7-6 所示：

```
 1  public abstract class PictureFactory {
 2      private static PictureFactory instance = new SWTPictureFactory();
 3
 4      // to prevent client to create new instance:
 5      protected PictureFactory() {
 6      }
 7
 8      public static PictureFactory instance() {
 9          return instance;
10      }
11
12      public abstract Picture createPicture(String filename)
13      throws java.io.IOException;
14  }
```

图 7-6　图像工厂

---

① 李英军、马晓星、蔡敏、刘建中：《设计模式：可复用面向对象软件的基础》，机械工业出版社2007 年版。

83

对于这两个类创建方法 createChar(char c) 和 createPicture(String filename)，返回实例对象组是 Char 对象和 Picture 对象，这分别来自两类产品接口，彼此相关，因此它是抽象工厂。这样就不涉及 Char 对象和 Picture 对象的具体子类的编码，可以达到封装效果，也就减少错误修改的机会。其核心是工厂类，这个类含有必要的判断逻辑，可以决定时候创建哪一个产品类的实例。客户端则可以不具备直接创建产品对象的责任，而仅仅负责消费产品，简单工厂模式通过这种做法实现了对责任的分割。

7.4　页式渲染器视图绘制原理

装潢子模型(Decorator)，顾名思义是用来装潢的，被装潢的对象被称为 Decoratee。

装潢子与装潢对象这两种实体在 Decorator 模式中是必需的，装潢子就是动态给一个对象添加一些额外的职责，就像在墙上装潢。使用 Decorator 模式相比生成子类方式，达到功能的扩充显得更为灵活。通常可以使用继承来实现功能的拓展，因为这些需要拓展功能的种类很多，那么势必生成很多子类，增加了系统的复杂性。同时，使用继承实现功能拓展，必须可以预见这些拓展功能，这些功能是编译时就确定了的，是静态的。使用 Decorator 的理由是这些功能需要由用户动态决定加入的方式和时机。Decorator 提供了即插即用的方法，在运行期间决定何时增加何种功能。

7.4.1　View 设计

(1)Document 是抽象的文档类，它包含了所有的数据和如何显示的信息，之前我们已经通过 Page，Paragraph，Row 抽象出来。

(2)Frame 代表窗体对象，负责构造出窗体、菜单栏、工具栏等，它可以接受用户的命令，然后将命令传递给 Document，如图 7-7 所示：

```
1  public interface Frame {
2      View getView();
3      void init();
4      void show();
5      void dispose();
6      Graphics getDefaultGraphics();
7  }
8
```

图 7-7　窗体接口

(3)View 代表视图对象，负责绘制文档数据，它在 update() 方法中绘制可视区域，除了绘制文档数据，视图还可能要绘制滚动条、标尺等。在这里装饰模式以对客户端透明的方式扩展对象的功能，是继承关系的一个替代方案，提供比继承更多的灵活性。动态给一个对象增加功能，这些功能可以再动态地撤消，增加由一些基本功能的排列组合而产生的非常多的功能。抽象 View 接口，使用 Decorator 实现的继承体系如图 7-8 所示：

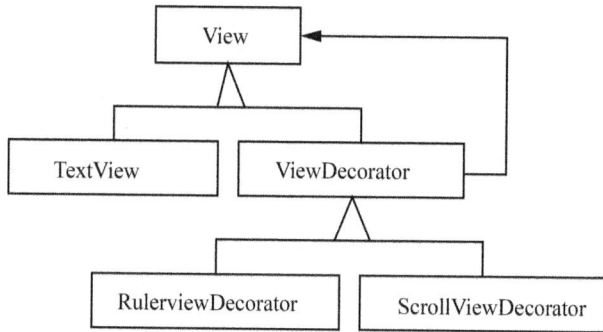

图 7-8　Decorator 实现的继承体系

（1）定义 View 接口，如图 7-9 所示：

```
1  public interface View {
2          void init();
3
4          void dispose();
5
6          void update();
7  }
```

图 7-9　视图接口

（2）定义抽象类 ViewDecorator，如图 7-10 所示：

```
1  public abstract class ViewDecorator implements View {
2          protected View component = null;
3
4          public ViewDecorator(View component) {
5              this.component = component;
6          }
7  }
```

图 7-10　视图装潢子模式

（3）定义 ScrollViewDecorator，如图 7-11 所示。

7.4.2　TextView 设计

文本视图（TextView）的设计需要将文档数据的可视部分显示出来，因此必须计算 TextView 的总大小（TextView 的实际大小由上层控件决定，用户调整窗口大小时可能改变），如图 7-12 所示：

```
1  public abstract class ScrollableViewDecorator extends ViewDecorator {
2      public ScrollableViewDecorator(View component) {
3          super(component);
4      }
5
6      public void dispose() {
7          this.component.dispose();
8      }
9
10     public Document getDocument() {
11         return this.component.getDocument();
12     }
13
14     public int getHeight() {
15         return this.component.getHeight();
16     }
17
18     public int getOffsetX() {
19         return this.component.getOffsetX();
20     }
21
22     public int getOffsetY() {
23         return this.component.getOffsetY();
24     }
25
26     public int getWidth() {
27         return this.component.getWidth();
28     }
29
30     public void onMouseMove(int x, int y) {
31         this.component.onMouseMove(x, y);
32     }
33 }
```

图 7-11　滑动模式

7.4.3　坐标计算

视图保存(offsetX, offsetY)，表示文档相对视图的起始坐标：

viewWidth-docWidth<=x<=0 or x=(viewWidth-docWidth)/2

viewHeight-docHeight<=y<=0 or y=(viewHeight-docHeight)/2

文档在绘制时需要一个起始坐标(fromX, fromY)，表示整个文档应该从此处开始绘制。

文档视图坐标如图 7-13：

viewWidth-docWidth<=offsetX<=0

viewHeight-docHeight<=offsetY<=0

如果视图比文档大，则需要定义视图的坐标，如图 7-14 所示：

offsetX=(viewWidth-docWidth)/2

offsetY=(viewHeight-viewHeight)/2

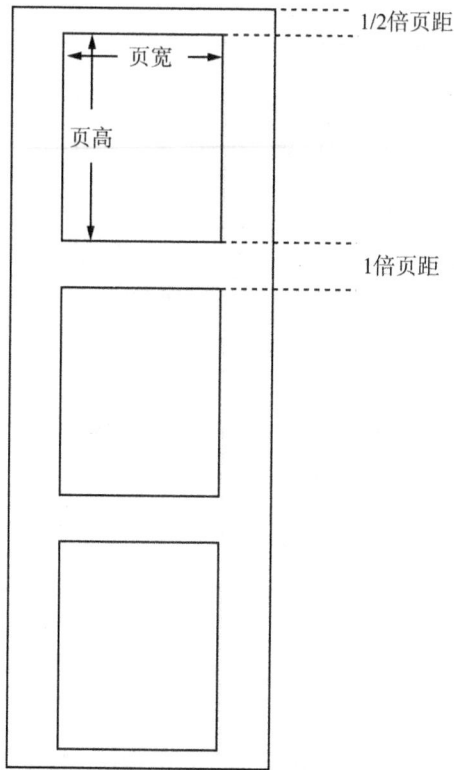

图 7-12 文本视图边距

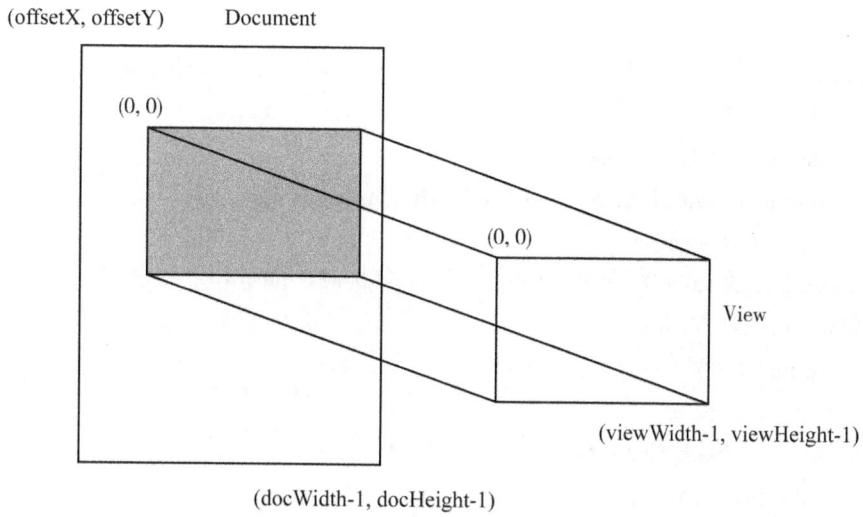

图 7-13 坐标计算示意图

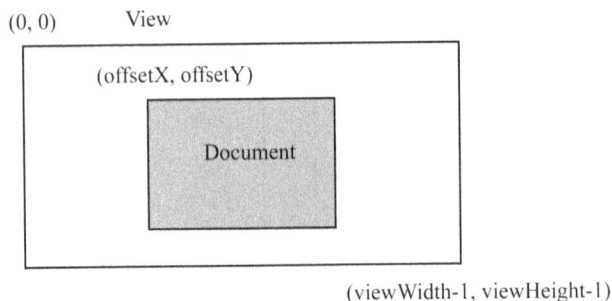

图 7-14　边距示意图

视图保存关于文档的 4 个重要的值：docWidth，docHeight，offsetX，offsetY，之后将视图的坐标转换成文档坐标，可以用以下方法：

```
int transToDoc(int x) {
    return x + offsetX;
}
int transToDoc(int y) {
    return y + offsetY;
}
```

文档的绘图操作起始坐标由（offsetX，offsetY）确定：

```
void View::updateView(Graphics g) {
    g.moveTo(offsetX,offsetY);
    document.draw(g);
}
```

在确定文档绘图操作起始坐标后，加上自身 viewWidth，viewHeight，可以计算出滚动条的位置信息，伪码如下：

VScrollBar:min = 0; // offset = 0

max = (docHeight-viewHeight) > 0 ? (docHeight-viewHeight):0;

page_step = viewHeight-40

从 VScrollBar 的 value 可获得 offset。其渲染事件顺序如下：

1　WM_ PAINT Message

2　View.update()

3　Document.update()

4　View WM_ SIZE Changed

5　View.setScrollBar

6　View.update

7　Document.update

8　Document Size Changed

9　View. onDocumentSizeChanged

10　View. setScrollBar

11　View. update

12　Document. update

7.5　分页原理

许多 Command 模式的代码是针对图形界面的，它实际就是菜单命令，我们在一个下拉菜单选择一个命令时，会执行一些动作，将这些命令封装在一个类中，然后用户（调用者）再对这个类进行操作，这就是 Command 模式。换句话说，本来用户（调用者）是直接调用这些命令的。如果菜单上打开文档（调用者），就直接指向打开文档的代码，使用 Command 模式，就是在这两者之间增加一个中间者，将这种直接关系拗断，同时两者之间隔离，基本没有关系了。显然这样做的好处是符合封装的特性，降低耦合度，Command 是对行为进行封装的典型模式，而之前提到的 Factory 模式则是将创建进行封装的模式。

具体的 Command 模式代码各式各样。因为如何封装命令，不同系统有不同的做法。典型的 Command 模式需要有一个接口。接口中有一个统一的方法，这就是将命令/请求封装作为对象。在实现显示过程中，选择抽象出 Row 类和 Page 类，Row 类表示一行，Page 类表示一页，如图 7-15 所示：

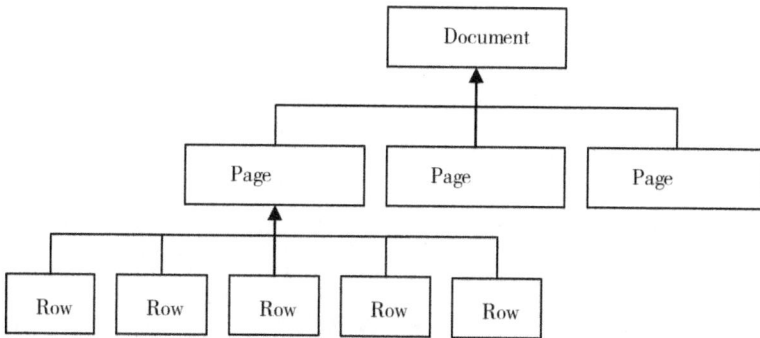

图 7-15　显示结构

Document 类只需要保持一个 ArrayList pages 对象，就能知道它包含和显示哪些页，每个 Page 对象包含一个 ArrayList rows 对象，于是 Page 就知道它包含和显示哪些行。

对于 PDF 文档的排版，由于基本数据 Char、Picture、Paragraph 还关联着格式（这里用 Style 类表示），用户可以给一个 Paragraph 设置格式，或者仅仅对某个字符（如字体、字号等）。用 PageStyle 表示 Page 的格式，用 ParagraphStyle 表示 Paragraph 的格式，StringStyle 应用于 Char，PictureStyle 应用于 Picture。即所有的数据以段落的模式组合，所有的显示以 page 的模式合成，先确定 Page 的属性，再锁定画布，然后每个在数据命令的队列中执行出队操作，画完所有的字符后完成 Page。要注意的是，Page 的数据队列命令和段落队列在队列中出队完成。依次将每个段落分割成若干行，最后将若干行合成一页，形成多页，就完成排版，如图 7-16 所示：

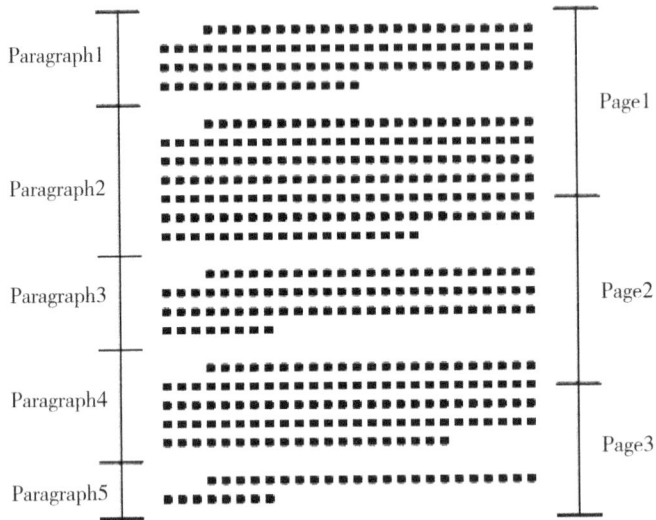

图 7-16　多页排版结构

第8章 流式全文数据渲染原理：WORD 为例

8.1 流式渲染器和页式渲染器的区别

由于流式渲染器主流代表是 Microsoft Word，而页式渲染器主流代表是 Adobe PDF，为了解释原理的区别，笔者依旧以 Microsoft Word 作为流式渲染器的代表，而以 Adobe PDF 作为页式渲染器的代表。

分析一般的 Word 文档，笔者发现，文档的基本数据是由若干个段落构成的，而每个段落又是由若干文字和图片构成。因此，为了能够组织文档的内容，对文档的基本结构进行如图 8-1 所示操作：

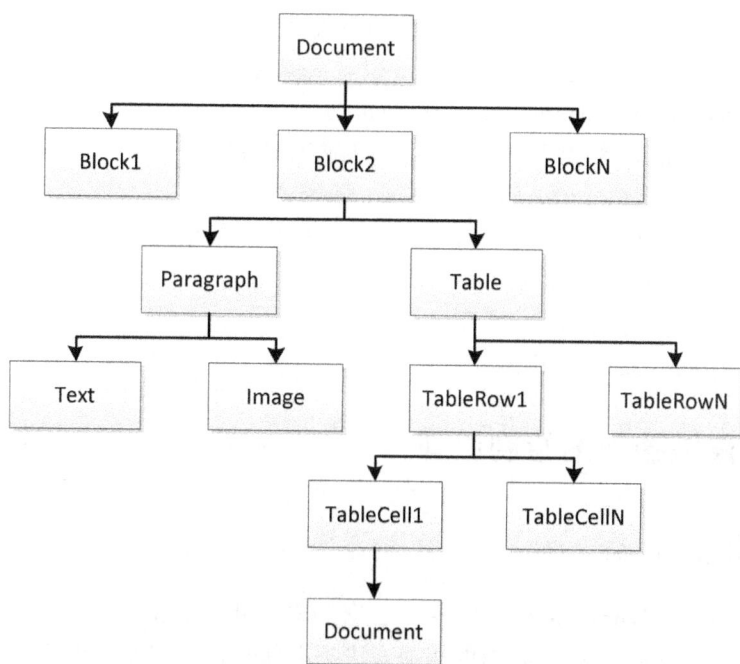

图 8-1　Word 2003 文档层次结构

根据文档层次结构，笔者抽象出 Paragraph 类存放文本和图像信息，TextRun 类用于标识文字内容，ImageRun 标识图片信息。Table 类存放所有的 TableRow，而 TableRow 存放所有 TableCell 数据。

仅从上图中，流式渲染器和页式渲染器差别并不大，但是考虑到流式渲染器中任意操作都可能修改器元件布局，因此和页式渲染器有两个很大的区别：

（1）流式渲染器的单页绘制是实时重绘的：需要画布（Canvas）来支持，这样如果有数据变化，需要重绘画布，尤其对于操作复杂的元件，如表格对象。任何删除表格都会重绘表格对象，但是对于页式渲染器，如 PDF 渲染器，其表格渲染为绘图指令的批量执行，不存在重绘可能性。

（2）页面间分页问题：对于页式渲染器，分页数据是固定的，直接读取即可，而对于流式渲染器，其页面存在多少行需要根据每行的样式高度去动态计算高度，这样会导致不同的分页效果现实不同。如手机上的分页效果和电脑上的分页效果是不一样的，这是流式页面渲染器的特点。尤其对于 Word 格式和 PDF 格式来说，原件最基础的绘制是字体绘制，而 PDF 文件本身是包含字体格式数据，但是 Word 文件本身默认不包含字体格式数据，因此如果电脑上缺少特定字体，Word 在元件绘制时会用默认字体来替代，导致不同电脑上 Word 打开的分页信息不一致。但是 PDF 文件本身包含字体格式数据，因此即便电脑上不具备特定字体，也不影响 PDF 的显示，PDF 渲染器直接读取 PDF 文件本身的字体数据来进行原件绘制，因而所有电脑上打开的 PDF 渲染器进行渲染后的视图显示一致。

因此，流式渲染器和页式渲染器有相同原理，也有不同原理，本书基于 Android 平台进行实证研究，具体对于流式渲染器的渲染流程如下：

（1）从抽取模块获得自定义的 Document 呈现实体对象；

Document document = DomInput. getDocument( )；

（2）从系统的 canvas 对象新建一个自定义的画布 WordCanvas；

WordCanvas wordCanvas = new WordCanvas(canvas)；

（3）从 document 对象建立一个 Page 对象，用于存放绘制信息；

WordPage page = new WordPage(document)；

（4）执行绘制。

wordCanvas. drawPage(page)；

8.2 流式渲染器视图绘制原理

8.2.1 WordCanvas 的实现

渲染核心功能由 WordCanvas 类实现，理论上说，可以在 View 的 onDraw 方法中直接调用系统 android. graphics. Canvas 类的相关方法把页面直接画出来。但为了更好地控制流程和实现代码重用，可以对系统的 Canvas 类做好封装，所有实质操作都在 WordCanvas 类中完成。所有的 DrawPage、DrawParagraph 和 DrawTabe 对象都继承了 Drawable 对象，具体层次如图 8-2 所示。

实际绘制的次序与逻辑实体的组织顺序保持一致。通过 drawPage 方法遍历 Document 对象中的段落和表格，分别调用 drawParagraph 和 drawTable 方法进行绘制。在 drawTable

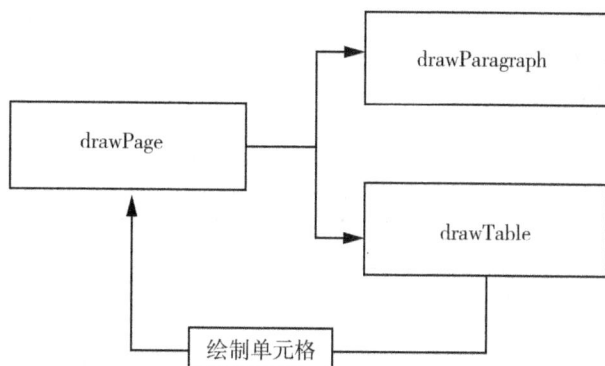

图 8-2　WordCanvas 绘制调用层次图

方法中通过绘制单元格方法再迭代调用 drawPage 方法。

8.2.2　DrawPage 的实现

WordCanvas 类中会有 mCurrentX 和 mCurrentY 字段指示当前元素绘制的起始位置。在页面绘制过程中，Y 坐标应逐渐增大，表示页面从上至下绘制，具体的增加值由所绘制的元素在绘制过程中决定。X 坐标呈现周期性变动，在段落或表格每行绘制以及表格内单元格内部段落每行绘制时，会出现从左到右的变化，绘制完毕后回到左边。

在绘制 Page 的过程中，会将每个页面样式的总宽度、总高度、左边距和右边距以及上下边距进行详细设计，使最终文本的绘制效果如图 8-3 所示：

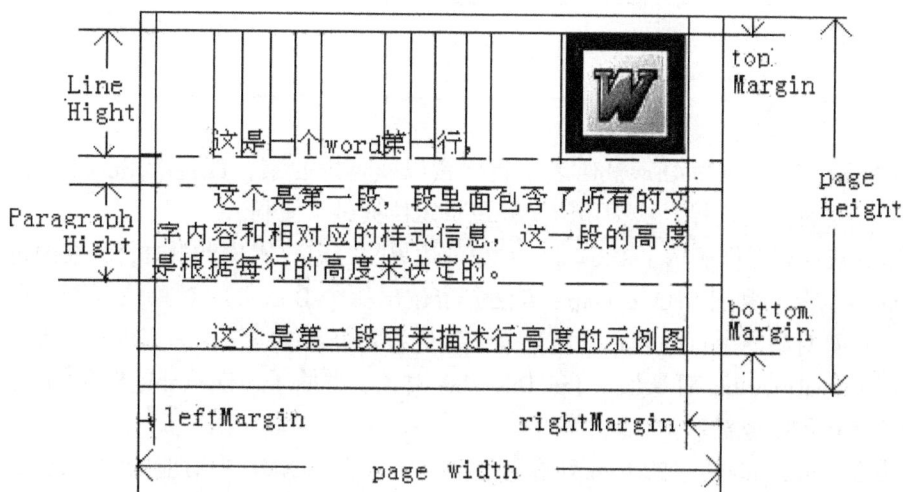

图 8-3　绘制 Page 设计图

8.2.3　DrawParagraph 的实现

该方法是呈现器核心方法，功能是实现段落内文字和图片的排版和绘制。表 8-1 列出了与排版功能相关的几个类：

表 8-1　　　　　　　　　　　　　　　　图文排版相关类

类名		名称	内容	
Paragraph		段落实体类	主要包含 Run 的集合	
Run	TextRun	文本 Run	组成段落的基本元素，表示图片或格式相同的一段文本	表示格式相同的一段文本
	ImageRun	图片 Run		表示一幅段内图片，混排于文本间
	EndRun	特殊 Run		仅用于表示段落为空的情况
LineDrawable		段落行实体类	表示绘制时段落的一行，由 InlineDrawable 组成	
Inline Drawable	InlineText Drawable	行内文本元	组成行的基本元素	表示 TextRun 或其中一部分字符的绘制
	InlineImage Drawable	行内图片元素		表示 ImageRun 的绘制
	InlineEmpty Drawable	特殊行内元素		表示空段或 TextRun 内换行符的绘制

LineDrawable 和 InlineDrawable 表示行元素以及行内元素，都包含 Rect bounds 字段，表示其位于屏幕上的边界，这为用户交互逻辑定位提供了便利。

图 8-3 灰色矩形框显示了 Drawable 对象的边界。当定位用户点击时，只需通过逐级遍历 Drawable 对象，利用 Rect. contains 方法先定位出哪个 Drawable 对象包含了用户的点击坐标，再计算对象内字符的偏移宽度来最终定位到某个具体字符。为实现这一点，需要在绘制时将 InlineDrawable 对象加入 LineDrawable 对象，并将 LineDrawable 对象加入 Page 对象，用于上述逐级查找。

因为在 Paragraph 类中的 Run 列表可能为空，考虑到 XML 中对应的情况是<w：p>元素中不存在＜w：r>元素，也就是一个空字符段落，这种情况下，Paragraph 类中的 ArrayList<Run>runs 字段为一个 size 为 0 的非 null 空列表。此时，为表示该段落的存在，在绘制时需用到 EndRun 类。所以，每个 Paragraph 对象都有一个 EndRun 类型的 EndRun 字段。

TextRun 类中包含的 String 类型的 text 字段表示这个 Run 中的文本，该字符串中的字符与原始 WDS 中的字符顺序保持一致，或者与对应 XML 中的字符顺序保持一致。在用户插入字符等操作时，可以根据下标定位到原始在 WDS 中的具体 Offset 对应的，或者说是在 XML 中的位置。例如，对应 Word2007 是一系列被压缩的 XML 文件，在 Word2007 的 XML 中，最常见的情况是<w：r><w：t>abc</w：t></w：r>，但<w：r>元素中可能出现多个<w：t>，此时，为了用 text 字段表示所有内容，需要将各个<w：t>中的文本拼接起来。例如，<w：r><w：t>abc</w：t><w：t>xyz</w：t></w：r>对应的 text 字段表示为"abcxyz"。此外，<w：r>中除了<w：t>外还可能有<w：br>和<w：cr>标签，均表示 Run 内的换行符，此时都将转化为' \ r' 字符，按原始顺序存在于 text 内。例如，<w：r><w：t>abc</w：t><w：br/><w：t>xyz</w：t></w：r>对应的 text 字段为" abc \ rxyz"。其中，\ r为转义字符，只占一个字符的长度。

LineDrawable 表示的是绘制过程中的行对象。将某个 InlineDrawable 对象加入到当前行是通过 LineDrawable. addInlineDrawable 方法实现的，当前行实际绘制是通过 LineDrawable. draw 方法实现的，换行则指新建一个 LineDrawable 对象。

LineDrawable 对象的 float 类型的 x 字段表示当前行内坐标，初始值为 0，每当新的 InlineDrawable 加入时，该字段的值将增加，增加的值为新加入元素的宽度。借助该字段可以计算出该行剩余的可用宽度。

LineDrawable 对象绘制时，会调用其中已加入的各个行内元素自身的 draw 方法，控制好起始坐标，让它们自己完成绘制。绘制时还会考虑段落的对齐方式，对于居中、居右情况需相应地调整起始坐标，对于当前结构而言是很容易实现的。

由于当前行可能会有新的元素加入，而新的元素高度是未知的，因此必须通过宽度确定该行可能包含的所有元素后，取最大高度作为整行的行高，以实现各行内元素的底端平齐。实际做法是在加入每个新元素时调用 LineDrawable. updateHeight 方法，如果新元素高度值比已有行高更大，则更新行高。所以，在绘制的过程中不能直接将行元素绘制出来，而是先组成 LineDrawable 对象再执行绘制操作。

8.2.4 DrawTable 的实现

对于绘制表格采取逐行绘制的方式，对于每个表格行，从左到右绘制单元格，并记录高度，然后取该行最高的单元格作为行高，并依次绘制出每个单元格的边框。每个单元格由于同样可以包含段落和内部表格，从结构上应视为一个小的 Document，整个绘制过程递归实现。如果表格超过页宽，为了能够更好地保持美观，笔者对所有的表格设置了可以左右移动查看的滑动效果，如图 8-4 所示：

为实现移动效果，将表格的绘制操作记录在 Picture 类中，并设置辅助的参数字段。当用户的当前操作为移动且点击位于某个表格中时，如果表格超过了页宽，就根据用户移动的方向设置相应偏移值，在该表格对应的 Picture 对象执行绘制时预先进行平移，表格绘制的位置也相应改变，当用户连续移动时便产生表格移动的视觉效果。平移和绘制分别通过 android. graphics. Canvas 类的 translate 和 drawPicture 方法实现。

android. graphics. Picture 类可以用来记录 Canvas. drawText，Canvas. drawRect 等各种实

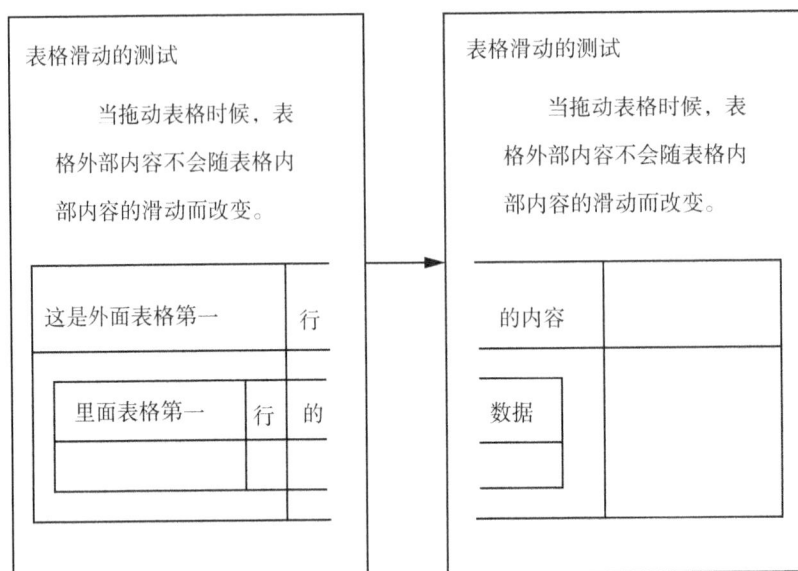

图 8-4　表格拖动效果

际绘制操作，正确使用可以极大地提高显示速度。这个类实现的功能较为底层，其中的成员方法也基本是由本地方法实现，开销较大，不适合大批量创建，否则会导致本地堆栈不足，程序直接退出，少量创建以及反复调用则不会有问题。具体使用方法可以参考 android API。

8.3　流式渲染器元件绘制原理

段落的排版是逐行进行的，把段落中的各种 Run（ImageRun、TextRun、EndRun）对象逐一取出，计算宽度，这时对 TextRun 和 ImageRun 有不同的处理。

8.3.1　TextRun 的实现

如果放在当前行不会超过页面宽度，就加入到当前行，否则有两种情况：①一个字符都容不下，则先把当前行已有元素画出来，然后换行，再进行判断；②可以容下部分字符，则将该 TextRun 中的字符拆分，把该行能容下的字符绘制出来，然后换行继续判断其余字符。如果遇到 \ r 字符，则直接绘制出当前行，然后换行并继续处理后续字符。

TextRun 在绘制过程中对应的行内对象是 InlineTextDrawable。InlineTextDrawable 对象既可能包含整个 TextRun 的字符，也可能只包含某个 TextRun 中的一部分字符。InlineTextDrawable 记录了其绘制文本对应的 TextRun 以及文本的起始和结束下标。这种方式便于在进行用户交互场景中对相关信息进行判定，也节约了字符串开销。

8.3.2 ImageRun 的实现

如果当前行可以容下，则直接加入当前行。如果当前行容不下，则先将当前行绘制出来，然后换行并继续尝试。如果已经换行显示或者图片太大，宽度超过了页宽，则对图片进行等比例缩放，宽度缩小到页宽再加入到当前行。

8.3.3 流式渲染器渲染时序图

根据以上实现思路给出如图 8-5 所示的时序图：

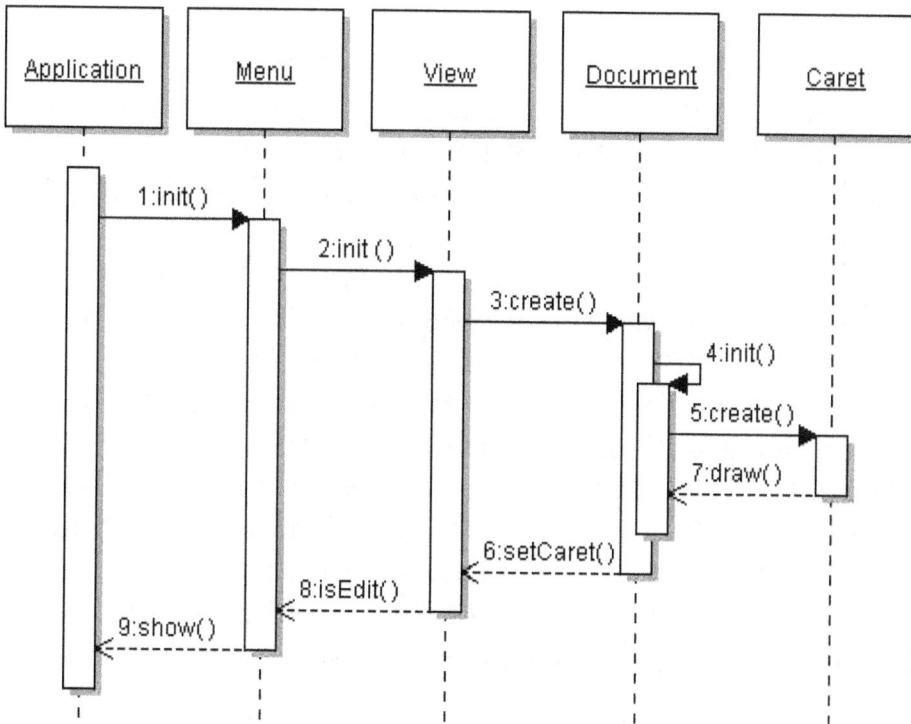

图 8-5　富文本呈现顺序示图

应用程序在得到一个指令后会根据画笔接收到的信息用 draw 方法进行绘制。

第9章 流式全文数据编辑原理：WORD为例

9.1 编辑器实现原理

当存在用户的交互行为时，呈现器在绘制过程中还需要保存与显示有关的附属信息，当用户在进行操作时，根据这些信息实现逻辑定位，并转化成相应的指令交给编辑模块。

在编辑中涉及插入、删除、修改三种主要操作。插入或者删除字符会对存储文本的结构CLX进行增加或者删除，此时存储连续相同字符(CHPX顺序链表)，或者段落样式的集合(PAPX顺序链表)进行动态加载、增加或者删除更新。当插入的字符累计加载到CHPX顺序链表中某一个块的大小超过512字节时，就从内存中加入一个新的CHPX节点来存储新插入的字符。删除和插入的原理刚好相反，当删除的字符长度累计已经超过了所在的CHPX链表中当前节点的大小，CHPX链表就会删除这个节点。而对于修改(包括修改文字内容，字体加粗、下划线等样式更新操作)则是更改对应更新操作的CHPX以及PAPX链表中元素的内容，不会对链表节点的个数产生任何影响。在对CLX、CHPX、PAPX的链表内容以及个数进行动态更新后，将这些链表从内存到数组的形式顺序写入硬盘，进行持久化处理。最后，通过更改FIB中记录这些数组信息结构体的数组长度，以及在硬盘中的物理存储位置信息，生成一个新的Stream写会硬盘。

在编辑过程中，根据用户指令可以使用各种功能，具体见图9-1所示；

结合命令者模式(Command Pattern)，用Command模式封装用户操作。定义一个Command接口：

```
public interface Command {
    String execute();  //用于操作执行操作
    void unexecute();  //用于取消操作
    boolean canUndo();  //用于判定是否撤销
    String toString();  //用于命令测试
}
```

toString()方法返回命令的描述，方便测试，同时也可在操作中提示用户进行确认。

单静态类CommandManager用于创建、执行和撤销命令：

```
public class CommandManager {
    public static String insert(String para, char c) {…}
        puclic static String insert(String para, String str) {…}
        puclic static String delete(String pa1, String pa2) {…}
```

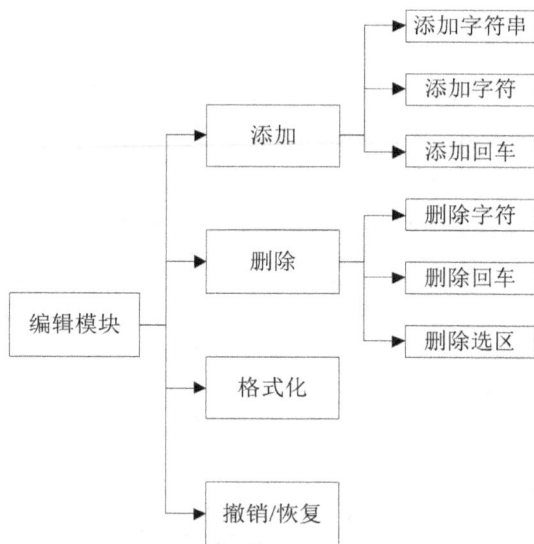

图 9-1 富文本编辑功能模块图

> puclic static String delete(String para){···}
> puclic static String format(String pa1, String pa2, int b, int I, int u, int s, int c, String si, String co){···}
> puclic static String moveLeft(String para){···}
> puclic static String moveRight(String locationParams){···}
> puclic static String isEdited(){···}
> }

如果 execute( ) 返回成功，表示命令动作执行成功，就将执行此过程的命令操作放到一个 CommandTree 中，在以后可以通过 unexecute( ) 方法撤销该命令而实现 Undo 功能。所以，这就需要在执行保存前保存所有的用户数据以便恢复操作。

每个命令实现 Command 涉及一个具体的操作，可以分为三类，分别是光标 Caret 处的操作、针对区域 Section 的操作、移动光标操作：

（1）光标 Caret 处操作：InsertCharCommand，InsertEnterCommand，InsertStringCommand，DeleteCharCommand，DeleteEnterCommand。

（2）选择区域 Selection 操作：DeleteSelectionCommand，FormatSelectionCommand。

（3）移动光标操作：MoveCursorRightCommand，MoveCursorLeftCommand。

移动光标操作光标主要是对光标进行定位，在逻辑显示位置上确定位置即可。Caret 处操作与选择区域 Selection 操作都含有对于光标的定位操作，所以，下面主要讨论光标 Caret 处操作与选择区域 Selection 操作的实现。在设计实现中将所有的操作在 CommandManger 中全部写成 static 方法，具体类图设计如图 9-2 所示：

InsertEnterCommand
(-)paragraph:String
(-)doc:Document
(+)InsertEnterCommand(paragraph:String)
......

InsertCharCommand
(-)ch :char
(-)para:String
(-)doc:Document
(+)InsertCharCommand(para:String,c:char)
......

«interface»
CommandManger
(+)insert(para:String,c:char):String
(+)insert(para:String,str:String):String
(+)delete(para:String):String
(+)delete(pa2:String):String
(+)format(pa1:String,pa2:String,b:int,i:int,s:int,c:int,si:String,co:String):String
(+)moveLeft(para:String):String
(+)moveRight(locationParams:String):String
(+)isEdited():void

InsertStringCommand
(-)str:String
(-)paragraph:String
(-)doc:Document
(+)InsertStringCommand(paragraph:String,str:String)
......

«interface»
Command
execute():String
unexecute():void
canUndo():boolean
toString():String

MoveCursorLeftCommand
(-)para:String
(-)doc:Document
(+)MoveCursorLeftCommand(para:String)
......

DeleteSelectionCommand
(-)doc:Document
(-)para1:String
(-)para2:String
(+)DeleteSectionCommand(para1:String,para2:String)

DeleteEnterCommand
(-)para:String
(-)doc:Document
(+)DeleteEnterCommand(para:String)

FormatCommand
(-)para1:String
(-)para2:String
(-)bold:int
(-)italic:int
(-)underline:int
(-)size:int
(-)color:(int)
(-)sizeString:String
(-)colorString:String
(-)doc:Document
(+)FormatCommand(pa1:String,pa2:String,b:int,i:int,u:int,s:int,c:int,si:String,co:String)

DeleteCharCommand
(-)para:String
(-)doc:Document
(+)DeleteCharCommand(para:String)

MoveCursorRightCommand
(-)para:String
(-)doc:Document
(+)MoveCursorRightCommand(location:String)
......

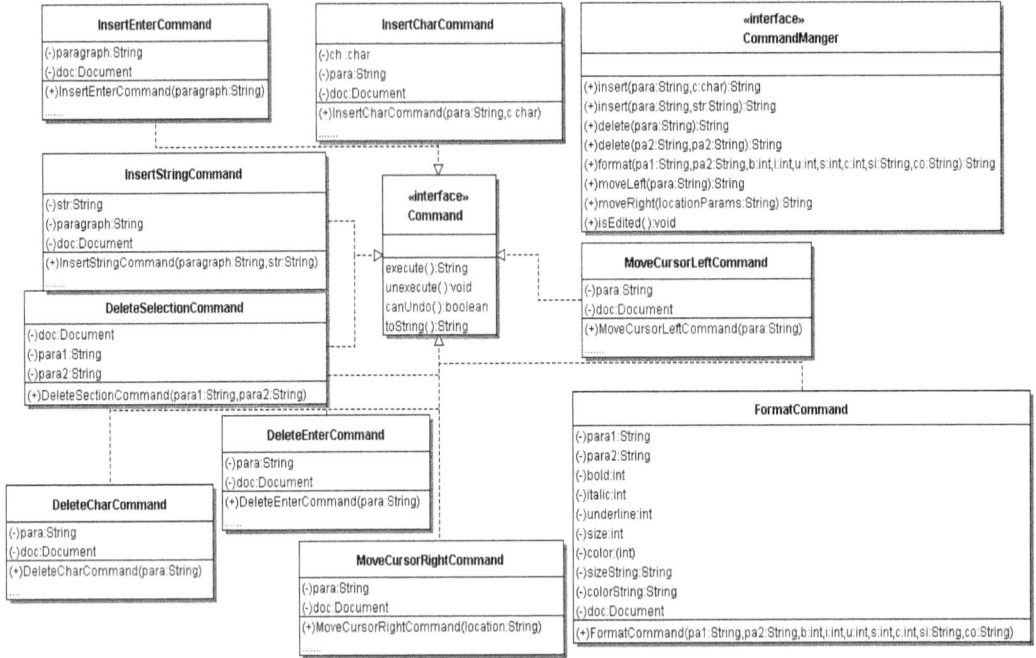

图 9-2 富文本编辑模块类图设计

9.2 编辑器坐标转换原理

文档的绘制需要一个起始坐标(startX，startY)，这是用来表示文档应该从这个位置开始绘制。坐标的转换计算如图 9-3 所示：

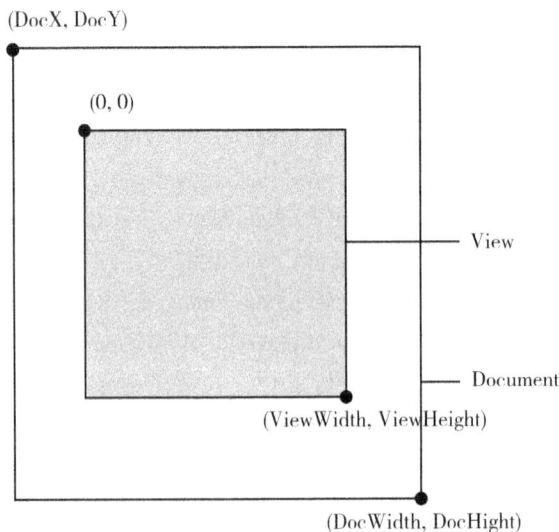

(DocX, DocY)

(0, 0)

View

Document

(ViewWidth, ViewHeight)

(DocWidth, DocHight)

图 9-3 显示光标的转换计算 1

在图 9-3 文档比视图大的这种情况下，视图宽度是小于等于文档宽度和文档的水平偏移位置之和的，视图高度也是小于等于文档宽度和文档垂直偏移位置之和的，也就是说，视图的宽度与文档宽度之差小于 0，这种情况是不允许的，或者说是做了特殊处理的。所以，一般在实际设计呈现的显示中，视图设计的范围比文档本身还要大，如图 9-4 所示：

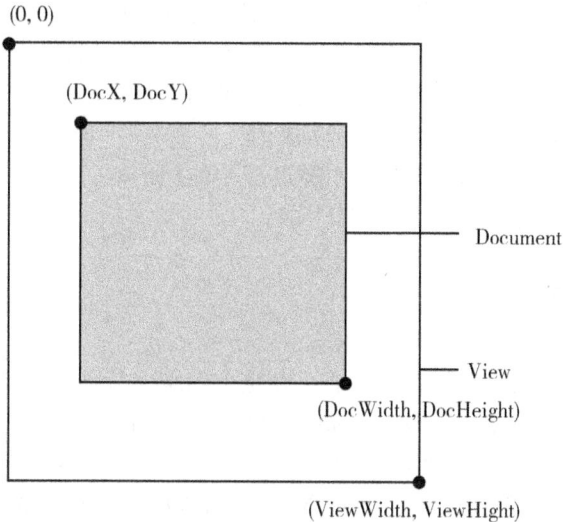

图 9-4　显示光标的转换计算 2

此时，文档的起始坐标计算方法如下所示：

DocX＝（viewWidth-docWidth）/2

DocY＝（viewHeight-viewHeight）/2

因此，在视图中需要保存文档的四个重要信息，即文档宽度 DocWidth、文档高度 DocHeight、文档起始水平偏移位置 DocX 和文档起始垂直偏移位置 DocY。可以将视图的坐标转换成文档坐标：

transViewToDocX＝x+DocX；x 为字符在 Document 中的逻辑水平偏移位置。

transViewToDocY＝Y+DocY；y 为字符在 Document 中的逻辑垂直偏移位置。

9.3　编辑器光标绘制原理

光标是通过定时绘制实现的。经过多次探索和改进，光标的绘制逐渐慢慢实现，但是考虑到屏幕上的位置与逻辑位置之间的转换算法和实现方式。发现光标的绘制难点在于定位，具体包括两个方面：

（1）根据屏幕位置定位逻辑位置。主要方法是 LineDrawable 类中的 locateCaret 来实现。难点较多，需要结合主流编辑软件的定位习惯进行定位，例如某行行末的位置与下一行行首的位置所指示的逻辑位置一般均为该行行末字符的位置。当出现空段、行内换行符时，需要借助现有软件（Microsoft Word 2003）测试出应有的定位效果，并加以实现。

（2）根据逻辑位置重建光标的屏幕位置。主要出现在刚打开文件时以及用户进行编辑操作后光标应自动移动的情形。由于此时不存在用户点击，无法利用 Drawable 对象进行逐级快速定位，只能正向计算。由于存在字符拆分、换行、特殊字符等情况，需分别处理，具体可以参考 WordCaret. constructBoundsByLocation 的方法实现。字符拆分的情况主要出现在一行文字的结尾为一个英文单词，比如 hello 在这一行结尾，当划到 he 时已经到了屏幕边界的情况，这就需要对每遇到的下一个字符与这行边界进行计算，当剩余字符超过边界最大值时需要将这个英文单词拆分化。而换行也是同样的道理，遇到预划字符超过边界的时候就需要进行自动换行。特殊字符主要就是回车符号、分页符号、换行符号等，在遇到这样的情况时就需要根据符号特性分别处理。

在光标的实际绘制中，画出的是一个宽度极小的矩形框，然后再使这个无限小矩形框定位在两个字符中间，通过多线程控制其闪耀。

9.4　编辑器光标定位原理

光标的定位是为了在编辑的时候能够正确定位到编辑呈现实体的位置。为此，笔者设计了一种方式传参数能够确定在 Document 文档的任意位置，word 文档内存是一个树形结构。Document 文档里包含一个 Block 列表，Block 分为 Table 和 Paragraph。在 Table 中包含一个 TableRow 列表。在 TableRow 中又包含一个 TableCell 列表，而在 TableCell 中又内嵌一个 Document。在 Paragraph 里面包含一个 Run 列表，而 Run 又分为用于存储文本的 TextRun 和存储图片的 ImageRun。在 TextRun 中含有一个 String 类型的文本对象，而在 ImageRun 中包含了一个 Bitmap 类型的图片对象。

所以，光标为了准确定位在第几个 Block 中的第几个 Run 中的第几个字符位置，笔者在这里设计出了"int，int，int..."这样的数字字符串模式来表示，把此字符串通过 split（","）得到的 String[ ]，强制转换 String[ ]中每个 String 为 int。

1. 当 String[ ]长度为 3 的情况

此 Block 一定为 Paragraph；第二个 int 表示 Paragraph 中 Run 列表中的第几个 Run；第三个 int 表示在这种 TextRun 中偏移的字符个数。

如果 Run 为 ImageRun，则第三个 int 值表示方式如下：Bitmapd 对象前面的位置表示 -1，Bitmap 对象后面的位置表示 0。

如果 Run 为 TextRun，则第三个 int 的值表示方式如下：第一个字符的前面位置表示 -1，第一个字符后面位置表示 0，第二个字符前面位置即为第一个字符后面位置，依次类推。

需要注意的是，如果连续两个 Run 时，光标位置为两个 Run 的中间，即为前一个 Run 的结尾，后一个 Run 的开头，这个位置一律规定为前一个 Run 的结尾位置。同时，如果一个 Paragraph 中 Run 的列表为 null 或者没有 run，则第二个 int 标识为-1。

2. 当 String[ ]长度大于 3，且长度为 3 的倍数的情况

此 Block 一定为 Table；第二个 int 表示 Table 中 TableRow 列表当中的第几个；第三个

int 表示 TableRow 中 TableCell 列表当中的第几个；剩下的 int 继续递归从 TableCell 中的 Document 中判断（允许 Table 嵌套）。以图 9-5 为示例：

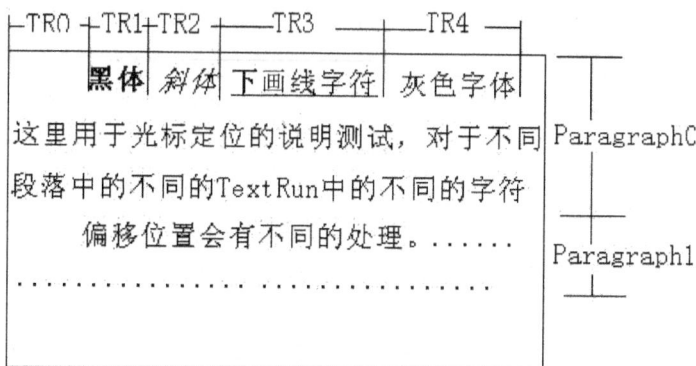

图 9-5　光标定位示例图

一个由具有相同样式的字符组成的 TextRun 中包含 Unicode 和 ASCII 两种编码方式的字符。我们在实际处理中是把所有的字符视作 Unicode 编码方式来存储，将 ASCII 编码字符自动补上一个字符"0x00"。

假如光标定位在（黑，体）之间，那么光标此时记录下来的字符串就应该是（0，1，0），所有的 Paragraph，TextRun 以及字符偏移位置都是从 0 开始。仅仅当光标在这个 TextRun 中的第一个字符前面时会标记为−1。

在设计的过程中，需要注意的是，考虑到硬件屏幕的客观大小以及用户在内嵌的表格编辑操作的常用习惯，在设计过程中不允许对内嵌表格进行编辑操作。

9.5　编辑器创建保存原理

对于一个完善的编辑流程，不仅仅是实现用户按钮上的动作反应（进行文档的插入、删除等），更是为了能够使用户在执行了诸多操作命令后能够将对文本的改动保存到硬盘中，或者更确切地说是保存到存储数据的各种流当中，这就涉及流的写回操作：用户在从 Command 获得操作命令后，通过 Command Manager 中的方法来实现命令的操作，然后对动态编辑的显示实体所对应的物理存储实体进行更新，并写回到 Stream 中。这就涉及对底层复合文档 OLE 进行写回操作。

新建文档功能的实现原理就是当用户在进行"新建"功能交互时，将已经存在的一个空白的文档直接拷贝到显示界面中即可。

9.6　编辑器视图设计原理

在将文档进行排版后，笔者在第 8 章使用装潢子模式对文档进行修饰的基础上进行了升级，使之能够在完全显示内容的前提下更加符合用户的操作习惯：让文本显示层

（TextView）放在最底层显示所有 document 中的数据信息，定义用户的基本界面；在文本显示层上铺上一层 ScrollView 页面滑动条，用来对文本进行加载响应；在页面滑动层的最上面，通过 Android API 中自带的方法来实现页面边框的设置（BorderView）。而所见即所得的内容对象就保存在文本显示层（TextView），实际打印出来的文本内容就是存储在这里。

对于这个视图整体效果的实现是通过用户界面（TextView）、滚动控制（ScrollView）以及页面边框（BorderView）结合装潢子的融合动态装饰出来的。具体的设计方式如图 9-6 所示：

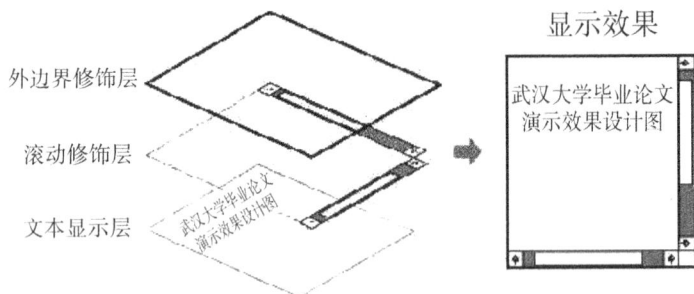

图 9-6　富文本编辑器视图设计

为了能够更好地达到用户对于页面的分页浏览效果，在设计文本显示的 TextView 高度的总大小时，应该将所有文档的可视部分的高度加上每个可视区域的高度之和，加上每个可视区域之间的空白高度，加上第一可视区域的上边界高度和最后一个可视区域的下边距高度。而 TextView 的宽度则应该为所有文档可视区域的最大宽度加上这个宽度的左边距宽度和右边距宽度，具体设计如图 9-7 所示：

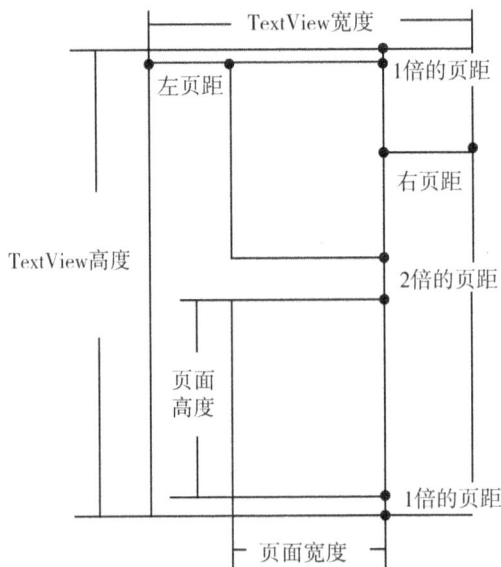

图 9-7　页面 TextView 设计

9.7　编辑器局部刷新原理

用户在查看和编辑文档时，为了防止用户查看线程时程序操作线程发生阻塞，设计了如表 9-1 所示的线程和监听器：

表 9-1 <center>线程与监听器</center>

序号	线程名	线程作用
1	ITextDocumentListener	维持 word 和用户操作文本的线程
2	ModificationCommandListener	编辑命令的线程
3	WrapperListener	锁定当前文本的状态，然后把正在操作的视图文本状态的每个相同的相识归类分组
4	PropertyNotify	属性树同步线程
5	DrawerNotify	绘图线程读取属性树，然后将所有的属性绘制出来
6	BackupListener	后台自动备份线程

ModificationCommandListener 主要监听 MessageQuene 的消息队列，MessageQuene 存的是 Modify 命令，具体的代码如下所示：

```
private static class ModificationCommand {
public static final int appendText = 4;
public static final int changeStyle = 3;
public static final int deleteText = 2;
public static final int endGroup = 6;
public static final int insertText = 1;
public static final int startGroup = 5;
int length;
int startOffset;
int type;
}
```

ModificationCommand 是 ModificationCommandListener 的静态匿名内部类，采用静态匿名类是因为该类只用于消息队列中，并且通过 static 实现内存常驻共享。

整个 ModificationCommand 的设计类似 MFC 的消息队列机制，所有的 Modification Command 会放到一个 MessageQuene 的消息队列中，然后 MessageQuene 里面是一个无限循环，每次用户插入的一个文本底层回去执行一个 Mofification 的子类命令 InsertCommand，然后执行完成后从 MessageQuene 出队。

该类主要是执行操作属性树的方法，因为属性树的主要操作是增添、删除和应用样式，对应的 ITextDocumentListener：

```
public interface ITextDocumentListener {
    public abstract void endGroupNotify( );
    public abstract void notifyTextAppended( );
    public abstract void notifyTextDeleted( int i, int j);
    public abstract void notifyTextInserted( int i, int j);
    public abstract void notifyTextStyleChanged( int i, int j);
    public abstract void startGroupNotify( );
}
```

整体优化流程的具体使用如下：

（1）用户通过在 Editor 上执行插入命令，这个时候会根据前文的方法得到屏幕上的坐标，然后将坐标转化为逻辑坐标。在此，ItextDocumentListener 会开启 WrapperListener 线程和 PropertyNotify 线程，两者的区别是 Wrapper 是显示树的线程锁定，Property 是属性（比如上文的 SizeProperty）树的线程锁定。

（2）当 Wrapper 分组后，可以根据光标逻辑位置得到用户的操作属于哪个 Wrappe 分组，同时也可以知道在操作哪一个 Property 属性树。

（3）根据用户的操作判断新建的命令，将命令放到消息队列中。

（4）消息队列循环更新样式。

（5）当队列为空时则接触 Wrappe 和 Property 的锁定。

（6）用户可以开始下一步的编辑。

这样优化的目的是因为用户在屏幕上看到的可视文档只是整个文档的一部分，因此文档的编辑操作对应的属性树和显示的属性树有可能在不同的视图位置，那么如果不用线程操作，用户的每一轮的下一步操作会等到消息队列全部出列后执行，而事实上用户只需要把用户可见区域的编辑操作执行。这样可以节省用户时间，并且可以实现异步刷新。

9.8　编辑器的撤销删除原理

撤销删除模块是为了防止用户发生失误操作，属于常见模块，这一模块也是基于设计模式的命令者模式，主要设计的优化原理是通过以下类实现：

9.8.1　抽象类 UndoCommand

该类定义了所有可以撤销（Undo）和重做（Redo）的父类，定义了重做、撤销和清楚命令，是对上文 Command 接口的扩展。具体的实现类如下所示：

```
import java. io. Serializable;
public abstract class UndoCommand implements Serializable {
```

```
    private static final long serialVersionUID = 1L;
    public abstract void clear( );
    public abstract void redo( );
    public abstract void undo( );
}
```

该类主要有两个实现类，如果是 UndoViewStateCommand 和 RedoViewStateCommand，两者的区别是 UndoViewStateCommand 实现 UndoCommand 的 undo 方法，而 redo 方法保留空实现。RedoViewStateCommand 方法实现了 redo 方法，保留了 undo 方法。两者机制一样，下文以 Redo 为例。

9.8.2 撤销删除类 Redo

```
public class RedoViewStateCommand extends UndoCommand {
    public void clear( ) {
        _textDocument = null;
        _viewState = null;
    }
    public void redo( ) {
        if ( _textDocument. _view !  = null)
            _textDocument. _view. restoreState( _State);
    }
    public void undo( ) {}
    private static final long serialVersionUID = 0xf3d64beda739490dL;
    TextDocument _textDocument;
    State _State;
}
```

这里的 redo 方法主要是把 State 存到 TextDocument 里。State 类只记录了该命令修改文本的开始位置和结束位置，而对于插入命令来说，通过 ModifyCommand 通知插入命令，而插入命令如果实现了 RedoViewStateCommand，那么文本在插入的时候，如果需要恢复插入前的状态，则只要指定操作后被影响的文本的开始位置，然后反响执行插入命令就行，而文本的开始和结束位置在 State 存储，TextDocument 指通过文本显示层的监听器通知后台恢复状态。

上述描述的是单步的恢复。如果需要多次恢复(类似 PhotoShop 的历史步骤工具箱)，则需要一个栈(Stack 来存储)这些命令，最后操作的命令放到恢复栈的栈顶，每次操作时入栈，每次恢复时出栈，代码如图 9-8 所示：

因此，撤销和删除主要是在上文的命令者模式上添加了 UndoStack，UndoCommand，RedoViewStateCommand 和 UndoViewStateCommand。

```
public class UndoStack implements Serializable {
    private static final long serialVersionUID = 0x9bc0f0b6d8e6fbf0L;
    int _commandPointer;
    ArrayList _commands;

    public UndoStack() {□

    public boolean canRedo() {□

    public boolean canUndo() {□

    public void clear() {□

    public void clearRedos() {□

    public UndoCommand getTopCommand() {□

    public void pushCommand(UndoCommand undocommand) {□

    public void redo() {□

    public void undo() {□
}
```

图 9-8　恢复代码

9.9　编辑器的测试与优化

9.9.1　测试结果与优化思路

经过测试，发现以下问题：

在测试过程中，打开某些 Word 文件可能会使应用程序崩溃而不能安全打开，直观统计到的原因是：

(1) Word 文件中存有大量的图片，导致解析过程中内存的消耗过多；

(2) Word 文件中存有大量的文本信息，用于存储实体而消耗过多的内存；

(3) 因为在操作过程中不断生成的冗余实体没有及时销毁而占用内存。

经过多次验证得到如下原因：

(1) 内存消耗太大；

(2) 对象太多；

(3) 加载到内存的数据过多；

(4) 没有及时地释放内存和垃圾回收；

(5) 设计模式不够合理而过多地写内存；

(6) 没有使用 Lazy Loading 缓慢分段加载。

为了优化以上问题，我们将在抽取、过程给予了优化设计，如图 9-9 所示：

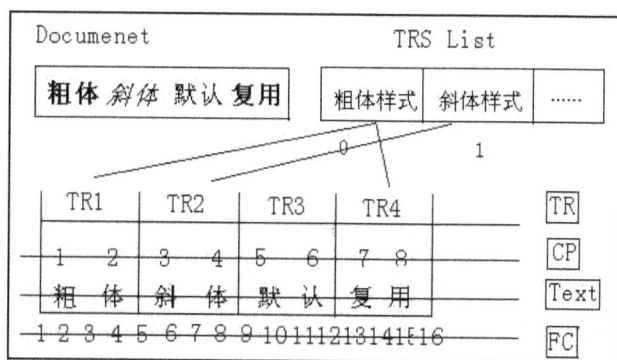

图 9-9　Android 上 Word 2003 大文件的处理方式

　　最先的设计理念是获取了一个 TR(TextRun)就将这个 TR 中的文本内容和样式信息存储在内存中，这样不仅重复冗余地保存了各种相同样式，而且更增加了内存存储负担，降低了用户的效率。所以，分配了一个新的实体 TRS(TextRunStyle，有粗体、斜体、下划线、字体颜色、字体大小、字体背景等)用于存储文本中所有 TR 的样式列表，并且每种样式都是唯一的。本书将所有抽取的 CHPXs(用于存储一段连续的具有相同样式的文本样式及其文本内容)所对应的每个 TR 都保存在这个 TR 记录的文本在 WDS(WordDocumentStream，存储文本内容的流)中 FC(Offset of Character in the WDS)的边界 FCStart(当前 TR 在 WDS 中的起始位置)、FCEnd(当前 TR 在 WDS 中的结束位置)和在 TRS 中所具有的样式的索引值(Index of TRS)。

　　如图 9-9 所示："粗体斜体默认反复"，是十个字符三种样式的 Document，可以采用设计模式的享元模式。它们在 WDS 中的物理位置(FC)分别是(粗-【1，2】)，(体-【3，4】)，(斜-【5，6】)，依次类推。而它们在页面中的逻辑显示位置(CP：Character Position in the View)分别为(粗，1)，(体，2)，(斜，3)，依次类推。而这段文本根据 TR 的定义(在逻辑显示中具有相同样式的一段连续文本)共有 4 个(TR1，粗体)，(TR2，斜体)，(TR3，默认)，(TR4，复用)。因为在 CHPXs 中存储的 TR 是按照物理升序排列的。所以，解析过程也是按照 TR1→TR2→TR3→TR4 的流程来解析的。解析 TR1 时，因为 TRS 中没有任何样式，所以将 TR1 的样式种类加入到 TRS 列表中，接着解析 TR2 时，因为 TRS 中没有 TR2 这种样式，然后就将 TR2 的样式种类加入到 TRS 列表中，因为 TR3 是默认样式，不需要保存到 TRS 中，我们会在绘制之前预定每个 TR 的默认信息，也就是会预定设置每个字符的大小、颜色、字体等信息，在绘制的时候会根据 TR【i】在 TRS 中的索引来进行更新。

　　接着，遇到 TR4，因为它所具有的"粗体样式"已经在 TRS 中保存了，所以，我们只需要保存一个索引来指向当前这个具有重复样式的 TR 在 TRS 中的样式索引即可。

　　所以，这样既提高了在绘制过程中关联样式的查询效率，又降低了在解析过程中的内存消耗。

　　对于 PR(Paragraph Run)的解析存储方式也与 TR 类似，笔者只创建了一个用于存储整个文档中所有的段落样式的 PRS（ParagraphRunStyle，可以有对齐方式、缩进、间距等），在整个结构中存储的所有的段落样式也是唯一的。每个 PRS 中也仅仅存储了每个 Paragraph 的开始和起始位置，以及在每个 Paragraph 中应用了 PRS 中某种或者某几种样式的索引列表。

9.9.2　大文本动态加载优化

为了能够避免在屏幕上及时刷新文档内容，程序设置 OnScrollChangeListener 处理 onScrollUp 和 onScrollDown 事件，WordScrollChangeListener 实现此接口，用于实现向下滚动和向上滚动的动态加载实现。onScrollUp 中，判断 View 的高度(已绘制的 y)和滑动的底部位置(scroll+screenHeight)，如果滑到了距 view 底部 200px 的位置，传入一个值为目标绘制高度，就是这一次绘制应该到达的 y，超过此目标高度或画完所有文档，内容停止绘制，而 onScrollDown 的实现正好与 onScrollUp 相反。

9.9.3　编辑器绘图函数的优化

在以往的设计中，绘制的过程是在抽取完全部的实体后开始的，这样虽然能够实现基本功能，但是这种绘制方式的效率并不算高。于是，为了能够提高显示效率，笔者采取边抽边绘制边显示的设计思想。绘制流程如图 9-10 所示：

所有的呈现方法都封装在 WordDrawer 包内：

（1）drawNext(int)。参数 bottom 是需要绘制的最大高度，绘制的单位为 FkpPapx(用于存储所有 papx 的结构体)，结束后将 bottom 与 Y 坐标比较，直到 y>bottom，停止绘制，否则绘制下一个 FkpPapx。

（2）drawPapx()绘制 Papx 方法。在此方法中，普通 papx 和表格内的 papx 处理方式不同。TableRow 可能包含多个 papx 或多个 tableRow(嵌套表格)，遇到表格中的段落时，需要比较此 papx 的 depth 与 currentTableRow 的 depth：

①当 depth（papx）= depth（currentTableRow），将此时的 papx 添加到当前的 currentTableRow 对象中。

②当 depth(papx)>depth(currentTableRow)，则表示此时的 papx 是当前嵌套的表格中的段落。此时，我们实例化一个新的 TableRow 对象，将 currentTableRow 作为它的 parentTableRow，将 currentTableRow 指向新的 Row，并且添加 papx。

③当 depth（papx）< depth（currentTableRow），则表示嵌套表格已经结束，currentTableRow 指向 parentTableRow，如果 parentTableRow 为空，即为 null，表示目前是顶层的表格，调用 drawTableRow 绘制此行，继续循环遍历下一个 papx。

（3）drawTableRow(Canvas，TableRow，int)。外部调用此方法一定是绘制顶层表格(在这种情况下的 depth＝1)，遍历 rowElements，若是 papx，则调用 drawParagraph，根据返回值判断是否 CellMark 或 RowMark，注意更新下一个单元格的 x，y 坐标。若是嵌套表格，递归调用此方法。行绘制完成后需要还原 x 坐标，y 坐标应更新为最高的单元格的 bottom 坐标，也就是说，整个行的高度应为最高的单元格高度。

（4）drawParagraph(Canvas，int，int，ParagraphStyle，int)。此方法主要是根据段落开

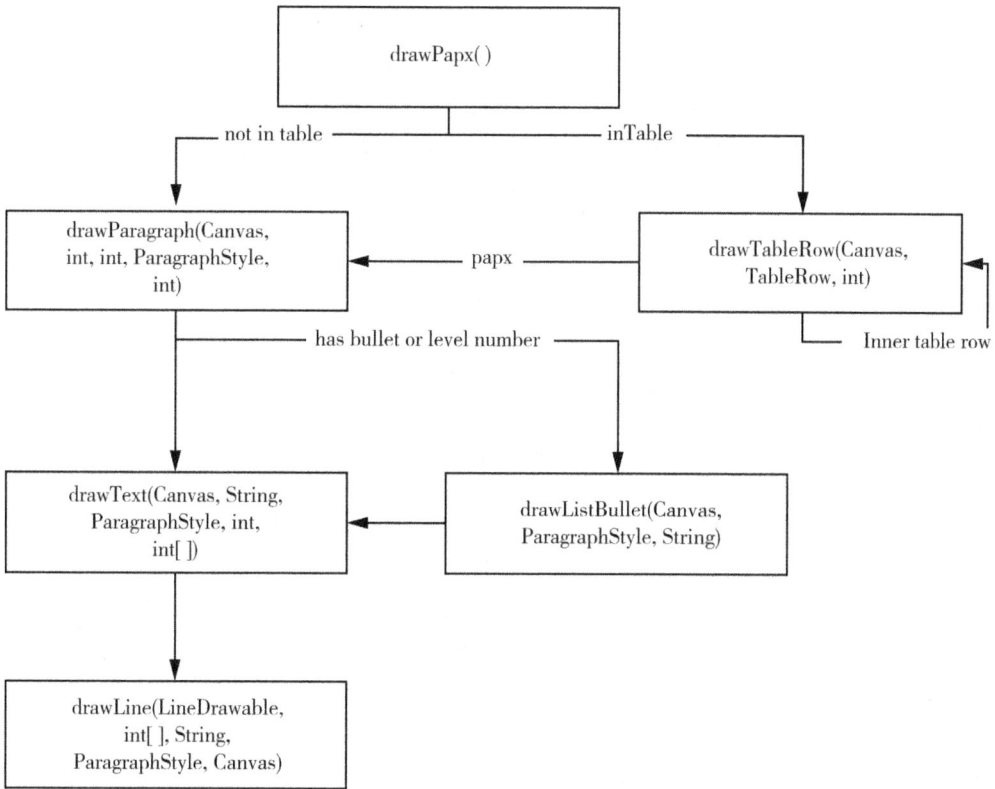

图 9-10 富文本呈现过程的绘制流程

始和结束的 offset，抽取相应文本和样式，调用 drawListBullet 和 drawText 方法绘制文本。

（5）drawListBullet（Canvas，ParagraphStyle，String）。此方法主要是用于绘制列表。若是有编号的段落（列表），在绘制文本前执行此方法。使用两个全局栈控制自动计算的列表编号和级数。

iLvlCurStack：Stack<Integer>栈顶保存当前段落级数，栈中的值是连续的（为 0-9）。

levelNumStack：Stack<Integer>与 iLvlCurStack 配合使用，值为 iLvlCurStack 对应下标位置的级数的已有计数。例如：

lvl1_1//iLvlCurStack[0]，levelNumStack[1]

lvl1_2//iLvlCurStack[0]，levelNumStack[2]

lvl2_1//iLvlCurStack[0,1]，levelNumStack[2,1]

lvl2_2//iLvlCurStack[0,1]，levelNumStack[2,2]

lvl1_3//iLvlCurStack[0]，levelNumStack[3]

然后，根据列表样式获取实际的列表编号。

（6）drawText（Canvas，String，ParagraphStyle，int，int[]）。这个方法用于绘制一个段落的文本，计算样式和换行。采用逐个字符遍历的绘制方法，根据所在 Run 的 TextStyle，先计算字符宽度或者图片宽度，判断能否画在当前行，如果需要换行，则先绘制现有行，再更新 x，y 进行下一行的计算。往行内添加元素时，如果是字符，添加在段落中的位置和字符宽度；如果是图片，则存储缓存路径和图片宽度；如果是属于域的指令部分(0x13-0x14 之间的字符)，不添加到行中，每添加一个元素都应更新行高和 descent 变量。

　　(7) drawLine(LineDrawable，int[ ]，String，ParagraphStyle，Canvas)。这个绘制单行的方法，如果要绘制的对象是文字就绘出文字，绘制的对象是图像就绘出图像，descent 是字符绘制的基线。图 9-11 是简单的 ascent 和 descent 说明：

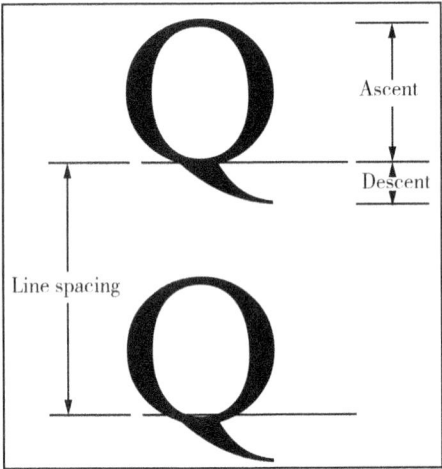

图 9-11　绘制基准线的说明

　　绘制的过程通过 Android 系统中的 android. graphics. Picture 记录，DrawableRect(主要用于段落) 和 DrawableTableRect (表格的绘制区域) 封装了一个 Picture 实例，DrawableTableRect 是 DrawableRect 的子类，添加了表格拖动的水平偏移、表格所在区域等信息。两个类的设计如图 9-12 所示：

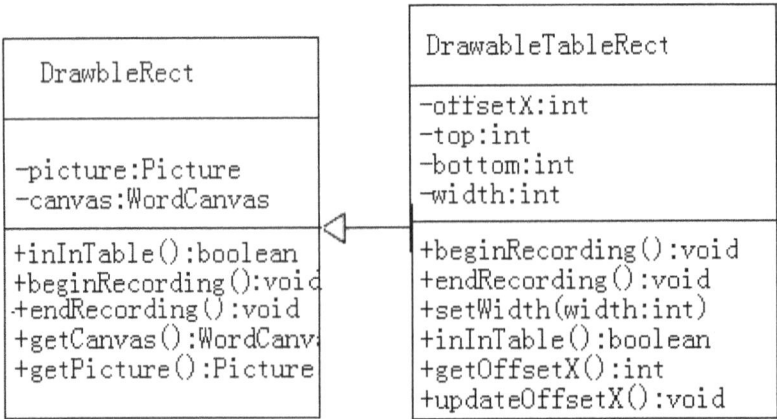

图 9-12　绘制矩形的实现类图设计

WordView 中 Pictures 数组保存所有的 DrawableRect，在 onDraw() 方法中遍历绘制所有 drawableRect。如果是表格区域，应该用 offsetX 作为 x 方向的偏移。处理表格左右滑动事件时，先获取 onTouchEvent(MotionEvent) 的 x，y，判断 y 是否落在表格的 DrawableRect 区域内，如果是，计算 x 方向的偏移，更新 drawableTableRectd 的 offsetX，更新画布。

9.9.4 编辑器格式模块属性优化

Word 2003 文件格式和 Word 2007 文件格式的区别在于 Word 2003 格式当初是为低内存设计的，在 Word 95，Word 97 的基础上慢慢演化出二进制格式。而 Word 2007 格式是为高内存和 CPU 的电脑设定 XML 格式，虽然可读性很好，但要载入整个 XML TREE，如果采用 DOM 方式，很消耗内存，尽管现在的主流移动设备是 Android 设备和 Apple 的 iOS 设备，但是依旧不适合用纯 XML 格式。如果用二进制格式，又不具备通用性和扩展性，因此借鉴了 Web Service Description Language(WSDL) 的设计思想，让 word 的二级制格式和内存中的模型(Model)建立映射。

对于 Word 2003 格式的流程，以图像的大小(Size 属性)为例，修改后设计的类如下：

建立 Property 类，所有的属性都继承这个类，为抽象类，考虑到需要持久化，因此实现了 Serializable 接口，具体代码设计如图 9-13 所示：

```java
import java.io.Serializable;

public abstract class Property
    implements Serializable
{


    public static final Property NULL = new NullProperty();
    private static final long serialVersionUID = 1L;


    public Property()
    {
    }

    public abstract boolean equals(Property property);


}
```

图 9-13 Property 类设计

对应的实现类 SizeProperty，具体代码设计如图 9-14 所示。

建立 PropertyName 类，该类通过反射机制把 SizeProperty 的类名 Size 和高度宽度变成字符串(String)类型，这样对变量名、变量类型和变量值分开存储，方便持久地解耦，具体代码设计如图 9-15 所示。

其中，该类最核心的方法是 public static void addFromClass(Class class1, int i)，具体实现的代码如图 9-16 所示。

```
public class SizeProperty extends Property
{
    private static final long serialVersionUID = 0x52916e442c0785bcL;
    private int _height;
    private int _width;

    public SizeProperty(int i, int j)□

    public boolean equals(Property property)□

    public int getHeight()□

    public int getWidth()□

    public String toString()□
}
```

图 9-14　SizeProperty 类设计

```
*  主要是持有一些属性名称域数字的对应关系□

import java.lang.reflect.Field;□

public class PropertyNames
{

    private static SparseArray _names = new SparseArray();

    public PropertyNames()□

    public static void addField(int i, String s)□

    public static void addField(Field field)□

    public static void addField(Field field, int i)□

    public static void addFromClass(Class class1)□

    public static void addFromClass(Class class1, int i)□

    public static String propertyName(int i)□
}
```

图 9-15　ProperyName 类设计

　　通过上述三个类如果可以把 Word 2003 的 size＝5 这个属性持久化为树状结构，则可以有如图 9-17 所示的结果。

　　需要注意的是，由于 size＝5 的 5 是基本类型，不能持久化，因此还需要有 IntProperty

```
public static void addFromClass(Class class1, int i)
{
    Field afield[] = class1.getDeclaredFields();
    int k = afield.length;
    int j = 0;
    do
    {
        if(j >= k)
            return;
        addField(afield[j], i);
        j++;
    } while(true);
}
```

图 9-16　addFromClass 方法设计

```
<poperty>
    <propertyClass>SizeProperty</propertyClass>
    <propertyName>Size</propertyName>
    <propertyValue>5</propertyValue>
</poperty>
```

图 9-17　持久化结果

去持久化，对应的代码为如图 9-18 所示。

```
public class IntProperty extends Property
{

    public static final IntProperty ZERO = new IntProperty(0);
    private static final long serialVersionUID = 0x841db81b6cb8ea92L;
    private int _value;

    protected IntProperty(int i)□

    public static IntProperty create(int i)
    {
        IntProperty intproperty;
        if(i != 0)
            intproperty = new IntProperty(i);
        else
            intproperty = ZERO;
        return intproperty;
    }

    public boolean equals(Property property)□

    public final int getValue()□
```

图 9-18　IntProperty 持久化

115

完成上述设计后，由于 SizeProperty 是记录图像大小的，因此在调用时，代码如图 9-19 所示：

```
SizeProperty sizeProps = docimage.getSize();
if (sizeProps != null)
    docspanproperties.get_sp().setProperty(122, sizeProps);
_currentTextLoader.setSpanProperties(docspanproperties.get_sp());
```

图 9-19　SizeProperty 的调用

依以上的模型，优化后，整体底层的结构体转化为 Property 属性，整体的读取和赋值到 property 的时序图如图 9-20 所示：

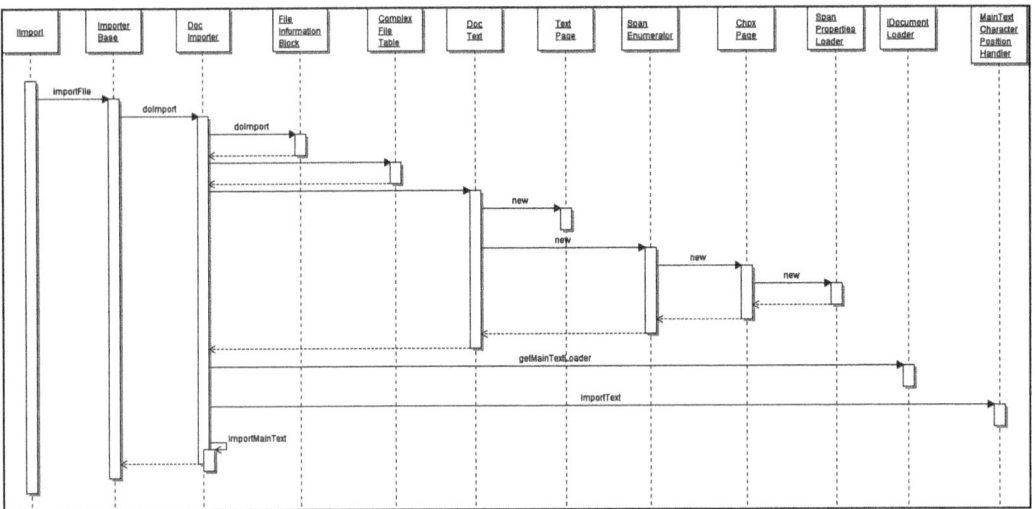

图 9-20　格式模块属性时序图

第10章 数据分析可视化研究：专利数据为例

10.1 可视化工具

在后续章节中，本书将会根据专利的不同文本结构及关键词进行分析与研究，为了让研究结果及专利数据规律变得清晰，需要对大量专利数据进行可视化处理，本节将从专利数据可视化工具的相关理论概念对后续章节的可视化图表进行说明，本节流程图如图 10-1 所示：

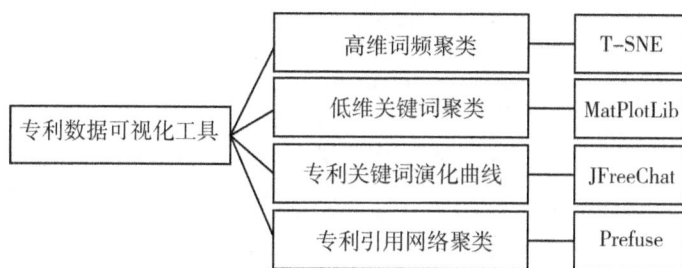

图 10-1 专利数据可视化工具

10.2 结构可视化

专利文件在美国专利商标局的存储本身是 XML 文件，平均每个文件大小为 400MB。通过拆分成单个专利文件后，需要对专利的树状结构进行渲染，渲染的时候考虑到专利本身的数据是节点和边，因此本书开发了一套算法将专利的 XML 结构转换为用于显示的 XML 树。

其中，图 10-2 的边为主权和从权关系，如果从权引用主权，则定义主权为"branch"，"leaf"为从权，"nodeID"的输出是专利权利要求书中每个权利要求的序号，"nodeType"定义了权利要求类型，"0"是主权利要求"1"从属权利要求，"text"则是经过层次划分之后的权利要求文本内容。

笔者采用 Berkeley 的 Prefuse 绘制引擎，渲染如图 10-3 所示。

将专利结构进行可视化的目的是使用计算机模拟人在阅读专利文本时对专利的结构抽取方式。如人在阅读权利要求书时，首先会根据权利要求书的一般书写结构区分主权利要

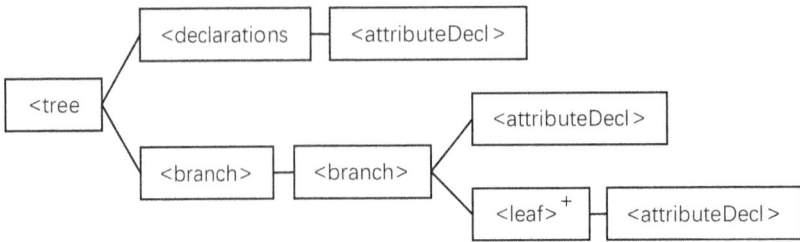

图 10-2　专利结构可视化 XML 结构图

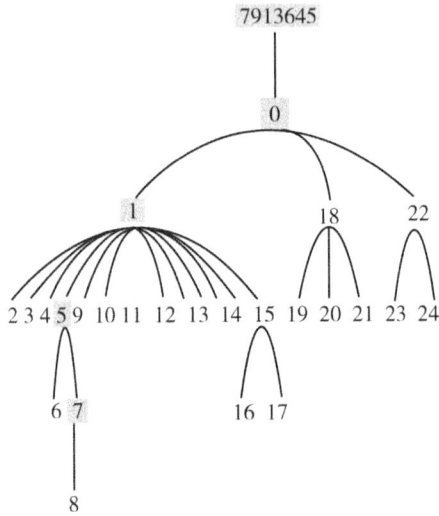

图 10-3　Prefuse 引擎绘制权利要求书结构图

求和从属权利要求。以美国专利局专利号 7913645 "Methods and apparatus for incorporating nitrogen in oxide films" 为例，从这份专利权利要求书的 24 条权利要求中，第一条为主权利要求，它是这份专利权利要求书中的根节点主权利要求，主要描述了这份专利发明的技术方案，这条主权利要求以 "An apparatus comprising" 的格式开头，书写了该发明解决的技术问题中最主要的不可缺少并区别于其他技术发明的技术特征。这份专利中的主要保护内容为 "一种设备包括：处理室；控制器耦合到处理室和控制室的配置过程为：前提处理室与等离子体；将基板装入到处理室；并在处理室的基板上进行等离子体氮化；其中在处理室预处理使用的等离子功率至少要高于基板的等离子体氮化过程中使用的等离子功率 150%"。

在了解这份专利的主权利要求的内容后，继续关注这份专利的其他 23 个权利要求中哪些是权利要求是根节点主权利要求，哪些是从节点主权利要求，哪些是从属权利要求。

在这份专利中，根据权利要求的书写结构可以区分，第十八条和第二十二条权利要求是从节点主权利要求，因为它们的书写结构与第一条根节点权利要求相同为 "An apparatus comprising"。

从第二条至第五条权利要求、第九条至第十五条权利要求的书写结构是"The apparatus of claim 1wherein the"可以分析出，第二条至第十七条权利要求是与从节点主权利要求相同，对第一条根节点权利要求进行进一步限定内容的从属权利要求。它们根据权利要求进一步限定了第一条权利要求中的处理室和等离子体的一些条件。

根据第十九、二十和二十一条权利要求的书写结构"The apparatus of claim 18wherein the"，阅读的时候可以分析出它们是第十八条从节点主权利要求的从属权利要求。它们根据第十八条从节点权利要求，限定了第十八条权利要求中关于处理室使用的电源瓦数、处理时间和汞柱腔压力的范围。

根据第二十三、二十四条权利要求的书写结构"The apparatus of claim 22，wherein the"可以了解它们是第二十二条从节点主权利要求的从属专利要求。它们也像前面的从属权利要求一样进一步解释和限定了第二十二条权利要求中的内容范围。

剩下的第六条权利要求和第七条权利要求，它们是从属权利要求的从属权利要求，对第五条进行了扩展限定解释(见图10-4)。

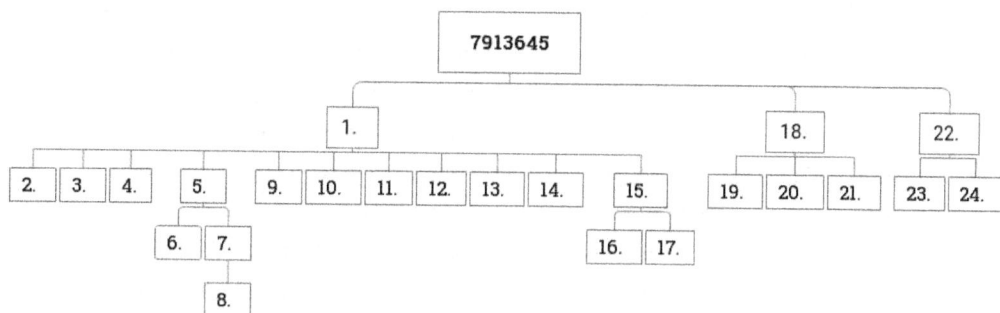

图 10-4　根据权利要求书的书写结构划分的层次图

在阅读该专利权利要求书时，根据上述权利要求书的书写结构进行根节点主权利要求、从节点权利要求和从属权利要求分析之后，就可以简单地在大脑中将其进行新的层次划分，将长篇的权利要求书梳理成一个有层次的树状结构图标，如图10-4所示。将复杂文本结构进行建树，以服务发明人用更直观、更清晰和更便捷的方法去查看权利要求书。

10.3　关键词词频可视化

由于本书采用自然语言处理技术(NLP)去分析专利关键词的词组，先过滤一元词和二元词，然后根据二元词的专利去查找三元词。

采用 Berkeley 的 Prefuse 引擎绘制，渲染如图 10-5 所示：

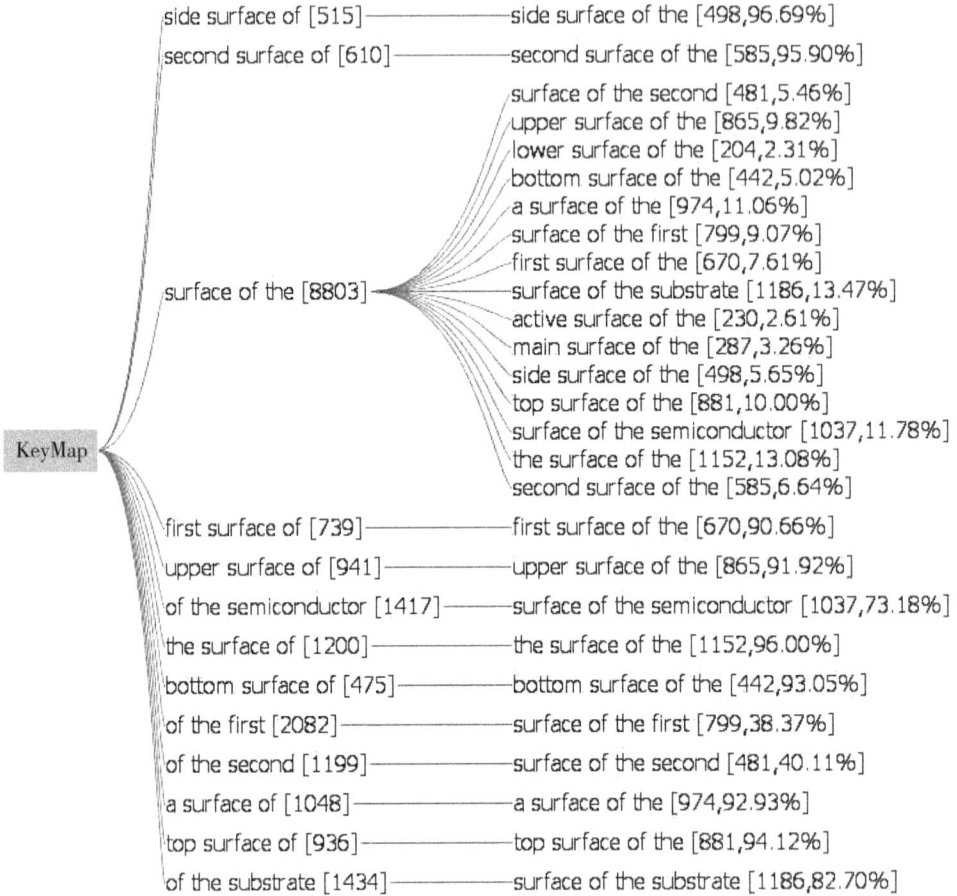

图 10-5 Prefuse 引擎绘制关键词词组词频结构图

10.4 网络可视化

由于一份专利一般会引用其他专利，因此不同专利之间存在 N：N 的关系，为了更好地显示专利之间的网路结构，本书将专利的标准 XML 结构转化为图像标记语言（GraphML）。

GraphML 是由 GraphML Working Group 于 2000 年在 Williamsburg 的 Graph Drawing Symposium 大会上提出的，专门用 XML 绘制图像。其格式定义了节点和边。对于专利（专利号），其结构如图 10-6 所示：

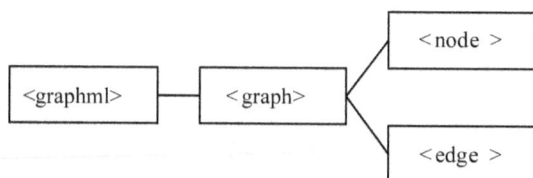

图 10-6 专利网络关系 XML 结构图

10.5 关键词降维可视化

面向海量专利数据的可视化时，必须对专利关键词进行降维。而 t-SNE 是由 Laurens van der Maaten 和 Geoffrey Hinton 在 2008 年提出来的一种用于降维和可视化的机器学习算法。[①] 本书主要是在对专利关键词进行聚类的显示时使用 t-SNE 算法对其进行降维和渲染。输入文件为使用 Word2Vec 训练得到的 label 文件和 data 文件，label 文件为所有关键词，data 文件为对应的词向量。通过 t-SNE 降维得到低维度的词向量，经过渲染后输出为低维度的关键词聚类分布图，如图 10-7 所示。

主要包括两个步骤：

（1）首先构建一个高维对象之间的概率分布，使得相似的对象更有可能被选择，而不相似的对象被选择的概率较低。这里使用高斯核函数来度量两点之间的相似度。

（2）通过学习，找到一个对应到低维空间的映射，使得高维空间和低维空间的概率分布尽可能地相似。两个空间概率分布的相似度用 KL 散度（Kullback-Leibler divergence）来度量。

相关函数和定义：

（1）高斯核函数。

高斯核函数是最常用的径向基函数，径向基函数是某种沿径向对称的标量函数。高斯核函数表达式如下：

$$k(\parallel x - xc \parallel) = exp\left(-\frac{\parallel x - xc \parallel^2}{2\,\sigma^2}\right) \tag{10-1}$$

其中，xc 为核函数中心，σ 为函数的宽度参数，控制了函数的径向作用范围。

（2）KL 散度。

KL 散度（Kullback-Leibler divergence）就是相对熵，信息熵反映的是系统的有序化程

[①] Laurens Van Der Maaten, and Geoffrey Hinton, "Visualizing Data using t-SNE", *Journal of Machine Learning Research*, Vol. 9, No. 2605, 2008, pp. 2579-2605.

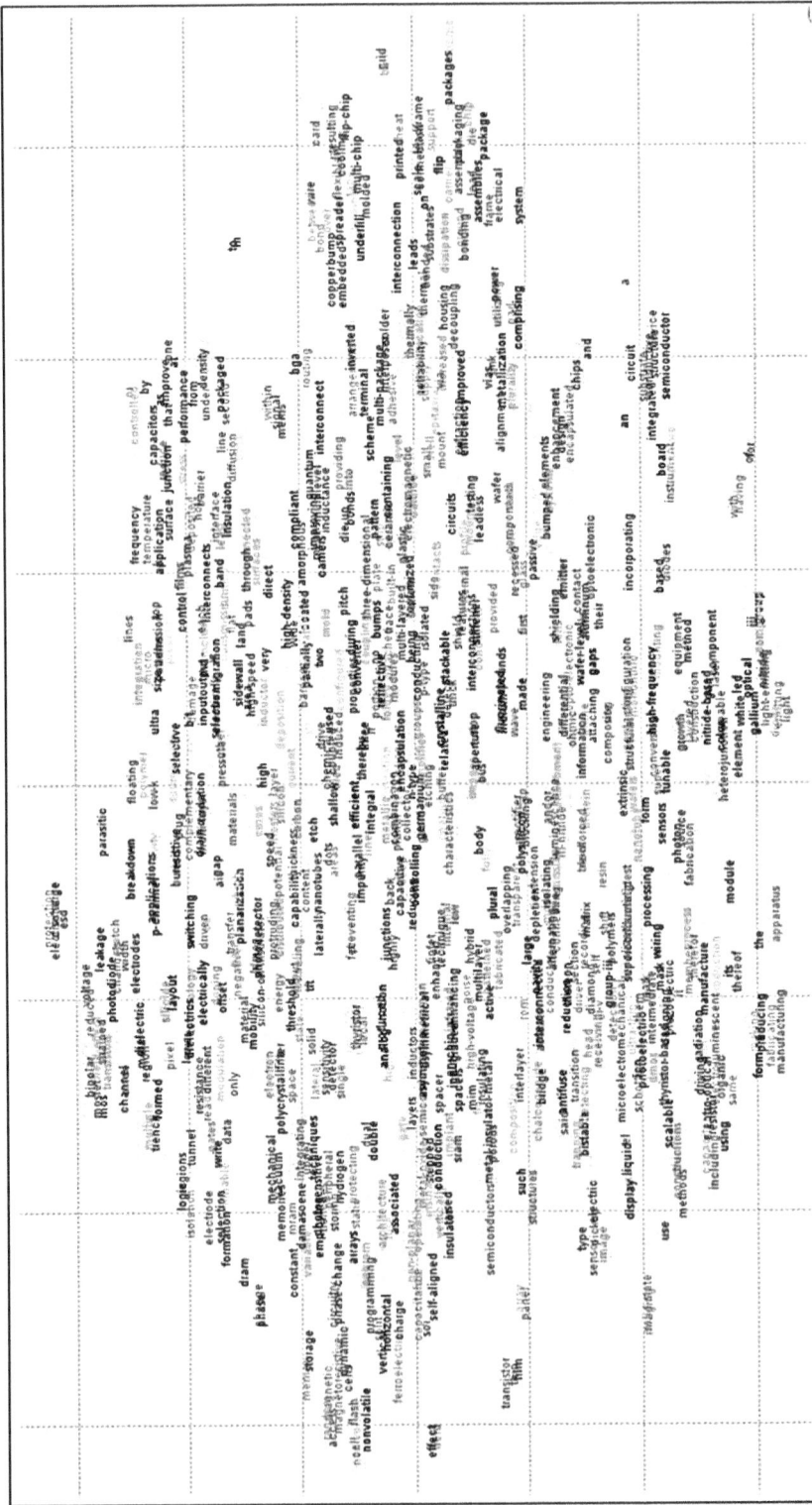

图10-7　通过t-SNE降维渲染之后的关键词聚类图

度，系统越有序，信息熵越低。相对熵可以用来度量两个随机变量的距离。KL 散度是两个概率分布 p 和 q 差别的非对称性的度量。

设 $p(x)$ 和 $q(x)$ 是 X 取值的两个概率分布，则 p 对 q 的 KL 散度为

$$D(p \parallel q) = \sum_{i=1}^{n} p(x) \log \frac{p(x)}{q(x)} \tag{10-2}$$

（3）Perplexity。

Perp(Pi) = 2H(Pi)，其中，H(Pi) 是 Pi 的信息熵。信息熵是用来反映系统有序化程度的变量。如果一个系统有序化程度越高，其信息熵越低，比如给定一组数据，只有一个非 0 值，其他都为 0，那这组数据的信息熵就为 0，因为情况已经确定了，有序性就高。如果一组数据为 $\{x_1, x_2, \cdots, x_n\}$，所有数据之和为 s，则信息熵的计算表达式为：

$$H(D) = -\sum_{i}^{n} \frac{x_i}{s} \log_2 \frac{x_i}{s} \tag{10-3}$$

（4）梯度下降法。[1]

一个多元函数的梯度方向是该函数值增大最陡的方向。如果在一元函数中，就是沿着切线方向；对于多元函数，梯度向量为函数值对每个变量的偏导，该向量的方向就是梯度的方向，向量的大小就是梯度的大小。梯度下降就是沿梯度下降的方向求解极小值，属于无约束优化问题。如：

$$\min (f(X)) \tag{10-4}$$

X 既可以是一般的数值，也可以是一个矩阵。下面使用梯度下降法求解 $f(X)$ 的最小值：

（1）设 $y = f(x)$，初始化：$x = x_0$，$y_0 = f(x_0)$，迭代步长为 α，收敛精度为 ε。

（2）第 i 次迭代：$x_i = x_i - \alpha \nabla f(x_i)$。

（3）当前后两次迭代的函数值之差小于精度时，迭代终止。

（4）函数最小值为此时函数值。

t-SNE 具体算法：

（1）设 x_i，x_j 为高维空间里的两个点，在本书中就是通过 Word2Vec 得到某两个专利关键词的词向量。这两点之间的相似度和它们的条件概率 $p_{j|i}$ 有关，表示如果 x_i 为高斯中心，基于概率密度，x_i 会选取 x_j 作为其邻居的概率。

$$p_{j|i} = \frac{\exp\left(-\frac{\|x_i - x_j\|^2}{2\sigma_i^2}\right)}{\sum_{k \neq i} \exp\left(-\frac{\|x_i - x_j\|^2}{2\sigma_i^2}\right)} \tag{10-5}$$

---

[1] 刘颖超、张纪元：《梯度下降法》，《南京理工大学学报》1993 年第 2 期。

$$p_{ij} = \frac{p_{j|i}\, p_{i|j}}{2n}\,(n\text{ 为数据个数})\tag{10-6}$$

σ_i^2 是以 x_i 为中心时的高斯方差，是用二分搜索得到条件概率分布的 Perplexity（困惑度）。y_i 和 y_j 是 x_i 和 x_j 映射到低维空间对应的点，同样是用条件概率 $q_{j|i}$ 来表示 y_i 和 y_j 之间的相似度，但这里使用厚尾 t 分布。

$$q_{ij} = \frac{(1 + \|y_i - y_j\|^2)^{-1}}{\sum_{k \neq i}(1 + \|y_k - y_i\|^2)^{-1}}\tag{10-7}$$

（2）设 P 为高纬度空间数据集，Q 为低维度使用 KL 散度来衡量 P 和 Q 之间的相似度。

$$C = KL(P \mid Q) = \sum_i \sum_j p_{ij}\log\frac{p_{ij}}{q_{ij}}\tag{10-8}$$

（3）使用梯度下降法来最小化 KL 散度，梯度值如下：

$$\frac{\partial C}{\partial y_i} = 4\sum_j (y_i - y_j)(p_{ij-} q_{ij})(1 + \|y_i - y_j\|^2)^{-1}\tag{10-9}$$

计算步骤：

（1）Data：$X = x_1, \cdots, x_n$，本书中，是通过 Word2Vec 得到专利关键词词向量。

（2）计算 C 函数的参数 perplexity Perp。

（3）待优化的参数：设置迭代次数 T，学习速率 η，动量 $\alpha(t)$。

（4）目标结果是低维数据表示 $Y^T = y1, \cdots, y_n$。

（5）开始优化：计算给定 Perp 下的条件概率 $p_{j|i}$。

（6）令 $p_{ij} = \dfrac{p_{j|i}\, p_{i|j}}{2n}$。

（7）用 $N(0, 10^{-4}I)$ 随机初始化 Y，迭代，从 $t = 1$ 到 T，作如下操作：

①计算低维度下的 q_{ij}。

②计算梯度。

③更新 $Y^T = Y^{T-1} + \eta\dfrac{\partial C}{\partial y_i} + \alpha(t)(Y^{T-1} - Y^{T-2})$　　　　　　　　　$(10\text{-}10)$

Hinton and Roweis 在 2002 年首先提出 SNE 算法，但 SNE 算法并没有优化"不对称的评估函数"和"拥挤问题"的使用场景。SNE 算法的评估函数是不对称的，且当从高维度向低维度映射时存在拥挤问题。t-SNE 是 Laurens van der Maaten 和 Geoffrey Hinton 在 Hinton and Roweis 提出的 SNE[①] 的基础上，通过改变高维空间概率的度量，并用 t 分布代替低维空间的高斯核函数，有效解决了 SNE 的不对称和拥挤问题。Laurens van der Maaten 和

---

① G. Hinton, "Stochastic neighbor embedding", *Advances in Neural Information Processing Systems*, Vol. 15, No. 4, 2002, pp. 833-840.

Geoffrey Hinton 通过实证将 *t-SNE* 多种可用于可视化降维的方法进行了对比①，例如 Sammon 在 1969 年提出的 Sammon mapping 方法②，Demartines and Herault 在 1997 年提出的 CCA(curvilinear components analysis)③，Hinton and Roweis 的 SNE、Tenenbaum JB、De Silva V、Langford JC 在 2000 年提出的 Isomap④，Weinberger KQ、Saul LK 在 2006 年提出的 MVU(Maximum Variance Unfolding)⑤，Roweis and Saul 在 2000 年提出的 LLE(Locally Linear Embedding)⑥以及 Belkin M、Niyogi P 在 2003 年提出的 Laplacian Eigenmaps 方法⑦，基于他们论文中的所有数据集，结果证实 t-SNE 的效果比其他方法好。

传统的一些降维方法，诸如 PCA (Principal Components Analysis)，MDS (multi-dimensional scaling)采用的是线性映射，结果是可能会丢失数据的类别属性。这种算法采用的是非线性方法，能够在数据全局结构的同时保留数据的局部结构，可视化效果最好。同时在低维中用后尾 t 分布代替高斯核函数，t 分布中 $(1 + \|y_i - y_j\|^2)^{-1}$ 与低维空间里 $\|y_i - y_j\|^2$ 的二次成反比，能够使得不相似的两个对象被更好地分割。

10.6 关键词词频趋势可视化

本书在研究专利时，对专利的标题，权利要求书和摘要作了词频统计，在词频统计中得出了各个词频的统计报告(例如，通过 NLKT 框架分析标题词频进行排序)。但是，由于要对比不同关键词的趋势，本书采用折线图进行可视化，折线图的横轴为时间，纵轴为对应的数量，每个曲线代表一个关键词，如图 10-8 所示。

通过图 10-8，可以看到 light 关键词的上升以及研究新技术的演变，详细的研究在后面章节中会分析，折线图的绘制采用 JFreechat 框架。

---

① Der Maaten L. Van, and Ge Hinton, "Visualizing High-Dimensional Data Using t-SNE. ", *Journal of Machine Learning Research*, Vol. 9, No. 2, 2013, pp. 2579-2605.

② J. W. Sammon, "A nonlinear mapping algorithm for data structure analysis", *IEEE Transactions on Computers*, Vol. 5, 1969, pp. 401-409.

③ P. Demartines, and J. Herault, "Curviliear Component Analysis：A Self-Organizing Neural Network for Nonlinear Mapping of Data Sets", *IEEE Transactions on Neural Networks*, Vol. 8, No. 1, 1997, p. 148.

④ J. B. Tenenbaum, Silva V. De, and J. C. Langford, "A global geometric framework for nonlinear dimensionality reduction. ", *Science*, Vol. 290, No. 5500, 2000, pp. 2319-2323.

⑤ Kilian Q. Weinberger, and Lawrence K. Saul, An Introduction to Nonlinear Dimensionality Reduction by Maximum Variance Unfolding, *National Conference on Artificial Intelligence*, 2006.

⑥ Sam T. Roweis, and Lawrence K. Saul, "Nonlinear Dimensionality Reduction by Locally Linear Embedding", *Science*, Vol. 290, No. 5500, 2000, pp. 2323-2326.

⑦ Mikhail Belkin, and Partha Niyogi, *Laplacian Eigenmaps for dimensionality reduction and data representation*, Massachusetts：MIT Press, 2003.

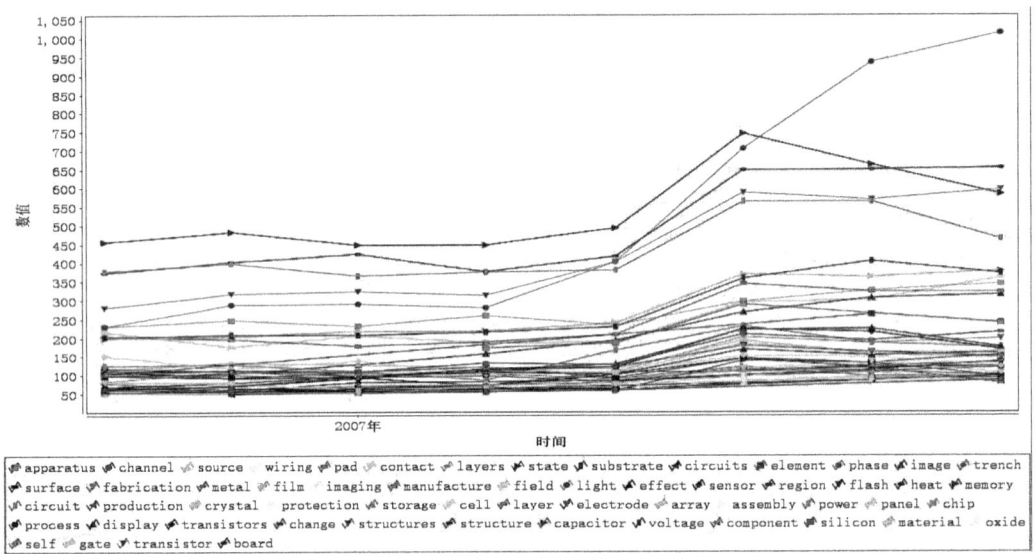

图 10-8 关键词词频趋势变化图

第 11 章　数据分析理论研究：专利数据为例

11.1　NLP 技术与专利

本书的分析以美国专利数据为例，美国专利数据的原始文件是基于 XML 存储的文本结构，因此需要对于大量的文本进行文本挖掘。本书的分析，包含基于 N-Gram 模型、语义分析和 WordNet。对于专利里面的词语，主要基于名词和形容词。

11.1.1　N-Gram 模型

在计算机语言学和概率领域，N-Gram 是从既定的文本序列或者语音序列中提取的 n 个连续序列单元，这些序列单元根据应用场景的不同，可以是音素、符号、字符、单词或者碱基对。N-Gram 通常从文本或语音语料库中收集得到。N-Gram 模型中，根据序列单元的长度，可以分为单构词(1-gram)、双字母词组(2-gram)、三元词组(3-gram)或者长度更长的 4-gram、5-gram。N-Gram 是在 $(n-1)$ 顺序的马尔可夫模型序列中推导下一个单元的概率模型。N-Gram 模型在信息学、计算机语言学、计算机生物学和数据压缩中使用很普遍。N-Gram 模型具有简单和可扩展性的特点，随着 N 的增大，模型可以在合适的时间、空间平衡度里面存储更多的上下文，使经验积累并有效地扩展。

N-Gram 序列，特别是自然语言的序列，使用 N-Gram 的统计熟悉进行建模。这个方法的提出，最早追溯到克劳德-香农在提出信息论时期的研究。香农提出了一个问题：对于给定的一句话中的序列，它的下一句话可能是什么？从给定的训练数据中，可以分析出下个词的概率分布，如对于 n 个可能的单词，概率分别是，如 $a = 0.2$，$b = 0.002$，$c = 0$，…；其中，这 n 个单词的概率之和是 1。

更简单地说，N-Gram 模型中，预测长度为 n 的字符出现的概率是基于所有长度小于 n 的字符的概率的分布来计算的，可以用公式 11-1 来表达：

$$P(Xi \mid Xi-(n-1), \cdots, Xi-1) \tag{11-1}$$

当用 N-Gram 模型处理语言时，假设同一长度的单词是彼此独立的，长度为 n 的词只跟长度为 $n-1$ 的词相关，这种马尔科夫模型用低层词汇来近似处理上层词汇。这个假设非常重要，可以将从大量数据中学习语言模型的难度大大降低。此外，由于语言的开放性，通常将未知的单词也分组到语言模型中，本书在专利生成模块中用到了 3-gram 模型。

11.1.2　WordNet 模型

WordNet 是普林斯顿大学开发的一个按照词义组织的英文词典，基本单位是单词（simplex words）或者是词语搭配（collocations），比如"bad person""eat out"。WordNet 是以集合（synsets）进行组织的，同义词会被放在同一个集合中，并且会为该集合提供简短概要的注释（gloss）。一个多义词会多次出现在其每一个含义对应的集合中，可以说是一种同义词词典。第一个同义词词典是罗杰斯"同义词词林"（Roget's Thesaurus）①，不同于"同义词词林"，WordNet 虽以同义词集合作为组织单位，但集合与集合之间又以语义关系（semantic relations）相连，主要为上下位关系，还有整体部分关系、继承关系等。WordNet 包含了名词、动词、形容词和副词。现在的最新版本 3.1 包含了 155287 个词，117659 个集合，206941 个概念（word sense）。

上下位关系主要存在于名词和动词中，上位词和下位词构成树的父结点和子结点，最上层的结点是最为抽象的概念，所有关系的集合就构成了一棵树。所以，在名词和动词中分别是以树的层次结构来关联各集合。WordNet 3.0 中，名词是以 25 个抽象概念作为开始结点，动词是以 15 个抽象概念作为开始结点，它们都连接到一个共同的开始集合"entity"。名词的层次要比动词的层次深得多。除上下位关系外，名词和动词中还包含了一些其他关系，如表 11-1 和表 11-2 所示：

表 11-1　　　　　　　　　　　　**名词之间的相互关系**

关系	含义	举例
上位词（hypernym）	a word with a broader meaning	car 是 vehicle 的上位词
下位词（hyponym）	a word with a more specific meaning	vehicle 是 car 的下位词
并列词（coordinate terms）	words have the same hypernym	apple 和 banana 是并列词
局部词（meronym）	a word that is a part of the whole	window 是 building 的局部词
整体词（holonym）	a word that is the whole of parts	building 是 window 的整体词
同义词（synonym）	a word that is similar in meaning	table 和 desk 是同义词
反义词（antonym）	a word that is opposite in meaning	day 和 night 是反义词

表 11-2　　　　　　　　　　　　**动词之间的相互关系**

关系	含义	举例
上位词（hypernyms）	a word with a broader meaning	perceive 是 listen 的上位词
下位词（troponym）	a word with a more specific meaning	lisp 是 talk 的下位词

---

①　Peter Mark Roget, *Roget's Thesaurus of English Words and Phrases*, New York：TY Crowell Company, 1911.

续表

关系	含义	举例
继承关系（entailment）	by doing X you must be doing Y	sleep 被 snore 继承
并列词（coordinate terms）	words have the same hypernym	lisp 和 yell 是并列词
同义词（synonym）	a word that is similar in meaning	speak 和 talk 是同义词
反义词（antonym）	a word that is opposite in meaning	buy 和 sell 是反义词

　　形容词和副词并没有被组织成树形结构，它们没有上下位关系，但在 WordNet 中也定义了一些和形容词、副词相关的其他关系，并且还定义了一些可以跨词性的关系。比如属性关系，一个名词是属性，它的值可以是形容，比如 weight 是属性，那 light 和 heavy 是它的可能值。比如反义关系，white 和 black。

　　普林斯顿大学同时也提供了免费的 WordNet 包，基于以上结构，可以用于计算两个词语之间的语义相似度和关联度。对于相似度的计算，只限于名词或者动词上下位关系，也就是"is a kind of"关系，比如：apple 和 banana 拥有共同的上位词 fruit，所以 apple 和 banana 的相似度会大于和 cabbage 的相似度。而两个词的关系在很多情况下并不是"is a kind of"的关系，比如 drawer 是 cabinet 的一部分，night 和 day 是相反的，ice 是由 water 变成的，water 是用来灌溉 flower 等，这时就只能计算两个词之间的关联度。关联度还可以跨越词性，比如 gun 和 violent 可以在某种程度上关联。

　　三种相似度的计算是基于概念之间路径长度的：Leacock & Chodorow 在 1998 年提出 lch 方法，Wu & Palmer 在 1994 年提出 wup 方法和 path 方法①，其中 lch 方法是找到两个概念之间的最短路径，然后在上下位关系层次中找到最大路径长度。Wup 方法是找到两个概念从最近的公共祖先节点到 root 节点的路径长度。Path 方法是两个概念之间最短路径长度的倒数。

　　有三种 wordnet 支持的计算关联度的方法，分别是：Hirst & St-Onge 于 1998 年提出的 HSO 方法；Banerjee & Pedersen 在 2003 年提出的 LESK 方法；Patwardhan 在 2003 年提出的 Vector 方法是基于路径并且根据方向对关系分类。比如，上下位关系是纵向的，整体部分关系是横向的，横纵向表示路径的方向，需要在两个 word sense 之间找到一条较佳路径，较佳指路径要短而且路径的方向不能改变太多。

　　Gloss 给 Wordnet 中的每个集合的概念提供了简短概要的注释。Lesk 方法和 Vector 方法都是以注释作为概念的唯一标识方法。Lesk 方法通过寻找和计算两个概念的注释的交叉部分，和在 wordnet 中同时与一个概念相连接的方法来计算相似度。

　　Vector 方法建立一个由 Wordnet 注释组成的 co-occurrence 矩阵。Wordnet 注释中，每一个 word 都有一个关联向量。用 gloss-vector 来定义每个 gloss，gloss-vector 是由上下文中

---

　　① Ted Pedersen, Siddharth Patwardhan, and Jason Michelizzi, WordNet：Similarity：measuring the relatedness of concepts, *Demonstration papers at HLT-NAACL* 2004, 2004.

的所有词语所在集合的 gloss 词语构成的，而两个 gloss-vector 向量之间的距离就可以看作两个词语之间的关联度，向量之间的距离用夹角 cos 值来表示。

在专利生成中，主要运用 WordNet 中的上下位词关系，专利的摘要主要描述物品的构成及材料，而构成组件通常是"artifact"（手工制品）。故，对于其构成，在生成其专利的摘要时，利用 search. hypernym_ combo ( ) 函数先去搜索上位词为"artifact"的所有"JJ NN | NNS"（形容词+名词或其复数）的组合短语，这样就找到了所有可以归类为"artifact"的物品。通过这种限定其上位词为"artifact"的方法，找到了一篇文章中所有可能是该专利的构成组件的名词词组。所以，摘要的生成就可以写成"title+'. '+' The devices comprises"，再加上上面搜索的所有名词的组合。对于材料，再将"artifact"换成"material"，进行相同的操作即可。这里只是简单介绍使用 WordNet 来生成专利的原理，笔者在后面的章节中还会详细介绍。

11.2　专利文本挖掘相关理论

11.2.1　专利文件结构及相似度分析原理

基于这样的结构树，目前专利相似度分析研究流程见图 11-1[①]：

在通常做法中，不同的专利相似度分析流程的差别在于数据源选择策略、数据源分析算法等。这类相似度分析需要专利领域的技术专家具备多种专利领域的知识。在数据源的选择上，主要基于专利数据库和其他数据库跨库对比和专利数据库自身分析两种方法，在数据源算法上主要分为专利数据清洗算法和数据搜索对比算法两类。专利自身数据分析主要是找到专利间的各种关系，如研究专利引用网络的引用聚类关系。专利和其他业务数据库的跨业务数据库对比是为了方便专利领域专家进行人工分析，如图 11-2 所示。

11.2.2　专利相似度的研究对象

研究专利相似度分为基于专利关联其他业务数据库进行研究和基于专利文件的自身数据库继续研究。

（1）专利关联其他业务数据库：在这个领域，如 S. Mukherjee 等[②]通过对比论文数据库和专利数据库来研究专利和论文技术一致性和热度问题。J. A. Smith 等[③]通过对比专利

①　Tania Bubela, E. Richard Gold, Gregory D. Graff, Daniel R. Cahoy, Dianne Nicol, and David Castle, "Patent landscaping for life sciences innovation: toward consistent and transparent practices", *Nature Biotechnology*, Vol. 31, No. 3, 2013, p. 202.

②　Satyam Mukherjee, Daniel M. Romero, Ben Jones, and Brian Uzzi, "The nearly universal link between the age of past knowledge and tomorrow's breakthroughs in science and technology: The hotspot", *Science advances*, Vol. 3, No. 4, 2017.

③　James A. Smith, Zeeshaan Arshad, Hannah Thomas, Andrew J. Carr, and David A. Brindley, "Evidence of insufficient quality of reporting in patent landscapes in the life sciences", *Nature biotechnology*, Vol. 35, No. 3, 2017, p. 210.

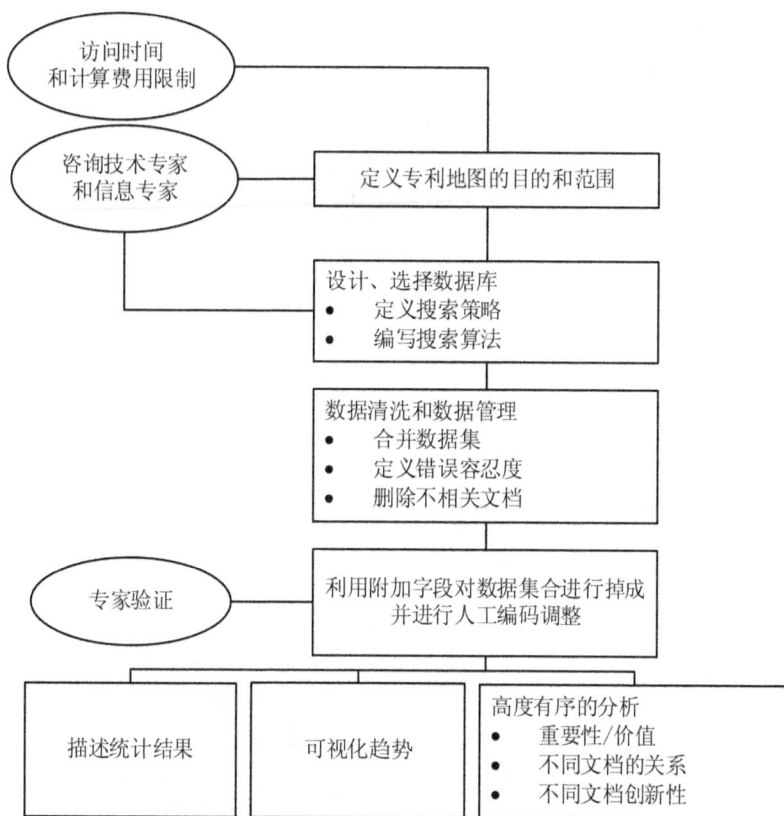

图 11-1 专利相似度分析流程

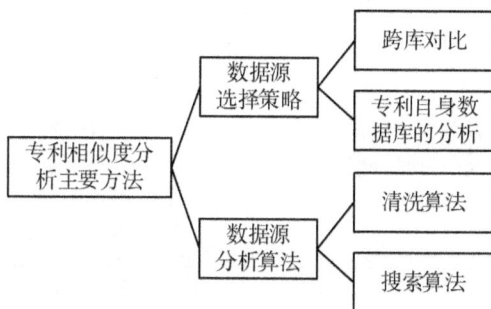

图 11-2 专利相似度分析主要方法

发明人的论文分布来对比研究专利质量。李莉等[1]通过对比中文专利和英文专利来研究专利词语的消歧问题。娄岩等[2]通过专利数据和商业数据的对比分析来研究专利的替代性方

---

[1] 李莉、刘知远、孙茂松:《基于中英平行专利语料的短语复述自动抽取研究》,《中文信息学报》2013 年第 6 期。

[2] 娄岩、张赏、黄鲁成:《基于专利分析的替代性技术选择研究》,《科技管理研究》2015 年第 20 期。

案。跨库对比研究相似度问题的优势在于原理简单，能得出可论证的结论，但是跨库对比研究的难度是要处理大量不同的数据库，并且需要有不同行业的相关领域知识和洞察力；

（2）专利自身数据库：基于专利结构树，主要的数据选择如表 11-3 所示：

表 11-3　　　　　　　　　　　基于专利结构树的分析①

通过专利地图的研究问题	专利地图分析类型	分析依据
专利在指定技术、产品、领域的覆盖面	技术专利地图 技术专利地图的对比分析 搜索优先权 专利授权通过率分析	专利分类分析/权利要求分析/技术关键词 争议专利 专利申请书 国家和来源分析 专利转让人/发明人
专利权如何影响了公司或者机构	机构投资组合分析 发明人投资租房分析 专利性能对比 竞争者分析 行业分析	专利转让人/发明人 争议专利 专利申请书 国家和来源分析 专利分类分析/权利要求类型分析
不同国家或者地域的专利权地图情况	区域创新指数 创新聚类分析 外来技术分析 国际专利树分析 基于时间的国家地区的专利演化分析	地理位置区域分析 专利分类分析/权利要求类型分析 争议专利 专利申请书 国家和来源分析 专利转让人/发明人
哪些专利是最重要或者最优价值的专利	权利要求结构 文献计量分析 诉讼分析	专利号/权利要求范围 前置引用 专利家族 专利诉讼 专利维护费缴纳状况
专利之间的关系	文献计量分析 网络引用分析 语义相似度分析	前置引用/后置引用 关键词 共同发明人 专利转让人/发明人 专利网络统计分析

---

① James A. Smith, Zeeshaan Arshad, Hannah Thomas, Andrew J. Carr, and David A. Brindley, "Evidence of insufficient quality of reporting in patent landscapes in the life sciences", *Nature biotechnology*, Vol. 35, No. 3, 2017, p. 210.

续表

通过专利地图的研究问题	专利地图分析类型	分析依据
专利在创新或者竞争领域产生怎样的影响	专利数分析 专利权利要求分析 专利密度分析 统计模型分析	权利要求范围 争议专利 专利分类分析/权利要求类型 专利申请书 国家和来源分析 专利转让人/发明人

这类研究一般基于指定研究领域的同一类型文本进行分析，如陈云伟等①通过研究专利引用网络来判断专利发明人之间的合作情况；另外也有将专利结构中的不同类型的数据进行分析的，如王鑫等②基于分类号和引文的专利相似度测量。朱磊等③将专利的文本数据和图像数据进行对比分析，基于形状语义进行外观专利图像检索。利用专利自身数据库的分析方法更依赖于研究者对专利行业的经验，但是相对于跨业务数据库对比研究而言，处理的数据量会更小、更容易。

11.2.3 基于领域知识的研究理论

常用的相似度检测算法需要基于专利领域知识进行数据清洗。数据清洗的主要目的是除噪，对同义词进行消除歧义，降低数据处理的计算维度，生成对应的实体表示，如王晋等利用最大熵模型对专利文本生成实体。但是，数据清洗本身并不是简单地进行无效词表删除，自然语言处理中的一词多义和多词同义本身就很复杂。从应用的场景来说，专利审查员不一定是行业专家，但是对专利规则理解清洗，因此需要专利发明人将专利的语言尽可能进行补充相关解释说明，以方便专利审查员理解，如陈亮等④利用 Knowledge Graph 对专利隐式实体进行补全。在词义歧义消除方面，一般采用传统的自然语言处理方法，如用 WordNet 相关技术分析词义上下位关系消除歧义，或者利用词法、词义生成属于词库消除歧义；姜利雪等⑤用语义角色生成专利术语词库。另外，由于不同语言本身词法、语法的差异，需要将专利的句式变简单，方便机器和人工进一步分析，主要采用的方法是

① 陈云伟、方曙：《专利权人关联网络的社会网络分析方法研究》，《图书情报知识》2011 年第 3 期。

② 王鑫、赵蕴华、高芳：《基于分类号和引文的专利相似度测量方法研究》，《数字图书馆论坛》2015 年第 1 期。

③ 朱磊、金海、郑然、章勤、冯晓文：《基于形状语义的外观设计专利检索》，《计算机辅助设计与图形学学报》2013 年第 3 期。

④ 陈亮、张海超、杨冠灿、雷孝平、于庆国：《利用 Knowledge Graph 的专利表示方法及其应用》，《图书情报工作》2017 年第 9 期。

⑤ 姜利雪、季铎、蔡东风：《专利中基于语义角色的术语相似度计算方法》，《中文信息学报》2016 年第 4 期。

SAO 提取，如许海云等①基于 SAO(Subject Action Object)提取算法对专利句式进行对比研究。而饶齐等②在 SAO 的基础上基于句法分析，结合 SPT(the Shortest Path enclosed Tree)结构进行改进。

数据分析的主要目的是在数据清洗的基础上，利用相关算法进行相似度分析，通过生成专利实体建立专利地图数据库，将新专利和已经建立好的数据库进行对比，判断其相似度和新颖性。目前，国内专利审查员主要用的是国家知识产权局的专利检索与服务系统(S 系统)，相关检索主要是基于 VSM(Vector Space Model)模型，检索后通过人工判断词语位置和字面相似度来判断技术方案的创新性。③ 该方案用起来原理简单，但是需要大量的专利审查员进行人工干预。除了 VSM 模型，比较常用的模型还有 LSA(Latent Semantic Analysis)模型、LDA(Latent Dirichlet Allocation)模型。这几类模型对比相似度的原理大致相同，都是将专利采用词袋模型，将专利的每个词进行打分，计算词的权重。常用的打分策略是 TF-IDF(Term Frequency-Inverse Document Frequency)算法，将一篇专利按照词频和根据 TF-IDF 算法打分建立 VSM 模型，然后对比不同专利文件在 VSM 模型中的向量夹角来对比相似度。由于 VSM 模型中的向量分布太过稀疏，因此采用 LSA 模型进行 SVD(Singular Value Decomposition)分解降维，如果考虑主题(Topic)因素，则采用 LDA 模型用主题进行降维。如陈亮等④用 LDA 模型通过研究专利实体来判断专利演化过程中的主题相似度。廖列法等⑤对比 LDA 模型和 VSM 模型在专利主题相似度分析的正确率和召回率。

尽管 VSM 模型、LSA 模型、LDA 模型应用广泛，相对成熟，但是对结果进行二次分析仍然依赖专利分析人员的领域知识，耗费大量人工。

向量空间模型(Vector Space Model，VSM)模型是文本挖掘领域最基本的模型，主要用来计算不同文本的相似度，本书主要用 VSM 模型来统计两份不同的专利的权利要求书相似度以判断专利的相似度。

如果把任何一份权利要求书的正文视作由不同单词构成的词袋(英文单词间分词符为空格)，而不考虑单词自身的顺序，那么一份权利要求书的正文是由其包含的词语构成的向量，而向量的值是每个词的专利关键词权重为 W 的定义为该关键词的词频。

应用于文档处理领域的词袋是将文档表示为顺序无关的关键词组合，通过统计文档中

① 许海云、王振蒙、胡正银、王超、朱礼军：《利用专利文本分析识别技术主题的关键技术研究综述》，《情报理论与实践》2016 年第 11 期。

② 饶齐、王裴岩、张桂平：《面向中文专利 SAO 结构抽取的文本特征比较研究》，《北京大学学报(自然科学版)》2015 年第 2 期。

③ 杨宏章、付静：《利用专利文本结构化特征构建专利信息智能语义检索系统的方法》，《情报理论与实践》2015 年第 4 期。

④ 陈亮、杨冠灿、张静、范云满：《面向技术演化分析的多主路径方法研究》，《图书情报工作》2015 年第 10 期。

⑤ 廖列法、勒孚刚、朱亚兰：《LDA 模型在专利文本分类中的应用》，《现代情报》2017 年第 3 期。

关键词出现的频率来进行匹配。[①] 例如，专利 A 包含 X，Y，Z 三个关键词，专利 B 包含 X，Y 两个关键词，如下：

专利 A 权利要求书词频向量 = {X 在 A 权利要求中的词频，Y 在 A 权利要求中的词频，Z 在 A 权利要求中的词频} (11-2)

专利 B 权利要求书词频向量 = {X 在 B 权利要求中的词频，Y 在 B 权利要求中的词频} (11-3)

则 A 与 B 的夹角 θ 就是专利 A 和专利 B 的相似度夹角，那么根据余弦定理：

$$\cos<A，B> = \frac{专利 A 权利要求书词频向量 * 专利 B 权利要求书词频向量}{专利 A 权利要求书词频向量的模 * 专利 B 权利要求书词频向量的模}$$ (11-4)

通过 cos 我们可以判断专利 A 和专利 B 的相似程度。具体的流程如下：

①使用空间向量模型，找出两篇专利权利要求书的关键词；

②每篇文章各取出若干个关键词（本书实验采用前 100 个关键词），合并成一个集合，计算每篇专利对于这个集合中的词的词频，生成两篇文章各自的词频向量；

③计算两个专利权利要求书词频向量的余弦相似度，值越大专利就越相似。

但是，由于空间向量模型的权重基于词频，那么如果关键词是低频词，不在计算的范围内就容易漏掉信息。但是，如果在计算的范围内，维度相差太大，导致专利的相似度夹角很大，需要降维处理。实际的处理是，专利的权重不直接使用词频，而是采用 TF-IDF（词频-逆向文档频率，Term Frequency-Inverse Document Frequency）算法进行加权。

TF-IDF 标准定义如下：

$$逆向文档频率(IDF) = \log \frac{语料库的文档总数}{包含该关键词的文档数+1}$$ (11-5)

$$关键词权重(TF-IDF) = \sum (关键词词频(TF) * 逆向文档率(IDF))$$ (11-6)

在分析专利时，定义如下：

$$专利逆向文档频率(IDF) = \log \frac{专利总数}{包含该专利关键词的专利数+1}$$ (11-7)

$$关键词权重(TF-IDF) = \sum (专利关键词词频(TF) * 专利逆向文档频率(IDF))$$ (11-8)

这样，可以对研究的专利文本（主要是权利要求书和说明书）所有专利计算 TF-IDF 值进行研究。

为了单元测试的方便，本书选取 257 分类的专利，采用特定的时间段，分别研究专利文本的名词、形容词和动词。

如果计算出专利关键词的权重，根据关键词的权重排序可以算出专利关键词的重要性，而重要性较高的专利有可能代表了新的技术演化。

---

① 赵春晖、王莹、Masahide KANEKO：《一种基于词袋模型的图像优化分类方法》，《电子与信息学报》2012 年第 9 期。

此模型的优点是通过词频计算词本身的重要性，同时引入逆向文档频率以抑制某一专利内无意义高频词的负面影响，总专利与关键词出现文档比值较大时，逆向文档频率很高，低频词将因此被凸显出来。低频词可能是新技术。

但是，此模型的缺点是由于高频词有可能是无意义的词语，比如专利领域的固定词组表达，因此需要人工将此类词语归纳出来，这类词语的权重表为零，为无用词（Stop Word），美国专利商标局官方定义了一些专利领域的 Stop Word，如表 11-4 所示：

表 11-4　　　　　　　　　　　　美国专利商标局官方定义的部分 Stop Word

a	has	such
accordance	have	suitable
according	having	than
all	herein	that
also	however	the
an	if	their
and	in	then
another	into	there

因此，即使采用 TF-IDF 计算专利关键词权重和专利相似度，也需要人机交互进行检查。

另外，采用 VSM 模型，即便引入逆向文档频率进行平滑改进，但是如果分析时遇到同义词，会降低检索算法的召回率，而多义词的存在会降低检索系统的准确率。并且，随着专利数的不断更新，IDF 数值也会不断地更新。

由于 VSM 模型在统计专利文本时没有考虑词在关键词之间的关系，所以，另外一种模型 LSI（Latent Semantic Index）则是对 VSM 模型的补充。

其基本原理是，当一个单词出现时，往往意味着同义词也应该出现（哪怕其 TF-IDF 值很低）；反之，如果查询语句或者专利中的某个单词和其他单词的相关性不大，那么这个词很可能表示的是另外一个意思。

基于这个原理，通过把词频文件定义成矩阵，然后进行 SVD 奇异值分解。分解后利用对比高词频的词频向量特征值的相似度判断内容的相似度。

比如，我们把每份专利的一条权利要求看作一份文档，对：

专利 A 包含权利要求 1，2，3，4；

专利 B 包含权利要求 1，2，3，4，5；

专利 C 包含权利要求 1，2。

以上三份专利包含常见热门关键词 M，N，P，Q 和普通关键词 R，S，T。

分别统计 M，N，P，Q 在专利 A，B，C 的 TF-IDF 分值，根据分值分别对专利 A，B，C 建立基于<M，N，P，Q，R，S，T>的向量空间。

定义关键词 M 在专利 X 的权利要求 Y 的 TF 分数为 M(X，Y)，则专利 A 的权利要求书向量 A 为：

$$A = \begin{bmatrix} M(A,1) & N(A,1) & P(A,1) & Q(A,1) & R(A,1) & S(A,1) & T(A,1) \\ M(A,2) & N(A,2) & P(A,2) & Q(A,2) & R(A,2) & S(A,2) & T(A,2) \\ M(A,3) & N(A,3) & P(A,3) & Q(A,3) & R(A,3) & S(A,3) & T(A,3) \\ M(A,4) & N(A,4) & P(A,4) & Q(A,4) & R(A,4) & S(A,4) & T(A,4) \end{bmatrix}$$

$$(11\text{-}9)$$

专利 B 的权利要求书向量 B 为：

$$B = \begin{bmatrix} M(B,1) & N(B,1) & P(B,1) & Q(B,1) & R(B,1) & S(B,1) & T(B,1) \\ M(B,2) & N(B,2) & P(B,2) & Q(B,2) & R(B,2) & S(B,2) & T(B,2) \\ M(B,3) & N(B,3) & P(B,3) & Q(B,3) & R(B,3) & S(B,3) & T(B,3) \\ M(B,4) & N(B,4) & P(B,4) & Q(B,4) & R(B,3) & S(B,4) & T(B,4) \\ M(B,5) & N(B,5) & P(B,5) & Q(B,5) & R(B,5) & S(B,5) & T(B,5) \end{bmatrix}$$

$$(11\text{-}10)$$

专利 C 的权利要求书向量 C 为：

$$C = \begin{bmatrix} M(C,1) & N(C,1) & P(C,1) & Q(C,1) & R(C,1) & S(C,1) & T(C,1) \\ M(C,2) & N(C,2) & P(C,2) & Q(C,2) & R(C,2) & S(C,2) & T(C,2) \end{bmatrix}$$

$$(11\text{-}11)$$

如果直接采用 VSM 模型计算这三个向量的相似度（余弦夹角），这样的计算量很大，因此采用举止的奇异值（SVD）分解方法，可以把指定的矩阵 X 分解：

$$X = T * S * D^T \tag{11-12}$$

T 中的每一列称为左奇异向量（left singular bector），S 为 $m \times m$ 维对角矩阵，每个值称为奇异值（singular value）。

D^T 为 $d \times m$ 维矩阵，D^T 中的每一列称为右奇异向量。在对单词文档矩阵 X 作 SVD 分解之后，我们只保留 S 中最大的 k 个奇异值，以及左右奇异向量 T、D 中对应的 k 个奇异向量，k 个奇异值构成新的对角矩阵 S'，k 个左奇异向量和右奇异向量构成新的矩阵 T' 和 D'^T：①

$$X' = T' * S' * D'^T \tag{11-13}$$

形成了一个新的 $t \times d$ 矩阵。

每个给定的查询，我们根据这个查询中包含的单词 (X_q) 构造一个伪文档：$D_q = X_q T S^{-1}$，然后对该伪文档和 D' 中的每一行计算相似度（余弦相似度）来得到和给定查询最相似的文档。

利用 X 矩阵和 X' 的相似性（如果给定关键词在两个专利的对角矩阵的余弦夹角较小，则说明关键词词频相似，并且关键词在类似的文档中词频相似），则可以把专利 A，B，C 中的关键词进行降维度，降维后专利 A，B，C 的结构如下：

$$S'_a = \begin{bmatrix} a1 & 0 \\ 0 & ak \end{bmatrix} \tag{11-14}$$

---

① 方延风、陈健：《基于主题模型的科技项目主题分布研究》，《中国科技信息》2015 年第 7 期。

$$S'_b = \begin{bmatrix} b1 & 0 \\ 0 & bk \end{bmatrix} \tag{11-15}$$

$$S'_c = \begin{bmatrix} c1 & 0 \\ 0 & ck \end{bmatrix} \tag{11-16}$$

本节采用 LSI 方法对专利进行分析，这类方法相对于前面 VSM 模型的优势是考虑了关键词在文档中的位置，利用对角矩阵 S 的相似度来判断专利文档的相似度。LSI 模型的不足是如果遇到一词多义或者多义词则不能很好地处理。另外，考虑到专利领域的特殊性，建立 LSI 模型时首先要根据文档（比如权利要求书的句子）建立向量，本书在此进行了创新，将专利的结构进行了分析，剔除了专利的没有节点从权，但是保留了主权和有节点的从权，然后以权利要求书中的主权和有节点的从权作为统计的文档，降低 LSI 模型的计算难度。基于结构和词频对比不同专利的相似度。

11.2.4　基于词向量模型的理论研究

针对专利相似度分析的专利领域知识需要大量专业人才的问题，本书提出另一种研究思路，即不基于领域知识的研究方法而是基于深度学习的研究方法。

这种新方法的提出主要归功于最近几年神经网络和深度学习相关技术的成熟。神经网络方法和传统的自然语言处理方法最大的区别是模拟人脑的树触和轴突功能，即信息通过激活函数判断结果后传递学习。深度学习方法在传统神经网络方法上模拟人脑神经细胞处理信息时的功能无差异性，能够对训练数据进行分片，如广泛应用于图像识别的卷积神经网。同时，采用不同的分类器对同一分片的数据进行不同分类的学习，最后将不同分片的学习结果进行合并。在专利相似度分析领域，相关学者引入了神经网络的相关算法进行相似度研究，尤其是无监督学习。武玉英等[①]提出了基于自组织神经网络 SOM（Self Organization Map）进行训练，用训练生成关键词和专利权重的矩阵进行专利相似度计算和侵权检测。许侃等[②]利用深度学习（Deep Learning）中的 Word2Vec 框架对专利文本进行训练，用训率判断专利领域词语的相似度。也有用深度学习相关算法消除歧义，如王琰炎等[③]利用 Word2Vec 框架进行词义消歧义。神经网络相关的研究方法，相对而言能减少人工干预。另外，训练过程中，由于不受传统的自然语言处理的相关约束，计算效率均有很大的提升。

过去常用的自然语言处理的方法，类似于人工分类和利用数学模型消除噪音提高精准度，而神经网络的方法尤其是深度学习方法，更类似于事先不约定业务模型，利用神经网络去生成模型，发现其中规律。尽管此类方法的进一步优化需要相关研究者结合领域知

[①]　武玉英、马羽翔、翟东升：《基于 SOM 的中文专利侵权检测研究》，《情报杂志》2014 年第 2 期。

[②]　许侃、林原、曲忱、徐博、林鸿飞：《专利查询扩展的词向量方法研究》，《计算机科学与探索》2018 年第 6 期。

[③]　王琰炎、王裴岩、蔡东风：《一种用于专利实体的实体消歧方法》，《沈阳航空航天大学学报》2015 年第 1 期。

识，利用传统的自然语言处理方法进行加工。[①] 本书的相关创新也是基于深度学习，而不是基于领域知识的研究方法。本书基于 Doc2Vec 的模型，Doc2Vec 是 Word2Vec 的模型，不过在训练词向量的过程中输入层增加了段落矩阵。[②] Doc2Vec 更适用于处理专利文本，因为适用于段落，比如处理专利的摘要。

本书在前文先描述了词频（TF）法，然后描述了词频-逆向词频（TF-IDF）法能够抑制某一专利内无意义高频词的负面影响，最后进一步介绍了潜在语义模型法（LSI），利用矩阵的相似对词频向量进行降维。本节的研究采用了一种新的模型（CBOW 模型和 Skip-Gram 模型），是基于词向量，此类模型基于 Google 公司的 Word2Vec 框架，Word2Vec 利用深度学习思想，通过训练把对文本内容的处理简化为 K 维向量空间中的向量运算，而空间向量上的相似度可以用来表示词语的相似度。以单词作为特征，根据上下文单词之间的结构，通过学习，Word2Vec 就可以把单词映射为固定维度的空间向量，文本特征就变成了一个固定维度的向量空间，进而文本数据的特征就被量化表示了。

Word2Vec 主要包含两种模型：CBOW（Continuous Bag-of-Words Model）模型是在已知当前词上下文的前提下预测当前词；Skip-Gram（Continuous Skip-gram Model）则恰恰相反，是在已知前提下预测上下文。

简单介绍一下 Word2Vec 涉及的一些基本概念：

1. 词向量

最基本的词向量是 one-hot representation，即用词典中所有词个数的向量来表示。对于某个词的词向量，该词索引对应的分量为 1，其余分量为 0。这种表示方法虽然简单，但维数太高，增加运算复杂度，而且词与词之间的相似性无法体现。

另一种词向量是由 Hinton[③] 于 1986 年提出的分布式向量 Distributed Representation，这种表示方法的词向量长度小于词典的长度，是通过训练将语料中每一个词映射到一个低维空间，这个空间是由所有词向量构成，每一个词向量可以看成该空间中的一个点。点与点之间的欧氏距离，可以用来判断词与词之间的相似性。Word2Vec 采用的就是 Distributed Representation。

2. Sigmoid 函数

Sigmod 函数是神经网络中比较常用的激活函数，其表达式为：

$$\sigma(x) = \frac{1}{1 + e^{-x}} \tag{11-17}$$

---

① James A. Smith, Zeeshaan Arshad, Hannah Thomas, Andrew J. Carr, and David A. Brindley, "Evidence of insufficient quality of reporting in patent landscapes in the life sciences", *Nature biotechnology*, Vol. 35, No. 3, 2017, p. 210.

② Quoc Le, and Tomas Mikolov, Distributed representations of sentences and documents, *International Conference on Machine Learning*, 2014.

③ David E. Rumelhart, Geoffrey E. Hinton, and Ronald J. Williams, "Learning representations by back-propagating errors", *Nature*, Vol. 323, No. 6088, 1986, p. 533.

该函数的定义域为 $(-\infty, +\infty)$，值域为 $(0, 1)$。其函数图像如图 11-3 所示：

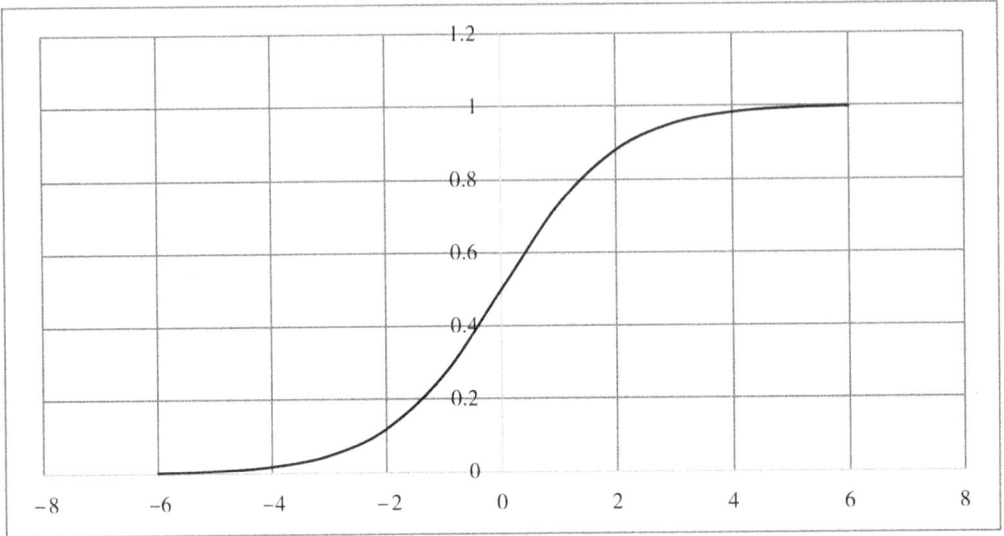

图 11-3　Sigmoid 函数图像

使用 sigmoid 函数作为激活函数，主要原因是其导函数的特殊性：

$$\sigma'(x) = \sigma(x)\left[1 - \sigma(x)\right] \tag{11-18}$$

由此可得，函树 $\log\sigma(x)$ 和 $\log(1 - \sigma(x))$ 的导函数分别为：

$$\left[\log\sigma(x)\right]' = 1 - \sigma(x) \tag{11-19}$$

$$\left[\log(1 - \sigma(x))\right]' = -\sigma(x) \tag{11-20}$$

该导函数在对目标函数进行优化求梯度时会用到。

利用 sigmoid 函数还可以进行二分类。二分类就是对于任意样本，要么属于正例，要么属于负例。对任意样本 $X = (x_1, x_2, \cdots, x_n)^T$，可将二分类问题的 hypothesis 函数写成：

$$h_\theta(x) = \sigma(\theta_0 + \theta_1 x_1 + \theta_2 x_2 + \cdots + \theta_n x_n) \tag{11-21}$$

其中，$\theta = (\theta_0, \theta_1, \cdots, \theta_n)^T$ 为待定参数。于是，h_θ 可简写成：

$$h_\theta(x) = \sigma(\theta^T X) = \frac{1}{1 + e^{-\theta^T x}} \tag{11-22}$$

取阈值 $T = 0.5$，则二分类的判别公式为：

$$y(x) = \begin{cases} 1, & h_\theta(x) > 0.5 \\ 0, & h_\theta(x) < 0.5 \end{cases} \tag{11-23}$$

3. 贝叶斯公式

贝叶斯公式是英国数学家贝叶斯(Thomas Bayes)提出来的，用来描述两个条件概率之间的关系。若记 $P(M)$，$P(N)$ 分别表示事件 M 和事件 N 发生的概率，$P(M \mid N)$ 表示事件

N 发生的情况下事件 M 发生的概率，$P(M, N)$ 表示事件 M、N 同时发生的概率，则有

$$P(M \mid N) = \frac{P(M, N)}{P(N)} \tag{11-24}$$

$$P(N \mid M) = \frac{P(M, N)}{P(M)} \tag{11-25}$$

利用上式，进一步可得：

$$P(M \mid N) = P(M) \frac{P(N \mid M)}{P(N)} \tag{11-26}$$

这就是贝叶斯公式。

4. 统计语言模型

简单地说，统计语言模型是基于一个语料库来计算一个句子的出现概率的概率模型。假设一个句子 W 由 T 个词按 ω_1，ω_2，$\cdots$，ω_T 顺序组成，则句子表示为 ω_1^T，那这个句子的概率就是 T 个词的联合概率：

$$P(W) = P(\omega_1^T) = P(\omega_1, \omega_2, \cdots, \omega_T) \tag{11-27}$$

根据贝叶斯公式，联合概率可以被分解为若干个条件概率的乘积，所以式（11-27）可以被分解为：

$$P(\omega_1^T) = P(\omega_1) \cdot P(\omega_2 \mid \omega_1) \cdot P(\omega_3 \mid \omega_1^2) \cdots P(\omega_T \mid \omega_1^{T-1}) \tag{11-28}$$

其中的条件概率，就是语言模型的参数，可以通过 N-Gram 模型、神经网络模型、决策树、最大熵模型、条件随机场等方法，算出这些参数。当这些参数确定后，若给定一个句子，就可以算出相应的句子概率。

5. 神经概率语言模型

在机器学习中，普遍的思路是：对现有问题进行建模后，先为其构造一个目标函数，然后通过学习对这个目标函数进行优化，得到一组最优的参数，最后利用这组最优的参数来进行预测。实际中，经常采用最大对数似然来求最优值。

神经概率语言模型是一种通过神经网络来构造目标函数的方法。下面给出神经网络的结构图，如图 11-4 所示：

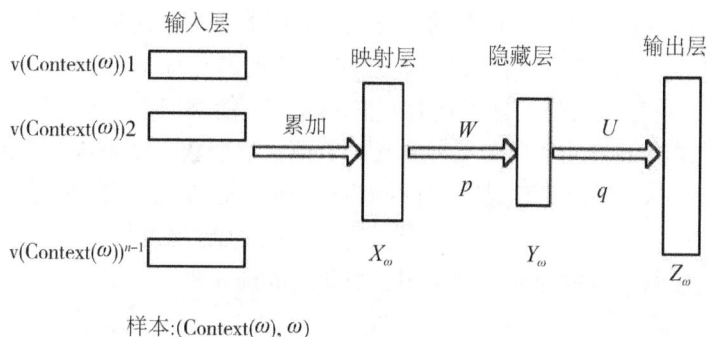

图 11-4 神经网络结构图

该神经网络主要包含输入层、投影层、隐藏层和输出层。W 表示投影层和隐藏层之间的权值矩阵，U 表示隐藏层和输出层之间的权值矩阵，隐藏层和输出层上的偏置向量则使用 p，q 表示。

语料 C 对应的词典为 D，长度为 N，对于语料 C 中的任意一个词 ω，将该词的上下文 Context (ω) 取为其前面的 $n-1$ 个词，这样二元对（Context(ω)，ω）就是一个训练样本。这里投影层的向量 X_ω 是由输入层的 $n-1$ 个词向量按顺序首尾相接起来形成的一个长向量，接下来具体的计算过程为：

$$\begin{cases} Z_\omega = \tanh\left(W_{X_\omega} + p\right) \\ \quad Y_\omega = U Z_\omega + q \end{cases} \tag{11-29}$$

其中，tanh 为双曲正切函数，用来作隐藏层的激活函数，式 11-29 中，tanh 作用在向量中表示它作用在向量的每一个分量上。

经过上述计算得到 $Y_\omega = \left(y_{\omega,1}, y_{\omega,2}, \cdots, y_{\omega,N}\right)^T$ 向量，分量不能表示概率，如果想要某个分量 $y_{\omega,i}$ 表示当上下文为 Context(ω) 时，下一个出现的词为词典 D 中第 i 个词的概率，则还要对其进行归一化。softmax 归一化后得到：

$$P(\omega \mid \text{Context}(\omega)) = \frac{\exp\left(y_{\omega,i\omega}\right)}{\sum_{i=1}^{N} \exp\left(y_{\omega,i}\right)} \tag{11-30}$$

这样，我们就找到了目标函数：

$$L = \sum_{\omega \in C} \log\left(P(\omega \mid \text{Context}(\omega))\right) \tag{11-31}$$

然后，对这个函数进行最大化。

待确定的参数有：

（1）词向量：$v(\omega) \in R^m$（m 为词向量长度），$\omega \in D$ 以及填充向量；

（2）神经网络参数：W，p，U，q。

这些参数均通过训练算法得到，在通常的机器学习算法中，输入都是已知的，这里的 $v(\omega)$ 是先随机赋值，然后通过训练得到。

其中，i_ω 表示词 ω 在词典 D 中的索引。

6. Huffman 编码

树是一种非线性数据结构，用树的分支结构表示数据元素之间的关系，每个数据元素对应树中一个结点。二叉树是每个结点最多两个子树的有序树，两个子树分别为"左子树"和"右子树"，有序就是指两棵子树有左右之分，不能颠倒。

若为树中的结点赋予一个具有某种含义的数值，这个数值就是该结点的权值。结点的带权路径长度是指从根结点到该结点之间的路径长度与该结点权值的乘积。①

现有 n 个结点，并给定了相应的 n 个权值，构造一棵二叉树，若二叉树的带权路径长度最小，则称这样的二叉树为最优二叉树，也称 Huffman 树。

---

① A. W. MARK：《数据结构与算法分析：Java 语言描述》，机械工业出版社 2008 年版。

下面具体介绍 CBOW 模型和 Skip-gram 模型：

这两个模型都是神经网络结构，见图 11-5 和图 11-6。CBOW 是已知当前词的上下文 ω_{t-2}，ω_{t-1}，ω_{t+1}，ω_{t+2}，预测当前词 ω_t，如图 11-5 所示；Skip-gram 是已知当前词 ω_t，预测其上下文 ω_{t-2}，ω_{t-1}，ω_{t+1}，ω_{t+2}，如图 11-6 所示：

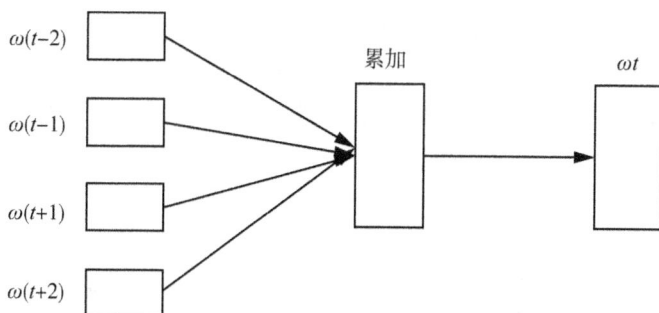

图 11-5　CBOW 模型[1]

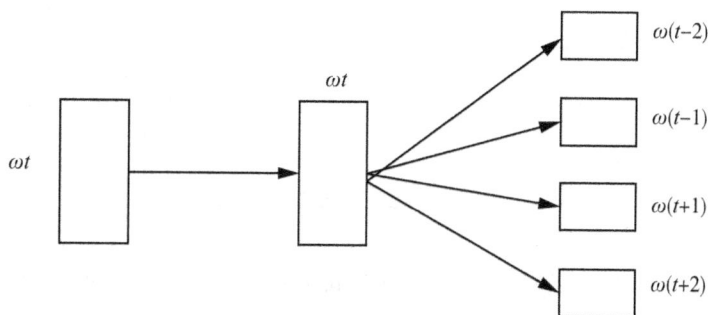

图 11-6　Skip-gram 模型[2]

两个模型的目标函数也因此不同：

CBOW 模型：

$$L = \sum_{\omega \in C} \log \left(P(\omega \mid \text{Context}(\omega)) \right) \tag{11-31}$$

Skip-gram 模型：

$$L = \sum_{\omega \in C} \log \left(P(\text{Context}(\omega) \mid \omega) \right) \tag{11-32}$$

有了目标函数，通过机器学习对其进行训练都是一样的步骤，而目标函数的构造重点在于条件概率函数的构造。因此，在描述模型时，本书将重点放在 $P(\omega \mid \text{Context}(\omega))$ 和

---

① Tomas Mikolov, Kai Chen, Greg Corrado, and Jeffrey Dean, "Efficient estimation of word representations in vector space", *arXiv preprint arXiv*：1301. 3781, Vol. 2013.

② Tomas Mikolov, Ilya Sutskever, Kai Chen, Greg S. Corrado, and Jeff Dean, Distributed representations of words and phrases and their compositionality, *Advances in neural information processing systems*，2013.

$P(\text{Context}(\omega) \mid \omega)$ 的构造上。

1. CBOW 模型

设样本为 $(\text{Context}(\omega)，\omega)$，$\text{Context}(\omega)$ 由 ω 前后各 c 个词构成，网络结构为：

（1）输入层：输入为 $\text{Context}(\omega)$ 中 $2c$ 个词的词向量。

（2）投影层：输入层的 $2c$ 个词向量作求和累加。

（3）输出层：输出为一棵二叉树，是以语料中出现过的词作叶子结点，以各词在语料中的词频为权值构造的 Huffman 树，如图 11-7 所示。

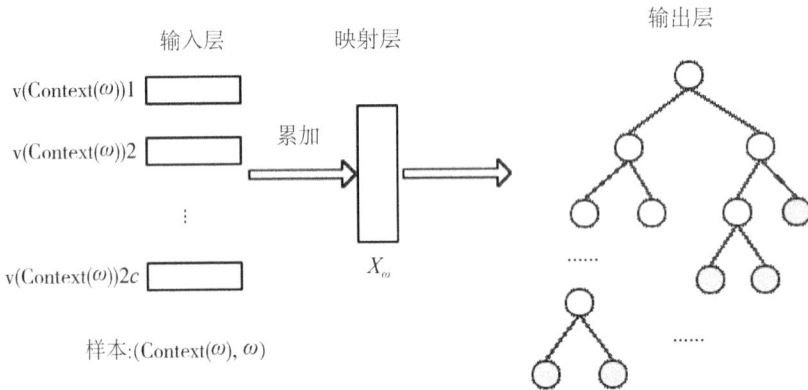

图 11-7　CBOW 结构示意图

在此先定义一些相关记号，我们知道 Huffman 树中每个叶子结点都对应词典中的一个词，这里假设某个叶子结点对应词典 D 中的词 ω，记：

（1）p^{ω}：从根结点出发到达 ω 对应叶子结点的路径。

（2）l^{ω}：路径 p^{ω} 中包含结点的个数。

（3）p_1^{ω}，p_2^{ω}，…，$p_{l^{\omega}}^{\omega}$：路径 p^{ω} 中的 l^{ω} 个结点，其中 p_1^{ω} 表示根结点，$p_{l^{\omega}}^{\omega}$ 表示词 ω 对应的结点。

（4）d_1^{ω}，d_2^{ω}，…，$d_{l^{\omega}}^{\omega} \in \{0，1\}$：词 ω 的 Huffman 编码，它由 $l^{\omega} - 1$ 位编码构成，d_j^{ω} 表示路径 p^{ω} 中第 j 个结点对应的编码（根结点不对应编码）。

（5）θ_1^{ω}，θ_2^{ω}，…，$\theta_{l^{\omega}-1}^{\omega} \in R^m$：路径 p^{ω} 中非叶子结点对应的向量，θ_j^{ω} 表示路径 p^{ω} 中第 j 个非叶子结点对应的向量。

下面举一个简单的例子来说明：假设字典为｛"我"、"习惯"、"使用"、"安卓"、"系统"、"手机"｝，权值分别为 22，7，10，5，6，9。构造的 Huffman 树及编码如图 11-8。现假设 ω ="安卓"，4 条红色边串起来的 5 个结点就构成路径 p^{ω}，长度 $l^{\omega} = 5$。p_1^{ω}，p_2^{ω}，p_3^{ω}，p_4^{ω}，p_5^{ω} 为路径 p^{ω} 上的 5 个结点，其中 p_1^{ω} 对应根结点。d_1^{ω}，d_2^{ω}，d_3^{ω}，d_4^{ω} 分别为 1，1，1，0，即"安卓"的 Huffman 编码为 1110。此外，θ_1^{ω}，θ_2^{ω}，θ_3^{ω}，θ_4^{ω} 分别表示路径 p^{ω} 上 4 个非叶子结点对应的向量。

从根结点到"安卓"，中间共经历了 4 次分支，每次分支都看作二分类。在此规定编

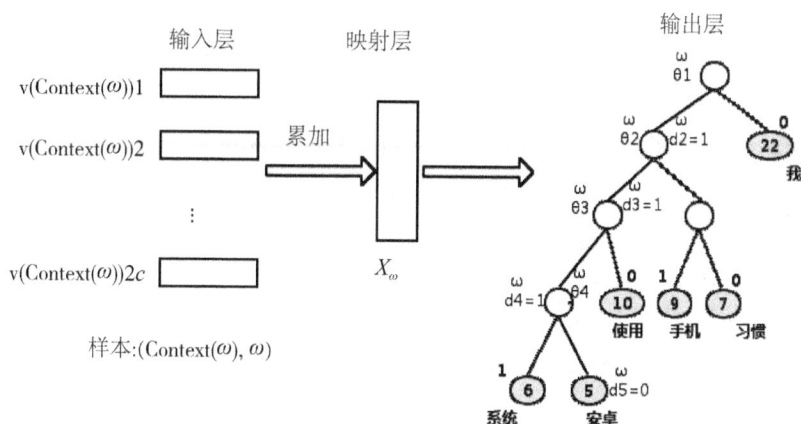

图 11-8 $\omega=$ "安卓"时 Huffman 树和相关记号示意图

码为 1 的即左孩子结点为负类，编码为 0 的即右孩子结点为负类，这样，根据上文介绍的二分类函数，一个结点被分为正类的概率是：

$$\sigma(x_\omega^T \theta) = \frac{1}{1 + e^{-X_\omega^T \theta}} \tag{11-33}$$

自然被分为负类的概率为：$1 - \sigma(X_\omega^T \theta)$

式 11-33 中的 θ 均为待定参数。显然，非叶子结点对应的那些向量 θ_i^ω 就可以扮演参数 θ 的角色。

无论是正类还是负类，都统一将概率记为 $P(d_j^\omega \mid X_\omega, \theta_{j-1}^\omega)$。根据上文介绍的贝叶斯公式，所以：

$$P(安卓 \mid \text{Context}(安卓)) = \prod_{j=2}^{5} P(d_j^\omega \mid X_\omega, \theta_{j-1}^\omega) \tag{11-34}$$

综上，条件概率的一般公式可写为：

$$P(\omega \mid \text{Context}(\omega)) = \prod_{j=2}^{l^\omega} P(d_j^\omega \mid X_\omega, \theta_{j-1}^\omega) \tag{11-35}$$

其中：

$$P(d_j^\omega \mid X_\omega, \theta_{j-1}^\omega) = \begin{cases} 1 - \sigma(X_\omega^T \theta_{j-1}^\omega), & d_j^\omega = 1; \\ \sigma(X_\omega^T \theta_{j-1}^\omega), & d_j^\omega = 0; \end{cases} \tag{11-36}$$

$d_j^\omega = 1$ 表示归为正分类，$d_j^\omega = 0$ 表示归为负分类。将式 11-33（一般公式）带入对数似然函数 11-30，便得

$$L = \sum_{\omega \in C} \log \prod_{j=2}^{l^\omega} \{ [\sigma(X_\omega^T \theta_{j-1}^\omega)]^{1-d_j^\omega}, [1 - \sigma(X_\omega^T \theta_{j-1}^\omega)]^{d_j^\omega} \}$$

$$= \sum_{\omega \in C} \sum_{j=2}^{l^\omega} \{ (1 - d_j^\omega) \cdot \log[\sigma(X_\omega^T \theta_{j-1}^\omega)] + d_j^\omega \cdot \log[1 - \sigma(X_\omega^T \theta_{j-1}^\omega)] \} \tag{11-37}$$

这样，目标函数就被表示出来了，接下来只需求其最优值。因为求和并不影响最优

值，所以只需求花括号里的最优值，为了简化计算，这里将花括号里的内容简记为 $L(\omega,j)$，即：

$$L(\omega,\ j) = (1 - d_j^\omega) \cdot \log[\sigma(X_\omega^T \theta_{j-1}^\omega)] + d_j^\omega \cdot \log[1 - \sigma(X_\omega^T \theta_{j-1}^\omega)] \qquad (11\text{-}38)$$

接下来是优化问题，Word2Vec 采用的是梯度下降法（因为是求最大值，故也叫梯度上升法），后文会详细介绍梯度下降法，这里直接只给出梯度的计算：

首先，考虑 $L(\omega,\ j)$ 对 θ_{j-1}^ω 的梯度，即求 $L(\omega,\ j)$ 对 θ_{j-1}^ω 的偏导数：

$$\begin{aligned}\frac{\partial L(\omega,j)}{\partial\,\theta_{j-1}^\omega} &= \frac{\partial}{\partial\,\theta_{j-1}^\omega}\{(1 - d_j^\omega) \cdot \log[\sigma(X_\omega^T \theta_{j-1}^\omega)] + d_j^\omega \cdot \log[1 - \sigma(X_\omega^T \theta_{j-1}^\omega)]\}\\ &= (1 - d_j^\omega)[1 - \sigma(X_\omega^T \theta_{j-1}^\omega)]X_\omega - d_j^\omega \sigma(X_\omega^T \theta_{j-1}^\omega)X_\omega\\ &= \{(1 - d_j^\omega)[1 - \sigma(X_\omega^T \theta_{j-1}^\omega)] - d_j^\omega \sigma(X_\omega^T \theta_{j-1}^\omega)\}X_\omega\\ &= (1 - d_j^\omega - \sigma(X_\omega^T \theta_{j-1}^\omega))X_\omega \end{aligned} \qquad (11\text{-}39)$$

因为梯度是函数沿该变量方向的变化速度，求出梯度也就相当于求出了步长，于是，θ_{j-1}^ω 的更新公式为：

$$\theta_{j-1}^\omega = \theta_{j-1}^\omega + \eta(1 - d_j^\omega - \sigma(X_\omega^T \theta_{j-1}^\omega))X_\omega \qquad (11\text{-}40)$$

其中，η 表示学习率，决定步长的大小，下文中出现的 η 均为学习率。

通过观察可发现在 $L(\omega,j)$ 中 X_ω 和 θ_{j-1}^ω 的位置是对称的，也就意味着，求偏导是相同的，所以相应的梯度只要两个向量交换位置即可：

$$\frac{\partial L(\omega,j)}{\partial\,X_\omega} = (1 - d_j^\omega - \sigma(X_\omega^T \theta_{j-1}^\omega))\theta_{j-1}^\omega \qquad (11\text{-}41)$$

所以，就得到了上下文单词词向量的更新公式：

$$v(u) = v(u) + \eta \sum_{j=2}^{l^\omega} \frac{\partial L(\omega,j)}{\partial\,X_\omega}, u \in \text{Context}(\omega) \qquad (11\text{-}42)$$

该模型的具体计算步骤为：

①用随机函数初始化 $v(u)$，$u \in \text{Context}(\omega)$，$e = 0$ $\qquad (11\text{-}43)$

②计算投影层 $X_\omega = \sum_{u \in \text{Context}(\omega)} v(u)$ $\qquad (11\text{-}44)$

③ for $j = 2$：l^ω 进行循环：

i. $q = \sigma(X_\omega^T \theta_{j-1}^\omega)$ $\qquad (11\text{-}45)$

ii. $g = \eta(1 - d_j^\omega - q)$ $\qquad (11\text{-}46)$

iii. $e = e + g\,\theta_{j-1}^\omega$ $\qquad (11\text{-}47)$

iv. $\theta_{j-1}^\omega = \theta_{j-1}^\omega + g\,X_\omega$ $\qquad (11\text{-}48)$

④对上下文 Context 中的每个词 u，都更新 $v(u) = v(u) + e$

⑤每一次学习更新 $v(u)$ 之后再重新回到第②步，直到目标函数差值达到所设精度。

2. Skip-gram 模型

上文已经提到，Skip-gram 模型为已知当前词，预测上下文，故在这里样本为 $(\omega,\ \text{Context}(\omega))$，$\text{Context}(\omega)$ 由 ω 前后各 c 个词构成，网络结构为：

（1）输入层：仅为中心词 ω 的词向量 $v(\omega) \in R^m$。

（2）投影层：因为此处不需要累加，所以投影层为恒等投影。

（3）输出层：和 CBOW 一样，也是一棵 Huffman 树，如图 11-9 所示。

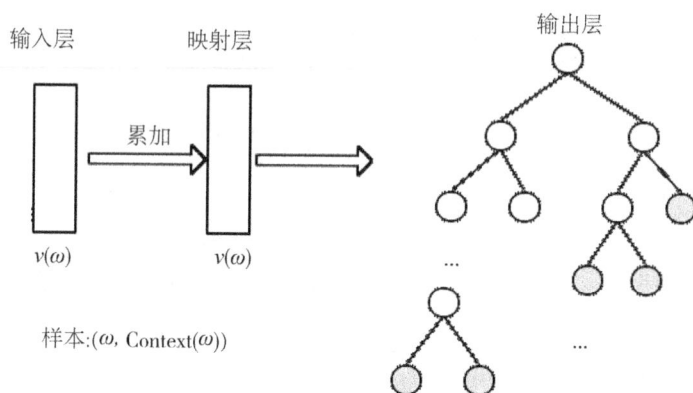

图 11-9　Skip-gram 模型结构示意图

在 Skip-gram 中，上下文出现的概率应为上下文中所有单词出现的概率的乘积，所以有：

$$P(\text{Context}(\omega) \mid \omega) = \prod_{u \in \text{Context}(\omega)} P(u \mid \omega) \tag{11-49}$$

根据 CBOW 模型，$P(u \mid \omega)$ 是 $l^u - 1$ 次二分类的结果，类似的，可将条件概率写为：

$$P(u \mid \omega) = \prod_{j=2}^{l^u} P(d_j^u \mid v(\omega), \theta_{j-1}^u) \tag{11-50}$$

其中，将二分类函数代入得到：

$$P(d_j^u \mid v(\omega), \theta_{j-1}^u) = [\sigma(v(\omega)^T \theta_{j-1}^u)]^{1-d_j^u}, \ [1 - \sigma(v(\omega)^T \theta_{j-1}^u)]^{d_j^u} \tag{11-51}$$

将式 11-49 依次代回式 11-32，可得目标函数：

$$
\begin{aligned}
L &= \sum_{\omega \in C} \log \prod_{u \in \text{Context}(\omega)} \prod_{j=2}^{l^u} \{[\sigma(v(\omega)^T \theta_{j-1}^u)]^{1-d_j^u}, \ [1 - \sigma(v(\omega)^T \theta_{j-1}^u)]^{d_j^u}\} \\
&= \sum_{\omega \in C} \sum_{u \in \text{Context}(\omega)} \sum_{j=2}^{l^u} \{(1 - d_j^u) \cdot \log[\sigma(v(\omega)^T \theta_{j-1}^u)] + d_j^u \cdot \log[1 - \sigma(v(\omega)^T \theta_{j-1}^u)]\}
\end{aligned}
$$

$$\tag{11-52}$$

这比 CBOW 模型中多一个求和符号，是由于 $P(\text{Context}(\omega) \mid \omega)$ 的计算是每个上下文单词的概率乘积，同样，最优化时只考虑花括号里的内容，简记为 $L(\omega, u, j)$，即

$$L(\omega, u, j) = (1 - d_j^u) \cdot \log[\sigma(v(\omega)^T \theta_{j-1}^u)] + d_j^u \cdot \log[1 - \sigma(v(\omega)^T \theta_{j-1}^u)] \tag{11-53}$$

这就是 Skip-gram 的目标函数，接下来，同样用梯度下降法对其进行优化。下面给出梯度的计算：

$$
\begin{aligned}
\frac{\partial L(\omega, u, j)}{\partial \theta_{j-1}^u} &= \frac{\partial}{\partial \theta_{j-1}^u} \{(1 - d_j^u) \cdot \log[\sigma(v(\omega)^T \theta_{j-1}^u)] + d_j^u \cdot \log[1 - \sigma(v(\omega)^T \theta_{j-1}^u)]\} \\
&= (1 - d_j^u)[1 - \sigma(v(\omega)^T \theta_{j-1}^u)] v(\omega) - d_j^u \sigma(v(\omega)^T \theta_{j-1}^u) v(\omega)
\end{aligned}
$$

$$= \{(1 - d_j^u)[1 - \sigma(v(\omega)^T \theta_{j-1}^u)] - d_j^u \sigma(v(\omega)^T \theta_{j-1}^u)\} v(\omega)$$

$$= [1 - d_j^u - \sigma(v(\omega)^T \theta_{j-1}^u)]v(\omega) \tag{11-54}$$

和 CBOW 一样，通过求偏导算出梯度，得到步长，所以，θ_{j-1}^u 的更新公式为：

$$\theta_{j-1}^u = \theta_{j-1}^u + \eta[1 - d_j^u - \sigma(v(\omega)^T \theta_{j-1}^u)]v(\omega) \tag{11-55}$$

同样，根据对称性：

$$\frac{\partial L(\omega,u,j)}{\partial v(\omega)} = [1 - d_j^u - \sigma(v(\omega)^T \theta_{j-1}^u)]\theta_{j-1}^u \tag{11-56}$$

最后：

$$v(\omega) = v(\omega) + \eta \sum_{u \in \text{Context}(\omega)} \sum_{j=2}^{l^u} \frac{\partial L(\omega,u,j)}{\partial v(\omega)} \tag{11-57}$$

该模型的计算步骤为：

对于上下文中的每个词 $u \in \text{Context}(\omega)$

（1）用随机函数初始化 $v(\omega)$ ，ω 为当前词，$e = 0$

（2）投影层 $X_\omega = v(\omega)$ $\tag{11-58}$

（3）for $j = 2$：l^u 进行循环：

① $q = v(\omega)^T \theta_{j-1}^u$ $\tag{11-59}$

② $g = \eta(1 - d_j^u - q)$ $\tag{11-60}$

③ $e = e + g \theta_{j-1}^\omega$ $\tag{11-61}$

④ $\theta_{j-1}^u = \theta_{j-1}^u + gv(\omega)$ $\tag{11-62}$

（4）更新 $v(\omega) = v(\omega) + e \theta_{j-1}^u$ $\tag{11-63}$

（5）每一次学习更新 $v(u)$ 后，再重新回到第（2）步，直到目标函数差值达到所设精度。

这里与 CBOW 不同的是，CBOW 输入时所有上下文单词的向量，在投影层对其累加，而 Skip-gram 输入为当前词词向量，投影层和输入层相同，无需计算，且需要对每个上下文中的单词进行预测。而且，在 Word2Vec 源码中，每处理完一个上下文单词就更新一次 $v(\omega)$，而不是等处理完上下文中的所有词才更新当前词向量。

Word2Vec 通过学习得到的词向量能够用于许多自然语言处理领域的研究，例如，词性分析及聚类、比较相似度等。结合专利，本书研究流程如下：如 3.1.2 分析专利标题时，将专利的标题文本作为输入，通过训练得到基于标题文本语料的词向量。根据向量的相似性，可以将关键词聚类，进而去研究关键词聚类的演化。同时，也可以获取相似的专利关键词，从而可以更深入地研究某一类技术的具体演化趋势。

词向量模型的优点：词向量深入到句子结构，可以用来体现词语之间的相似性，比如利用 Word2Vec 可以得出中国-北京=法国-巴黎；基于词向量的模型自带平滑功能；模型中神经网络的输出为树形结构，降低了运算的时间复杂度。

缺点：词向量体现的是词语之间的关系，是比较低层次的信息，不考虑语义，不能体现文章的主题这一层信息。比如用词向量能够把小米和苹果、雷军和乔布斯分别相似，但不能把苹果和乔布斯归为一类。

11.3 TRIZ 理论及其相关理论

11.3.1 TRIZ 理论

发明问题解决理论(Theory of the Solution of Inventive Problems，TRIZ)由苏联发明家根里奇·阿奇舒勒(Genrich Saulovich Altshuller)提出，是一种创造式的解决问题方式。它揭示了创造发明的内在规律和原理，着力于澄清和强调系统中存在的矛盾，目标是完全解决矛盾，获得最终的理想解，作用是推动科技创新的发明。① 阿奇舒勒将创新、革新、发明、创造、发现这五个在大多数人认为定义不同的关于发明问题的名词进行了统一的级别划分，划分为最小发明问题、小型发明问题、中型发明问题、大型发明问题和重大发明问题②，如表11-5以发明级别来评估创新，将所有最终能转变成生产力的发明都划归到创新的范畴。将人们的焦点从那些不好界定的名词定义，转移到了利用创新的方法和规律来实现这五个级别的发明创新。

表 11-5 **TRIZ 发明的五个等级**

发明创造级别	创新的程度	问题复杂程度	占人类发明总数比例	知识来源	参考解数量
一	**明确的解**：用于一个具体任务的求解	无矛盾问题	32%	个人的知识	1~10
二	**少量的改进**：对现有的系统的轻微改进	标准问题	45%	公司内的知识	10~100
三	**根本性的改进**：至少有系统的一个部分的根本上的改进或者颠覆，问题和解决方案是属于同一个学科	非标准问题	18%	行业内的知识	100~1000
四	**全新的概念**：在跨学科领域开发一个新系统	极端问题	<4%	行业以外的知识	1000~10000
五	**重大的发现**：基于经常出现的现象创建一个开创性的发明	独一无二的问题	<1%	所有的知识	10000~1000000

国际著名 TRIZ 专家 Savransky 博士认为，TRIZ 是来源于知识且面向人的解决发明问题

① Genrikh Saulovich Al'tshuller, *The innovation algorithm：TRIZ, systematic innovation and technical creativity*, Massachusetts：Technical Innovation Center, Inc., 1999.

② Zhen Li, and Derrick Tate, "Patent Analysis for Systematic Innovation：Automatic Function Interpretation and Automatic Classification of Level of Invention using Natural Language Processing and Artificial Neural Networks", *International Journal of Systematic Innovation*, Vol. 1, No. 2, 2010, pp. 10-26.

的系统化方法。首先，TRIZ 是基于知识的发明问题解决方法，这些知识是从上亿的专利数据中抽象出来的，TRIZ 采用少数基于产品进化趋势的客观启发式方法。其次，TRIZ 采用大量自然科学及工程中的效应知识。最后，还利用了出现问题领域的知识。TRIZ 是面向人的方法，理论本身是基于将系统分解为子系统、区分功能是否有用的实践，这些分解取决于问题及环境本身是否具有随机性，计算机只起到支持作用，不能完全替代人，计算机为处理这些随机问题的人提供方法。TRIZ 也是一种系统性的方法，在分析问题的过程中，TRIZ 采用了通用且详细的分析模型，而这些模型中最重要的是具有系统性的知识；解决发明问题的过程中，也应该具有系统性，以便应用已有知识。在发明研究中，为了取得创新解，需要解决创新过程中的冲突，但又不知道步骤；未知的解常常可以被虚构的理想解所替换，而理想解过通过环境或系统本身的资源获得，还可以通过一致的系统进化趋势推断。①

　　TRIZ 基本理论体系的理论指导是辩证法、系统论及认识论；支撑整个理论的科学骨架内容是自然科学、系统科学以及思维科学；理论主干是技术系统进化法则；其基本概念有 4 个内容，分别为技术过程、矛盾、资源及理想化最终结果；其操作工具是解决工程技术问题和复杂发明问题所需的各种问题分析工具、问题求解工具和解题流程②，如图 11-10 所示。TRIZ 经过几十年的不断发展、已经在实践中逐渐趋于丰富和完善，并且取得了很好的应用效果，还创造了巨大的经济效应。

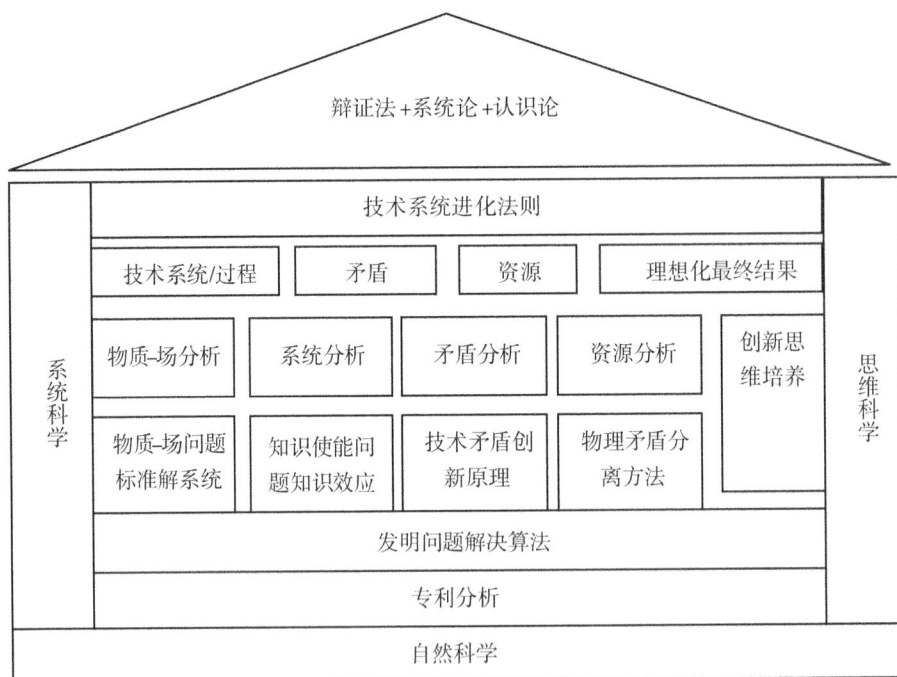

图 11-10　TRIZ 的基本理论体系框架③

① 张磊：《基于 TRIZ 理论的工业设计创新方法研究》，河北工业大学学位论文，2007 年。
② 赵敏、史晓凌、段海波：《TRIZ 入门及实践》，科学出版社 2009 年版。
③ 赵敏、史晓凌、段海波：《TRIZ 入门及实践》，科学出版社 2009 年版。

阿奇舒勒发现：技术系统进化不是取决于人的主观意识，而是遵循客观规律的发展和进化。问题矛盾与解决方法在人们实际解决发明问题时经常重复出现；其次，用来折中解决技术矛盾的创新原理与方法，数量并不多，一般发明人可以对这些解决技术矛盾的创新原理进行理解及实际运用。解决一个领域技术问题最有效的解决方法往往需要结合其他相关领域的科学技术知识，这种跨领域方法的运用就是 TRIZ 的核心思想。

TRIZ 源于专利，服务于生成专利，TRIZ 与专利有着密不可分的渊源，将 TRIZ 用于专利领域的分析及分类是国内外很多学者一直在研究的内容。基于 TRIZ 的专利领域研究主要作用是可以为发明人在现有的专利文献信息中，提供发现更多与创新技术发展趋势相关的信息，从众多的专利文献信息中更精准提取有用的专利指标，最终实现创新。半个世纪之前的 TRIZ 没有办法稳定地读取现在数以百万计的专利文件，而在现在科技迅速发展的学术环境下，越来越多的学者开始基于 TRIZ 理论展开各种相关学术研究。Mikhail Verbitsky 等人基于语义索引技术开发了一个新的软件解决方案，这个解决方案使计算机能够读取百万专利文件，并且从分析专利权利要求书的四个层面：句子和单词识别、词法分析、句法分析和语义分析，来读懂专利权利要求书中的重要信息。这个新技术对解决问题的实践应用是一个新的创新，而这个创新过程可能会成为一个新的工程学科语义 TRIZ 方法。He Cong 基于 TRIZ 对专利进行自动分类的研究以帮助搜索已公开的专利文档①，根据 TRIZ 的发明原理对专利文献进行自动分类，通过分析 TRIZ 体系的 40 个发明原理，将其重新分为 22 类，并用这个 22 个分组来测试和分析专利文本，并标记出分类之间的不均和关系引用。Zhen Li 使用 TRIZ 理论的发明问题等级来对专利进行分类，区别于使用人工分类的耗时耗力，他们采用了自语言处理技术对专利进行文本挖掘。② 首先，假设专利包含知识流；然后，研究人在分类搜索的流程后使用计算机模拟流程。他们在一种新的计算方法的基础上提出并实现了根据水平发明专利分类（LOI）中定义的发明问题解决理论（TRIZ）。该框架是基于作者的假设，知识流隐藏在专利文件中，并可以提取特征用于发明创造。该框架采用专利数据挖掘、自然语言处理、对专利创造性的分类的机器学习模型的建立引用。

在本书的研究过程中，笔者将结合 TRIZ 理论进行专利的发明辅助创新，利用计算机技术，对 TRIZ 的标准解、物场模型进行关键词分析，同时将这类关键词和专利的数据进行对比和分析。过去，TRIZ 理论的相关学者是基于人去思考专利是否符合 TRIZ 发明原理，而本书利用计算机技术去统计大量的专利是否符合 TRIZ 相关理论，然后推导专利中是否有能生成发明问题解决算法的扩展解法。

---

① He Cong, and Loh Han Tong, "Grouping of TRIZ Inventive Principles to facilitate automatic patent classification", *Expert Systems with Applications*, Vol. 34, No. 1, 2008, pp. 788-795.

② Zhen Li, Derrick Tate, Christopher Lane, and Christopher Adams, "A framework for automatic TRIZ level of invention estimation of patents using natural language processing, knowledge-transfer and patent citation metrics", *Computer-aided design*, Vol. 44, No. 10, 2012, pp. 987-1010.

11.3.2　SIT 理论

SIT 理论是系统性发明理论(Systematic Inventive Thinking)①的缩写，是针对创造力、创新和问题解决的实用方法。SIT 理论的产生起点是将有组织性或结构性的想法生成理论，关键是创新解决方案的共同点，主要处理新概念的创造能力和解决问题。

SIT 理论的思想方法核心是采用根里奇·阿奇舒勒的 TRIZ 理论，它是 TRIZ 理论的延续，是 TRIZ 理论的发展和简化。从 TRIZ 到 SIT 的动机是为了通过较小的一些规则和工具实现创造一个更方便学习的方法论，在 SIT 理论中使用现有资源来解决问题是最常见的方法，使用 SIT 方法解决问题的第一步是定义问题。封闭世界环境是 SIT 方法的关键，可以通过质变原则指出主要问题元素或存在两边可以在总体上消除，甚至是被逆转来找到问题的解决方案。形式决定功能的原则被用作 SIT 思维工具运用的总体框架，SIT 利用形式决定功能原则，以现有产品或服务开始，通过系统操作形成虚拟产品，然后检测这个产品是否符合现实需求，见图 11-11。

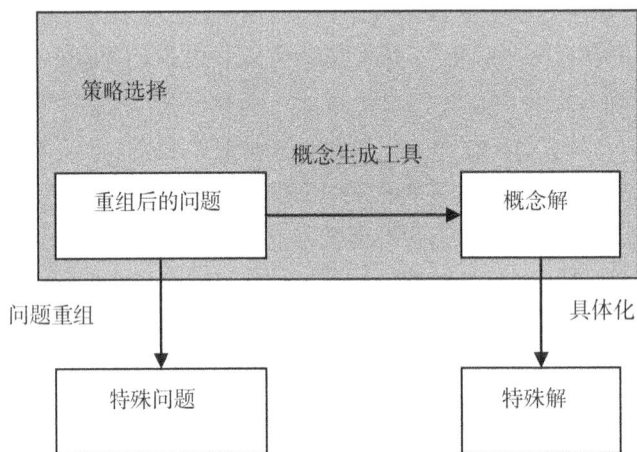

图 11-11　SIT 的问题解决流程②

SIT 理论鼓励我们从相反的一面思考，从最大阻力途径发现创新的思想。近—远—最佳原则确保发明人在构思过程中脱离现有情况，使得创造出的新设想有趣，同时还应该和现有科学技术接近，否则新设想就不具备可实施性。

---

① John Terninko, Alla Zusman, and Boris Zlotin, *Systematic innovation: an introduction to TRIZ (theory of inventive problem solving)*, Boca Raton: CRC press, 1998.

② 丁俊武：《基于创新问题解决理论的产品设计方法及其应用研究》，南京理工大学学位论文，2005 年。

11.3.3　USIT 理论

USIT 理论是统一结构发明理论(Unified Structured Inventive Thinking)①的缩写,是 TRIZ 理论中的一种新的模式,USIT 理论是将 SIT 理论结构化之后产生的新理论模式。它解决问题的程度依赖于发明人的知识广度和深度。USIT 理论简化了 TRIZ 理论的实现过程。

USIT 理论解决问题的整个过程,大致与 TRIZ 理论相同,可分为三个阶段:问题定义阶段、问题分析阶段和创新性解决方案产生阶段,如图 11-12 所示。与 TRIZ 理论相同的第一步都是要问题定义,但之后 USIT 经过对"对象—属性—功能"的分析、理想的解决方法和需要的动作与特性两个板块相关对象的属性、功能和时空特点的客观分析之后,将 TRIZ 中关于发明原理、发明标准、分离原理、产品进化过程、进化定律等重新分类整理成 5 个子方法:属性维数法、对象复数法、功能分配法、组合解决法和概括解决法。这五

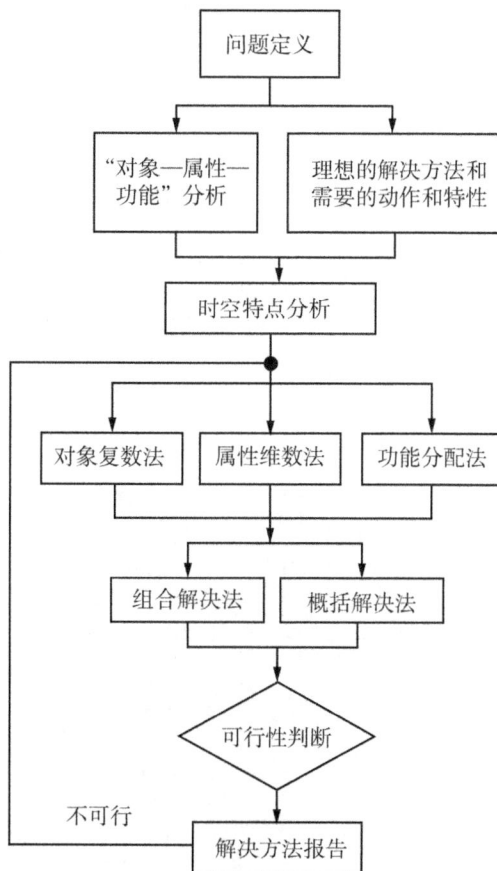

图 11-12　USIT 解决问题流程图

---

① Edward Sickafus, *Unified structured inventive thinking*: *How to invent*, Grosse Ile: Ntelleck, 1997.

个解决问题的子方法都是独立运用在解决问题的过程中，其中前两个阶段为后一个阶段准备了解决问题的各种路径，包括具有突破性和具有创新意义的可行性判断①，大大加快了发明问题的解决。简化了 TRIZ 理论的实现过程，成为 TRIZ 理论研究的一个分支，并且能够加深方法解决者对 TRIZ 理论的掌握和理解引用。

---

① 郭彩玲、戴庆辉：《统一结构的发明思想 USIT——TRIZ 的一种新模式》，《科技进步与对策》2003 年第 14 期。

第12章　数据分析方法研究：专利数据为例

12.1　基于 NLP 技术的词频分析法

12.1.1　基于标题词频的专利分析

进行完数据分析理论的相关研究后，本书将继续介绍数据额分析方法的相关研究，本研究基于美国和专利局 257 分类的专利数据进行数据分析方法的实证研究。

通过对标题中关键词的词频统计，从微观层面可以发现单个技术关键词在当年专利授权数量中的占比，通过词频统计的演化曲线图可以帮助 257 领域研究的企业或发明人了解每个关键词的相关发明技术的上升或下降趋势，并及时根据趋势进行技术发明调整。

我们通过 XML 数据库抽取 257 领域从 2005 年至 2012 年 8 年的所有专利标题，然后对每年的专利标题通过 NLTK 进行词频统计，统计出标题词频。NLTK 在统计词频时是可以考虑词类的，因为名词、动词和形容词是最能体现技术特性的三种词类，所以，我们分别取词频最高的前 50 个名词、动词和形容词来分析，副词、连词等词不予考虑。

通过人工对词频统计的过滤，本书将词频统计中存在的类似方法（method）、系统（system）的名词或高（high）、更小（smaller）、低（low）的形容词和导致（led）、覆（cover）、被用（used）的动词，统一标记为无用词，从技术关键词中删除，因为上述的这些单构词的单一词义不能作为技术本身的词汇被提取。然后，将前面提取的在专利标题文本中词频高的 50 个名词、形容词和副词进行重新整理，得到清除无用词后每年的标题中频率最高的名词、形容词和副词，如表 12-1 所示：

表 12-1　　　　　　　　　　　2005 年基于标题名词的词频统计表 Top10

序号	名词单构词	数量
1	memory	456
2	circuit	378
3	transistor	281
4	light	231
5	gate	217
6	film	199

续表

序号	名词单构词	数量
7	silicon	114
8	metal	111
9	capacitor	107
10	voltage	99

将人工整理之后每年的技术关键词在坐标系中表示出来，以时间为 X 轴，词频的数值为 Y 轴。词频数值，是指占同词类词的总词频数量，对于某个名词，它在某一年的词频数值就是这个词在这一年的词频占这一年所有形容词的总词频的数值。然后，对于相同的词，用折线将每年的词频连接起来，分别得到高频名词、动词、形容词的词频演化趋势图。

本书分别将基于标题提取的名词、动词和形容词的曲线图进行分析观察，发现在基于标题的技术关键词中名词词汇的词频演化更能反映发明技术的演化趋势，所以，以下将对标题的名词技术关键词的演化趋势图进行详细的趋势分析，并给出相应的趋势图，如图 12-1 所示：

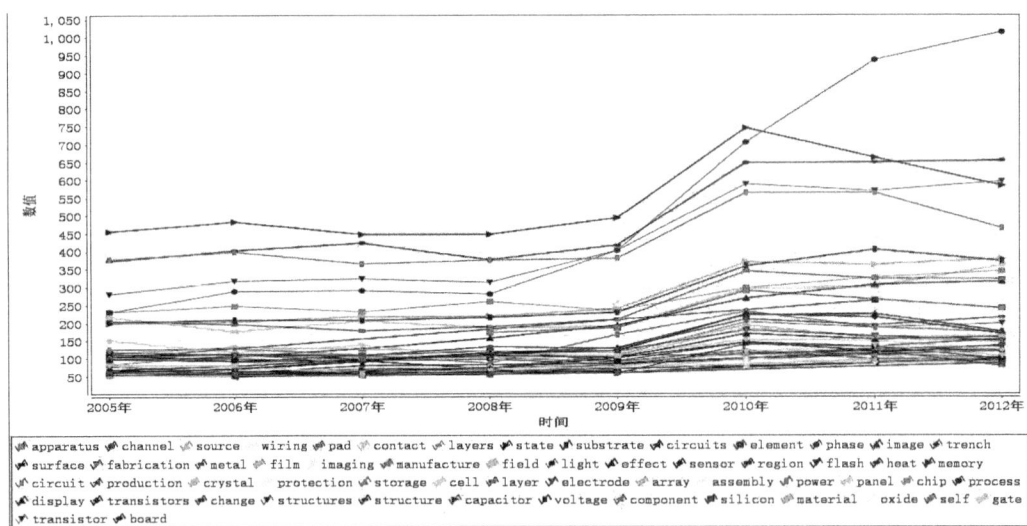

图 12-1　基于专利标题的技术关键词演化曲线图

通过这种有时间轴的关键词演化图表可以清晰地发现不同年份的发明技术的上升或下降趋势，如关键词"light（光）"，从曲线图中的曲线发展可以发现 2005 年到 2008 年关键词"light"的曲线一直处在 300 的词频区间，在 2008 年之后就开始了快速上升，2009 年词频数据上升至 400 左右，直到 2012 年"light"上升到了 1000 的高度。通过这个关键词的明显上升趋势，本书猜想从 2005 年到 2012 年这 8 年的时间内应该有一种与光学材料相关的固态器件技术在 257 领域中得到关注与发展。为了验证这个猜想是否成立，需要结合标题文本进行人工的理解分析，所以本书重新分析了每年专利标题的词频统计中与"light"相关的双字母词组和三元词组，分析发现在 2005 至 2012 年的专利标题词频统计中与"light"相关词频最高的一个双字母词组是"light emitting"（发光），词频最高的一个三元词组分别是"light emitting diode"（发光二极管）下面简称 LED 和一个词频最高的四元词组"semiconductor light emitting device"（半导体发光器件）。

通过上述情况可以了解在 257 领域的关键词"light"应该是一个发光技术与半导体器件相结合的发明专利技术。然后本书根据这些词组不同年份的词频重新绘制了基于"light"的发光技术演化图表，如图 12-2 所示：

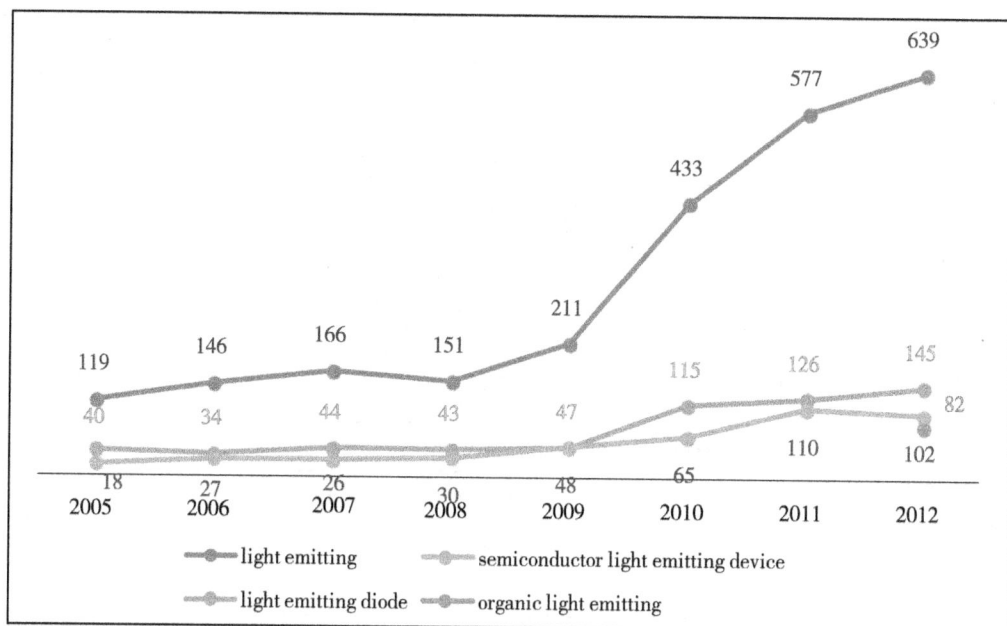

图 12-2　基于 light 的技术发展演化表

根据图 12-2"light emitting"曲线可以发现"light emitting"的词频数量在 2009 年至 2010年开始突然上升，这种快速上升可以说明从 2009 年开始，与关键词"light emitting"相关的发明技术逐渐被 257 领域的发明人所重视，并在 2010 年得到了迅速发展。通过曲线"light emitting diode"结合市场发展，本书发现虽然 LED 技术一直存在于 257 领域发明人的研究过程中，但由于早期市场需求的不足，并没有引起人们的重视，但 LED 作为一种将电能转化为光能的半导体电子元件，在 2009 年逐渐被应用到日常生活中，如 LED 灯和 LED 显示屏、马路上的交通信号灯、街边的液晶屏背光源，商品市场对 LED 技术的需求开始让发明人和企业看到了 LED 技术的市场前景，进而促使了其技术的发展。

在关于"light"的技术发展演化图中还可以发现"organic light emitting device"（有机发光器件），这个技术在 2012 年之前 Top50 的词频统计中并不存在，但在 2012 年突然进入前50 的词频统计中，由此可以将"organic light emitting device"看作一个在 2012 年新兴崛起的发明技术领域，而在"light emitting"相关专利中，这种新兴技术的崛起有可能可以作为老技术"light emitting diode"的替代，成为第五代光源。

下面，我们列举出标题中包含以上短语并以其作为主要专利技术或研究对象的部分专利号，如表 12-2 所示：

表 12-2　　　　　　　　　　　　研究"light"相关技术的专利示例

相关短语	专利号	专 利 标 题	公开日期
light emitting	7872273	Light emitting device	20110118
	7888199	PNP light emitting transistor and method	20110215
	8080437	Blue light emitting semiconductor nanocrystal materials	20111220
	8242480	Engineering emission wavelengths in laser and light emitting devices	20120814
	7407896	CMOS-compatible light emitting aperiodic photonic structures	20080805
light emitting diode	7560746	Light emitting diodes and display apparatuses using the same	20090714
	7335921	Lighting devices using feedback enhanced light emitting diode	20080226
	6841802	Thin film light emitting diode	20050111
	7994527	High light extraction efficiency light emitting diode（LED）	20110809
	8314429	Multi color active regions for white light emitting diode	20121120
semiconductor light emitting device	8227820	Semiconductor light-emitting device	20120724
	7420220	Semiconductor light emitting device	20080902
	8269242	Semiconductor light emitting device having surface plasmon layer	20120918
	8039859	Semiconductor light emitting devices including an optically transmissive element	20111018
	8158996	Semiconductor light emitting device package	20120417
organic light emitting device	7473932	Organic light emitting device and method of manufacturing the same	20090106
	6885025	Organic light emitting device structures for obtaining chromaticity stability	20050426
	8212269	Organic light emitting device structures for obtaining chromaticity stability	20120703
	7763882	Organic light-emitting device comprising buffer layer and method for fabrica-ting the same	20100727
	6888660	Magnetic organic light emitting device and method for modulating electroluminescence intensity	20050503

12.1.2 基于标题词向量的专利分析

本书通过对单个关键词的词频统计可以分析出其相关发明技术逐年的发展轨迹。本节将基于标题词向量的演化分析，对标题的所有关键词进行聚类，通过聚类将相关度最高的一些关键词分为一个专利发明技术群组，通过人工分析对这些群组进行定义，然后根据每年的关键词聚类图表，从宏观层面发现在 257 领域的发明技术群组的相关技术迁移趋势。Word2Vec 是一个可以将单词转换成向量形式的工具，将相关的标题文本录入至 Word2Vec，它会将标题文本通过训练生成不同的语料库，计算每个关键词之间的关联度，将关键词和关联度分别输出 csv 文档和 label 文档，我们将这些文档内容输入至 t-SNE 进行聚类图表输出，得到一个标题关键词聚类图，如图 12-3 所示：

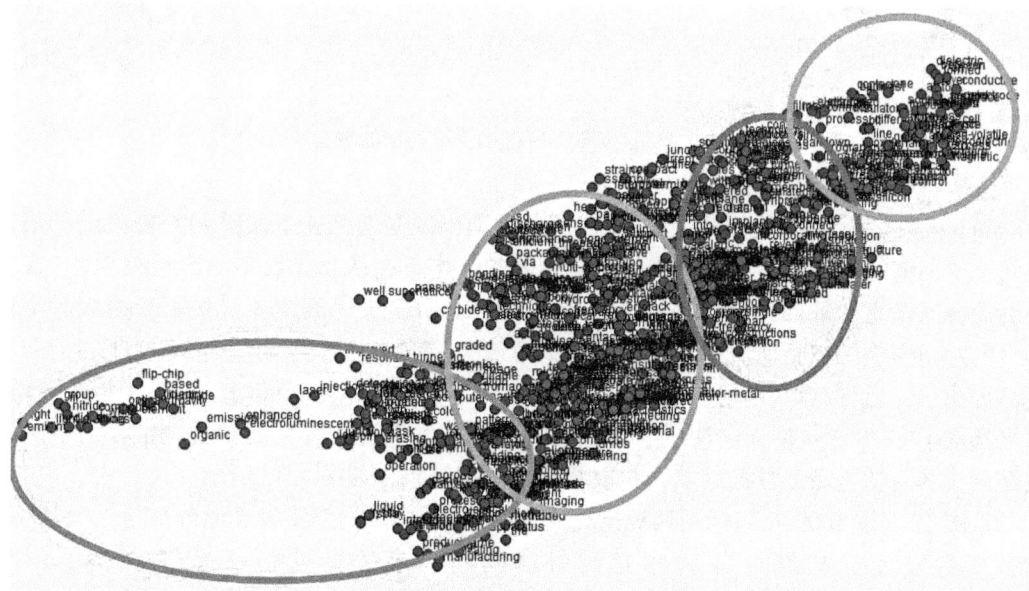

图 12-3　2005 年基于标题的聚类图

聚类中关联度最高一些词汇通过人工处理对词义的分析将 2005 年中基于标题的聚类区分出了四个群组，并通过人工分析发现这四个聚类群组中的关键词与"photoelectricity"（光电的）、"electronics"（电子）、"micromechanics"（微机械）及"transistor"相关的聚类类型，所以，基于群组中的核心关键词类型，人工将这些群组的名称由下至上分别定义为：光电群组、电子群组、微机械群组和晶体管群组。在标题的技术演化分析中，由于上一小节研究的技术关键词是与"light"相关的发光技术，所以这一节也选择了光电群组来详细研究其相关技术的迁移过程。

根据图 12-4 可以发现，在光电群组中也大致有两种小聚类，对核心词进行分析，我们将它区分为发光设备、光检测设备。图中可以看出，从光检测设备到发光设备，中间存在四个聚类不明显的关键词"organic"（有机的）、"emission"（发射）、"enhanced"（增强）、

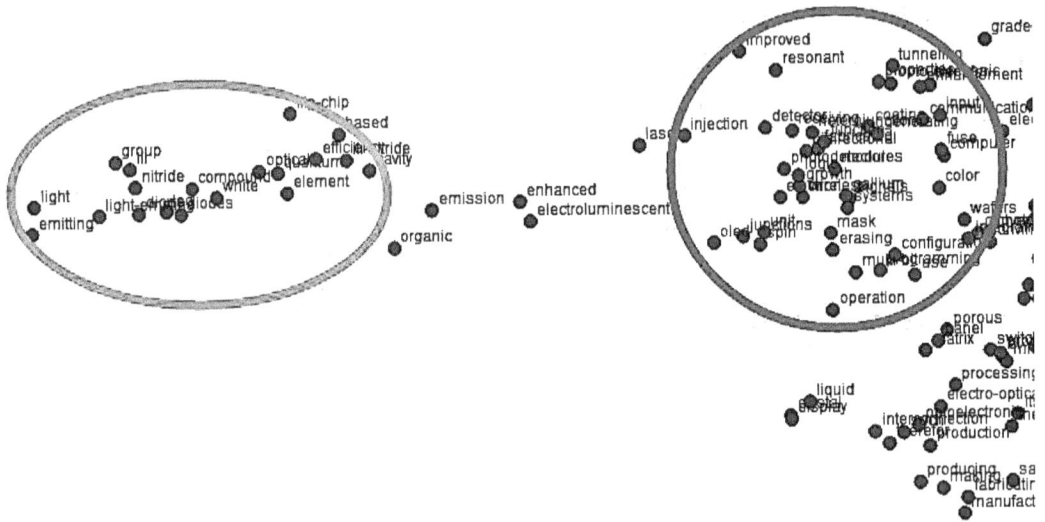

图 12-4　2005 年基于标题的光电群组的聚类图

"electroluminescent"（电致发光的），这四个关键词出现在发光设备聚类和光检测设备聚类之间，本书猜想应该有一些与这些关键词相关的技术正在从发光设备向光检测设备（或光检测设备向发光设备）的研究领域迁移。为了验证这种猜想是否成立，接下来继续对其他年份的标题聚类图进行研究。我们直接选取了 2005 年到 2012 年间年份 2009 年的词向量进行可视化，但与 2005 年的词向量不同，对 2009 年专利标题的词向量进行了词汇清洗，直接选取了在 2005 年中光电群组中与光检测设备和发光设备相关的聚类词汇作为之后的关键词，其目的是降低数据维度，获取精确的数据结果，如图 12-5 所示。

从图 12-5 中 2009 年的标题聚类演化图可以发现词汇聚类被明显地分成了 3 个部分，2005 年存在于光检测设备和发光设备之间的四个关键词"organic"、"emission"、"enhanced"、"electroluminescent"在 2009 年已经被包含在两个群组中，如"organic"在 2009 年的关键词聚类包含在发光设备里，这一聚类结果正好可以验证在上一小节中我们对"organic light emitting"的验证，但由于上一小节的相关图表是基于词频 Top50 的统计数据，并没有记录 2009 年与"organic light emitting"相关的数据，所以我们重新在数据库中对 2009 年的"organic light emitting"进行查询发现，在 2009 年专利标题中包含"organic light emitting"词组的数据量有 20 条，而 2005 年专利标题中包含"organic light emitting"词组的数据量只有 7 条，这一数据可以证明从 2005 年到 2009 年有一种与"organic"相关的技术被利用到发光设备生成中，并且这种技术还在该设备中不断增多。

12.1.3　基于专利权人的竞争格局分析

随着科学技术的迅速发展，世界各国各企业公司之间的技术竞争变得异常激烈，各大企业纷纷开展技术战略研究。对竞争对手的技术发展分析是了解竞争者必不可少的步骤，要想制定合理有效的技术发展战略，首先要了解所在行业的技术发展情况，有哪些主要的

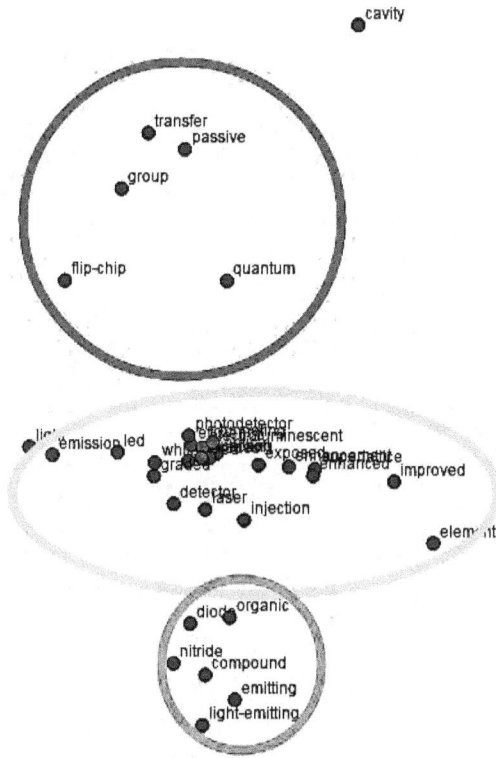

图 12-5 2009 年基于标题聚类的演化图

竞争对手，竞争对手的技术发展情况。无论是行业的技术发展概况，还是竞争对手的技术发展和研发重点，都可以从专利行为的申请和使用等情况上窥见一斑。所以，本书以 257 分类领域为例，通过对专利所属的专利权人（默认为代理公司）分布情况来分析固态器件技术领域的企业竞争格局。

在描述专利的结构时已经提到，<us-bibliographic-data-grant>下的<assignee>标签下的<orgname>包含的内容就是专利的代理公司，通常情况下也是专利权人。在代理公司就是专利权人的假设条件下，本书统计 257 分类下所有专利每年的代理公司名称，并以时间为 X 轴，某公司申请的专利数为 Y 轴，将公司所申请专利数的历年变化折线图描绘在坐标系中。这里我们只取每年专利数在前 30 的公司名称，以降低数据维度，便于分析，如图 12-6所示。

一方面，从整体来看，可以将排名前 30 的公司分成行业领先、行业较高层和行业中层三个层次。前几年，处于行业领先的几个公司分别为微纳尔、东芝、IBM 和三星，且三星处于较低位置，而到了 2008 年以后，三星、IBM 和东芝很明显在半导体等硬件技术方面位于行业领先，三者互为对方最有力的竞争者。因为都处于行业领先，竞争对手在专利技术方面也必然具有很多自己研发的技术专利。此时，若想在同一产品或服务上赶超对手，不仅要研发新的专利，还要熟知对方专利，避免出现类似专利。类似专利不但不能使

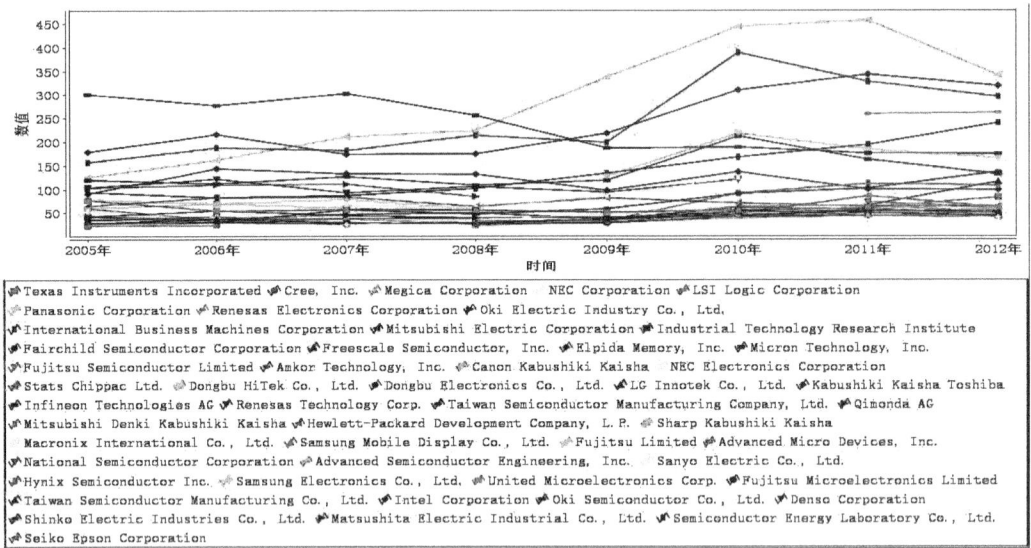

图 12-6 基于专利权人的演化分析图

自己获利，还有可能被竞争对手以此诉讼。如 2011 年 4 月，苹果诉三星 Galaxy 系列产品抄袭 iPhone 和 iPad，尽管三星在美国反诉苹果侵犯其 10 项技术专利，但最终仍以三星败诉收场。不仅有赔款的损失，更有诉讼费用、人力资源、时间和公司形象等更不可挽回的损失。

松下、英飞和半导体能源实验室则处于行业较高层，它们互为有力竞争者和赶超的目标，它们如果想要进入行业领先，一是要了解其他较高层公司的技术战略，自我创新，赶超同等公司，二是要研究行业领先公司的技术战略，学习借鉴并结合自身进行技术和管理创新。

剩下的近 20 个公司，257 分类下的年专利数均在 150 份以下，考虑到它们又处于前 30 名，我们将一部分公司看作处于行业中层的公司，它们在所在行业中有一定的市场占有率，但又不能够脱颖而出生产出不可替代的产品。处于这种层次的公司，就需要仔细研究行业较高层次企业的技术发展和业务特点，找出它们的突出点和成功之处，模仿、借鉴并加之创新，逐步完善自我，争取做出具有特色的产品或服务。

另一方面，从单个公司来看，本书观察到，三星的显示技术一直处于行业前端，不少其他品牌的计算机和移动手机都使用三星的显示屏，这和三星在 LED 技术方面不断研发创新有不可分割的关系，这也正是三星在 257 分类下的专利数遥遥领先的原因之一。IBM 公司总体趋势在增加。和 IBM 比较靠近的 "Kabushiki Kaisha Toshiba"（东芝）也是在逐步上升的。而在前几年排第一，在后几年下降则是 "Micron Technology, Inc"（微纳尔科技公司），该公司也主营半导体集成电路，故在 257 领域有较多的专利。

2011 年，新出现一个公司 "Renesas Electronics Corporation"（瑞萨电子），并且在 2011 年和 2012 年，该公司专利数量均达到 250 份左右。但本书又发现，在 2010 年及以前，有一家"Renesas Technology Corp."(瑞萨科技)公司,专利数较稳定,在 2010 年为 121 份,通过查阅资料,了解到 Renesas Electronics Corporation(瑞萨电子株式会社)是 2010 年 4 月 1 日完成对前株式会社瑞萨科技与 NEC 电子公司的业务整合工作后,新成立的一家提供各种半导体的研究、开发、设计、制造、销售和服务的日本企业。而先前的瑞萨科技就是一家设计并制造用于移动电话、汽车和 PC/AV 市场的高度集成的半导体系统解决方案的公司,是全球最大的半导体公司之一和全球排名第一的微控制器供应商。而 NEC(日本电气股份有限公司)的主营业务之一就是电子设备,包括半导体、显示器以及其他电子器件。而后,我们也在折线图中发现 NEC 到 2011 年便消失不见了,而在 2010 年及以前,相关专利数虽然已列入前 30 名,但是数量均在 100 份以内,这可能也是 NEC 在电子设备业务方面会和瑞萨科技合并的原因。而合并之后的瑞萨电子,年专利数均在 250 份左右,显然产生了 1+1>2 的效应。

另外,"Semiconductor Energy Laboratory Co., Ltd"(半导体能源研究所有限公司),"Panasonic Corporation"(松下)和"Infineon Technologies AG"(英飞凌科技股份公司)都有上升趋势,"Intel Corporation"(英特尔公司)发展较稳定。

通过统计同行业相关专利的申请情况,能够分析出自我价值和行业位置,找出和自己公司实力相当的企业,以确定竞争对手和赶超目标,通过研究竞争对手的专利详情,能够在此基础上自我研发新的技术,并且能够有效避免"侵犯"竞争对手专利。通过某个公司历年的专利数量变化,能够看出该公司的技术发展状况,有时甚至能够看出企业的业务合并等重要战略举措。

12.1.4　基于关键词的相似度实证分析

本实验采用的理论基础是假设与假设验证原则,统计法原则和对照与实验对照原则。本书的假设前提是不采用基于专利领域知识进行数据清洗,而采用深度学习的 Doc2Vec 模型,然后结合传统的 TFIDF 模型、LSA 模型和 LDA 模型,对比专利相似度检测结果,找到相近性。具体来说,先通过训练生成各个模型文件和检索文件,然后深度学习模型作为传统模型的实验对照组,利用 TFIDF 模型、LSA 模型、LDA 模型与 Doc2Vec 模型对照。先随机抽出一组专利分别进行对照分析,然后得出假设结论,再随机进行另一组专利重复实验,验证假设,实验时,验证规律需要多加对比,因此统计的时候选取 100 项进行统计,分析其结果并验证规律。

实验环境和准备:

本书主要利用 Gensim 的框架进行实验,实验代码基于 Python 2.7.12,采用的数据库为 MariaDB 数据库,数据库版本为 10.1.21,整个实验代码基于 Gensim 框架 3.0.0,主要的开发环境为 Ubuntu Linux v16,64 位操作系统,处理器为 Intel 的 16 核处理器,运行的内存为 64G。

本研究的语料首先下载了美国专利局(USPTO)2015 年 1 月 1 日至 2017 年 8 月 1 日的专利数据,共计 3044956 条专利数据,并且将其导入数据库。将这些专利的专利号和摘要保留,生成由专利号和对应的专利摘要构成的 CSV 文本语料文件,其数据结构如图 12-7 所示:

图 12-7　生成的 CSV 文本语料文件

本研究设计了整个实验流程，主要分为训练库生成（Train）、推断测试（Infer）两个部分，训练库生成的流程图如图 12-8 所示（注：LSA 生成索引的方法叫做 LSI）：

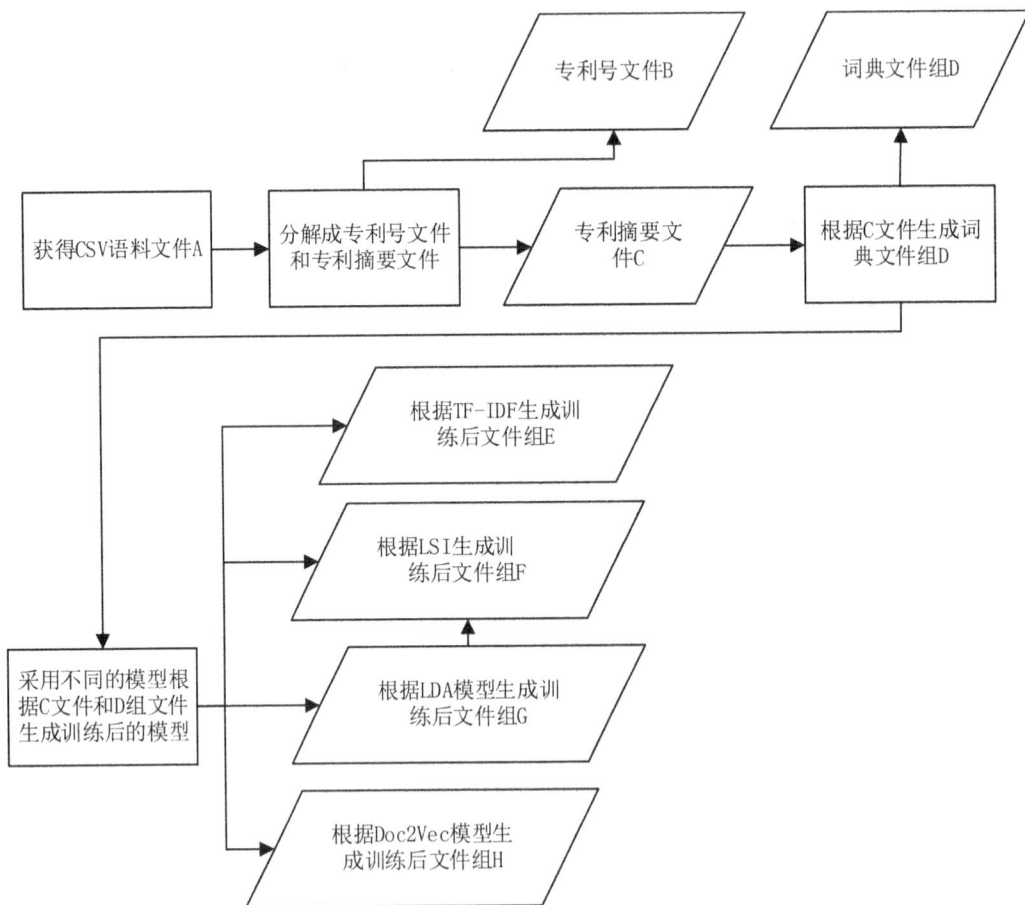

图 12-8　模型生成流程

当模型生成后，需要利用训练生成的模型与待测试的新的专利进行对比，得出其专利号，具体的推断测试流程如图 12-9 所示：

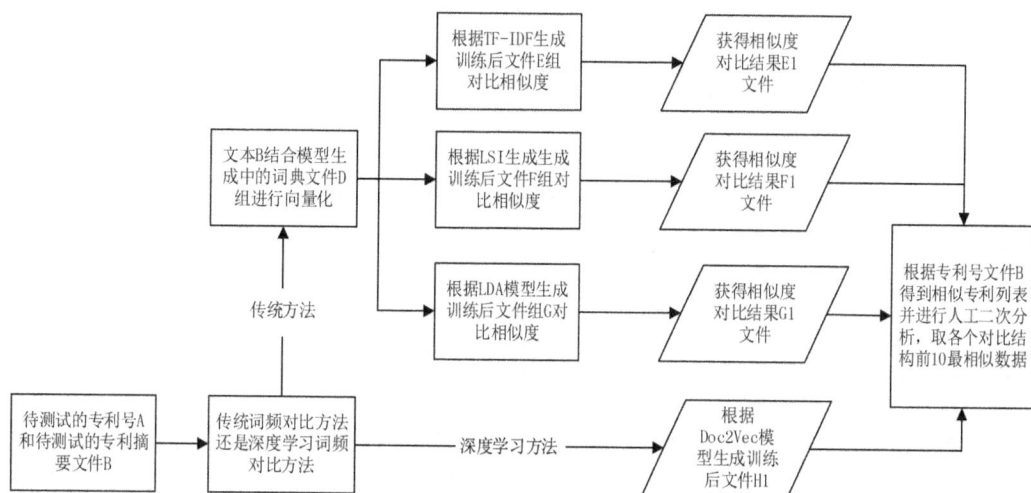

图 12-9　推断测试流程

根据图 12-8 和图 12-9 的实验流程进行训练，对于 TF-IDF 模型 E 组采用 D 文件组的词典长度作为特征数，对于 LDA 模型 F 组和 LSA 模型 G 组的特征数则定义为 10。对于所提出的基于深度学习的 Doc2Vec 方法，考虑到性能优化，将 3044956 份专利文件进行分块存储，每块参与计算的专利为 327680 份，对于 Doc2Vec 模型训练时，对每个专利文件训练 100 次。具体而言，训练模型的状态如表 12-3 所示：

表 12-3　　　　　　　　　　　　　　　训练后的文件模型

序号	文件类型	文件大小
1	D 文件组	词库 35.1MB，词典语料库 2G
2	E 文件组	TFIDF 模型文件 25.2MB
3	F 文件组	LSA 模型文件 150MB
4	G 文件组	LDA 模型文件 169MB
5	H 文件组	Doc2Vec 模型文件 12.5GB

为了验证试验的可靠性，本试验随机从 2017 年 9 月 5 日的专利数据库中选择两条专利进行假设和推断，其中一条数据用于假设，另一条数据用于推断测试，结果如表 12-4 所示：

表 12-4   随机选择的 2017 年 9 月 5 日的测试专利的摘要列表

专利号	日期	摘要
9754858	2017-09-05	Provided is a gas sensor package, including: a gas sensing element; and a substrate on which the gas sensing element is disposed, in which a through hole corresponding to the gas sensing element is formed.
9755578	2017-09-05	Current-mode control for radio-frequency (RF) power amplifiers. In some embodiments, an RF power amplifier control circuit can include a sensor configured to measure a base current of a power amplifier and generate a sensed current. The control circuit can further include a sensing node configured to receive a reference current and perform a current-mode operation with the sensed current to yield an error current. The control circuit can further include a control loop configured to generate a control signal based on the error current to adjust an operating parameter of the power amplifier.

随机选择的专利号分别是 9754858、9755578。对比 TF-IDF 生成文件 E1、LSA 生成文件 F1、LDA 模型生成文件 G1、Doc2Vec 模型生成文件 H1，各自的实验结果如表 12-5 所示：

表 12-5   对于 9754858 专利文件不同模型的相似度实验结果

排名	E1 中专利号和相似度组 W		F1 中专利号和相似度组 X		G1 中专利号和相似度组 Y		H1 中专利号和相似度组 Z	
1	9314325	0.6425	8853491	0.9900	7151570	0.9999	7874783	0.5317
2	9131564	0.5334	8529514	0.9885	7151742	0.9999	9314325	0.5232
3	7264711	0.5149	8601325	0.9879	7048667	0.9999	7825572	0.4780
4	7780521	0.5017	8355788	0.9873	8011156	0.9998	7405461	0.4686
5	7584294	0.4914	7701684	0.9856	8804567	0.9998	8995191	0.4655
6	7405461	0.4879	9275622	0.9851	7108194	0.9998	9091223	0.4630
7	7825572	0.4879	8969944	0.9846	8347892	0.9998	8226232	0.4626
8	8226232	0.4879	9306556	0.9846	6921204	0.9998	9372451	0.4564
9	D683561	0.4862	9258134	0.9835	D534287	0.9998	8130847	0.4479
10	8233345	0.4846	8988869	0.9834	7923944	0.9998	7999571	0.4477
11	9144108	0.4786	8330153	0.9829	9025779	0.9998	9262774	0.4470
12	8619592	0.4734	8548142	0.9828	7517616	0.9997	7542956	0.4436
13	9045346	0.4709	7684629	0.9823	7648748	0.9997	7017519	0.4414
14	7874783	0.4682	7373520	0.9821	7669858	0.9997	8608654	0.4410
15	9202784	0.4668	7437194	0.9819	8243253	0.9997	7684753	0.4405
16	8186819	0.4655	8109960	0.9817	8715534	0.9997	8619592	0.4360
17	8774912	0.4637	7199532	0.9817	7285144	0.9997	8819039	0.4325

排名	E1 中专利号和相似度组 W		F1 中专利号和相似度组 X		G1 中专利号和相似度组 Y		H1 中专利号和相似度组 Z	
18	8799588	0.4619	7449201	0.9809	8026685	0.9997	9177210	0.4315
19	8819039	0.4482	7960537	0.9807	8101977	0.9997	7490473	0.4147
20	8851531	0.4446	8260273	0.9807	7130929	0.9997	8460467	0.4141

对比分析前 20 组数据中不同相似度算法得出的共同项情况，如表 12-6 所示。

表 12-6　　　　　　　　对于 9754858 专利文件不同模型的相似度对比分析

交集对比	W 组	X 组	Y 组	Z 组
W 组		0	0	7
X 组			0	0
Y 组				0
Z 组				

我们发现 W 组(TFIDF 模型)和 Z 组(Doc2Vec 模型)在前 20 项数据中有 7 项相同，但是 W 组和 X 组、Y 组没有共同项。X 组和 Y 组进行 LSA 模型和 LDA 模型也是基于 TF-IDF 模型。

本书研究发现，如果不进行基于专利领域知识的数据清洗，则 X 组和 Y 组会造成数据没有交集，即没有相似性，但是对于 TF-IDF 模型和 Doc2Vec 模型的相似性效果比 LSA 模型和 LDA 模型好。

基于这样的假设，我们用第二份专利(专利号：9755578)进行测试，主要测试是否存在相似性。本书将实验数据增大，由于 X 组和 Y 组都是基于 W 组，但是 Z 组的模型不是基于 X 组，因此进行实验时，取 W 组、X 组、Y 组前 100 条结果和 Z 组前 20 条数据进行不同模型的相似度对比分析，按照表 12-5、表 12-6 的流程对任意两组进行对比，对比分析前 20 组数据中不同相似度算法得出的共同项情况，如表 12-7 所示：

表 12-7　　　　　　　　对于 9755578 专利文件不同模型的相似度对比分析

交集对比	W 组	X 组	Y 组	Z 组
W 组		1	1	3
X 组			0	0
Y 组				0
Z 组				

表 12-6、表 12-7 的实验结果进一步验证了本书推断出的假设，即对专利相似度进行比较时，TF-IDF 模型和 Doc2Vec 模型的相似性检测要优于 LSA 模型和 LDA 模型。实验结果表明，如果本书不做基于专利领域知识的数据清洗工作，基于深度学习的 Doc2Vec 方法所得出的结果和 TF-IDF 相近。目前，行业采用的相似度检测方法主要也是基于专利领域知识选择好数据，采用 TF-IDF 方法检测。

12.2　基于 TRIZ 理论的词法分析法

12.2.1　基于 TRIZ 理论的词法分析法

本书对美国专利数据文件的结构进行了详细的说明，其目的是为了在后续章节的专利分析及专利研究中对美国专利结构进行更具体详细的细化分析，并在第三章中详细说明了对专利数据预处理和数据清洗的过程，以及本研究在对专利数据进行数据管理，根据专利不同的特性所进行的不同数据管理方式。本章通过研究人阅读专利的过程，让计算机模拟人的阅读方式处理专利数据，并对专利数据进行多角度的分析。具体的研究内容基于自然语言处理的专利词组归纳和基于 TRIZ 理论的专利范式研究这两个方面展开。

美国专利中相关发明技术的详细描述一般记录在说明书和权利要求书中，根据第 2.4 节中的专利结构可视化内容可以了解到，权利要求本身的用语定义了专利发明的权利范围，而说明书起着解释权利要求用语含义的第一辞书作用。因为说明书始终与权利要求的解释分析高度相关，它通常是决定性的并且是理解有争议用语含义单一性的最佳指南。因此，权利要求必须参考说明书进行解读。① 所以这一章节的内容主要基于权利要求书和说明书的文本对数据源进行美国专利创新分析。

对于现有的专利数据，利用其中包含的设计方法或者策略，可以辅助新产品的发明与创造。首先要解决的是如何从专利文本中挖掘出通用的策略，在张惠的研究论文中，他为了分析获取专利文本中包含的知识信息，提出了一种同类产品专利知识的获取方法②，该方法将词典与数据挖掘中的关联法则 Apriori 算法相结合，用来实现专利技术方案或者策略的识别。专利知识挖掘识别流程如图 12-10 所示：

图 12-10　专利知识挖掘识别流程

处理步骤如下：

（1）专利数据预处理：将专利数据集划分为训练专利子集和被训练专利子集，从训练

---

① 杨志敏：《美国法院对专利权利要求的语义解释》，《专利法研究（2009）》，2010 年。

② 张惠：《产品专利知识获取及其辅助产品创新的方法研究》，浙江大学，2010 年。

子集的权利要求和说明书中提取特征变化的组件，从标题和摘要文本中分析获得产品实现的目的和功能，从而建立一个组件与功能的映射数据集。

（2）频繁项数据集获取（频度分析）：利用 Apriori 算法挖掘关联关系，根据设定的最小临界值，获取数据集中的数据频繁项。

（3）生成关联规则（强度分析）：符合信任度模型的规则，加入到规则集合。

（4）技术方案与策略识别：对测试数据库中的数据，采用规则集合中的规则进行验证，测试是否满足策略要求，同时，还根据测试结果不断调整测试规则，直到整个识别效果达到最好。

在上面的第二步分析数据集中关联规则频繁项集时，使用了 Apriori 算法，该算法是由 Rakesh Agrawal 和 Ramakrishnan Srikant 两位博士在 1994 年提出的关联规则挖掘算法，其核心思想是通过候选集生成和情节的向下封闭检测两个阶段来挖掘频繁项集，通过逐层迭代的算法，从"K-1 项目集合"搜索到"K 项目集合"。

在本书辅助产品发明研究阶段，借助分析专利中包含的技术与策略，可以找到专利库中与需要发明的产品功能原理相似度最高、最有参考意义的数据集，为产品的研发提供参考价值。

12.2.2 基于自然语言处理的发明问题解决算法（CATRIZ）

针对标题和摘要的技术挖掘，先归纳出范式，再找出符合范式的 Problem 和 Solution，最后组合产生发明技术，并对技术的演变进行分析。

针对权利要求中的词组归纳，首先本书对权利要求内容文本进行数据清洗，清洗的主要步骤将分为两步：第一，对权利要求书进行语法消歧；第二，对语法消歧后的权利要求书进行无用数据剪裁。然后把清洗之后得到的权利要求书的每一条权利输出到一个文本书件中，并将输出文件进行 NLTK 词频统计，通过对词频统计文件的词频统计分析找出三元词组中词频最高的一个词组。

基于标题和摘要的发明技术分析：

一份发明可以看成针对某领域（Domain）的某个问题（Problem）的某种解决方案（Solution），一个问题和一个解决方案的组合就是一项发明技术（Technology）。本节主要通过自然语言处理，对语音技术领域（Speech）的专利进行问题和解决方案提取，通过问题和解决方案的组合，识别发明技术。通过对同一问题不同解决方案的分析，来发现专利技术的变迁，同时通过同一技术的具体应用场景的改变来发现超系统的演变趋势。所谓超系统，这里是指具体技术的应用场景、应用设备、应用系统。

发明领域（Domain）、发明问题（Problem）、发明解决方案（Solution）和发明技术（Technology）的定义如下：

发明领域：一个领域通常是个技术主题，通过输入技术主题，可以获得相关的属于该领域的所有专利文档。如："Speech"，"Wireless Communication"等。

发明问题：发明问题是专利或者方法尝试去解决的目标，通常是个名词词组或者是动宾结构。如"speechrecognition"，"speaker verification"，"reducting noise"等。

发明解决方案：是和特定发明问题相关的方法、模型或者设备，例如"language

model"，"dynamic programming"等。

发明技术：被定义为特定领域下发明问题和解决方案的组合，如"an optimized language model for speech recognition"。

接下来，通过自然语言处理技术，对 Speech 领域的专利进行文本分析，提取出发明问题和解决方案。

首先，本书选取标题和摘要中含有"Speech"关键词的 1932 份专利，然后通过人工阅读发现，发明问题通常出现在专利标题和摘要中，且常跟在 method、system 等词的后面，比如专利 6839557 的摘要中"The invention relates to a method of transmitting data …"，transmitting data 就是该专利的发明问题。通过大量阅读，笔者人工归纳出发明问题的范式如表 12-8 所示：

表 12-8 　　　　　　　　　　　　　　　　　**发明问题基本范式**

编号	Problem 范式
1	method | apparatus | system | device | instrument for | of ＊ \{NP\}
2	method | apparatus | system | device | instrument for | of ＊ \{VBG NP\}
3	method | apparatus | system | device | instrument ＊ \{VP\}
4	method | apparatus | system | device | instrument WRB ＊ \{VP\}
5	to | of ＊ \{NP\} ＊ with
6	to | of ＊ \{VBG NP\} ＊ with
7	to | of ＊ \{NP\} ＊ using
8	to | of ＊ \{VBG NP\} ＊ using
9	to ＊ \{VP\}

分析 Problem 的原理如下：

建立含有全文中含有指定关键词的专利数据集 K
从专利数据集 K 中搜索符合 Problem 范式的数据库：
　　定义来自标题的 Problem 数据集（K1，标题，问题）；
　　定义来自摘要的 Problem 数据集（K2，摘要，问题）；
　　对 K1 数据集和 K2 数据集中的每一数据：
　　　　输出专利号
　　　　输出符合的 Problem 范式编号
　　　　输出符合匹配范式的具体内容
　　　　对同类范式进行分类统计

其次，通过分析还发现发明解决方案通常伴随着发明问题一起出现，例如在专利

7392186 中的摘要中，"…an optimized language model for speech recognition…"，"language model" 就是发明问题 "speech recognition" 的解决方案。通过大量阅读，笔者人工归纳出解决方案的范式如表 12-9 所示：

表 12-9 　　　　　　　　　　　　　**发明解决方案基本范式**

编号	Solution 范式
1	using｜utilizing｜employing ＊｛NP｝
2	using｜utilizing｜employing ＊｛VBG NP｝
3	by｜with ＊｛NP｝
4	by｜with ＊｛VBG NP｝
5	｛NP｝for｜in
6	｛VBG NP｝for｜in
7	｛NP｝to
8	｛VBG NP｝to

通过对上面找出的 Speech 领域的 1932 份专利的标题进行匹配范式，本书提取了标题中 1347 个 Problem 和摘要中 8262 个 Problem，对相同的 Problem 进行合并统计，并排序，取出数量前 10 的 Problem，如表 12-10 所示。

分析 Solution 的原理如下：

建立含有全文中含有指定关键词的专利数据集 S
　　从专利数据集 K 中搜索符合 Solution 范式的数据库：
　　定义来自标题的 Solution 数据集(S1，标题，问题)；
　　定义来自摘要的 Solution 数据集(S2，摘要，问题)；
　　对 S1 数据集和 S2 数据集中的每一数据：
　　　输出专利号
　　　输出符合的 Solution 范式编号
　　　输出符合匹配范式的具体内容
　　　对同类范式进行分类统计

表 12-10 　　　　　　　　　　**Speech Recognition 领域中发明问题 Top10**

编号	Problem
1	speech recognition
2	speaker verification

编号	Problem
3	pattern recognition
4	language recognition
5	pattern matching
6	noise reduction
7	reduce storage space for speech recognition
8	voice identification
9	speaker recognition
10	recognition error reduction

通过对上文找出的 Speech 领域的 1932 份专利的标题和摘要进行匹配范式，本书提取出标题中 2185 个 Solution 和摘要中 24631 个 Solution，对相同的 Solution 进行合并统计，并排序，取出数量前 10 的 Solution，如表 12-11 所示：

表 12-11　　　　　　　　　　**Speech Recognition 领域中解决方案 Top10**

编号	Solution
1	language model
2	Hidden Markov Model
3	dynamic programming
4	vector quantization method
5	shared speech model
6	lattice-ladder filters
7	user-cued speech recognition
8	acoustic model
9	neural network
10	dynamic programming algorithm

通过问题和解决方案的组合，可以产生专利发明技术，对于已有专利，我们需要衡量组合技术的重要度。重要度高的技术，我们才将其视为对于某问题的实际解决方案，重要性越高，对于技术趋势分析越具有代表性。在语音识别领域，通过研究主要度高的技术的演变，来得出语音识别重要技术的演变趋势。

技术重要度的度量为：

$$\text{importance}(t) = \frac{dc(t)}{dc(p) * dc(s)} \tag{12-1}$$

其中，t 为技术，p 为问题，s 为解决方案，$t = p + s$，$dc(t)$ 是包含技术 t 专利文档数，$dc(p)$ 是包含问题 p 的文档数，$dc(s)$ 是包含解决方案 s 的文档数。公式表示，如果它的问题和解决方案总是一起出现，则一项技术是重要的。

本书分析 Problem 和 Solution 的原理如下：

以相同专利号为例，建立 Problem 数据和 Solution 数据集的关联：

定义标题 Problem 数据集 K1 和标题 Solution 数据集 S1 的关系集 F1；

定义标题 Problem 数据集 K1 和摘要 Solution 数据集 S2 的关系集 F2；

定义摘要 Problem 数据集 K2 和标题 Solution 数据集 S1 的关系集 F3；

定义摘要 Problem 数据集 K2 和摘要 Solution 数据集 S2 的关系集 F4；

计算关系集 F1 的重要度 I1 和数据个数 C1，并分析关联关系；

计算关系集 F2 的重要度 I1 和数据个数 C1，并分析关联关系；

计算关系集 F3 的重要度 I1 和数据个数 C1，并分析关联关系；

计算关系集 F4 的重要度 I1 和数据个数 C1，并分析关联关系。

通过计算技术重要度，我们选取了对于同一问题（Speech Recognition）的三项最为重要的技术，解决方案分别为 dynamic programming，Hidden Markov Model 和 language model。为了分析对于 Speech Recognition 的技术演变，我们通过搜索专利数据中同时包含 Problem 关键词和 Solution 关键词的历年专利数来分析技术的演变趋势。搜索项分别为：（speech recognition，dynamic programming），（speech recognition，Hidden Markov Model）和（speech recognition，language model）。三项技术相关的专利数量历年变化趋势见图 12-11。

从图 12-11 可以看出，总体上，三种技术解决方案都呈上升趋势，但在每个阶段，对于语音识别问题的主流技术不同，可得：在 20 世纪 80 年代，语音识别问题的主要解决方案为动态编程（dynamic programming）；在 20 世纪 90 年代，语音识别的主流技术为隐含马尔可夫模型（Hidden Markov Model）；在 21 世纪，主流技术（language model）又成了主流技术。说明在语音识别发明问题上，技术的发展趋势为，由 dynamic programming 发展到 Hidden Markov Model，然后发展到 language model。

基于权利要求的词组归纳：

在本书的研究中，之所以要对权利要求进行语法消歧，是因为我们人类在阅读的时候不需要如同计算机逐词逐句按照语法去读取句子，人只需要简单地理解词义就可以理解权利要求所描述的大致内容，如"run"、"ran"和"running"这三种时态的词，人一般在阅读中遇到都会很直接地将其归为一类来理解，而计算机在进行文本阅读时则需要根据语法句意去理解，如果出现语法错误可能就停止操作了。所以在研究过程中希望让计算机能够模拟人的阅读方式去处理美国专利文本，语法消歧就是一个很重要的清洗环节，将所有句式的语法都还原为原型，在后续如词频统计等步骤的处理中就可以将具有相同词义的词汇进行统一归纳统计。本书将 257 领域中的每一份专利权利要求书单个输出为一个 XML 文件，并将其定义为 pat 文件，然后使用 Patent Analytics 模块把 pat 文件中的权利要求的词标记为原型并重新输出为一个 Lemma 文件，其构造函数如图 12-12 所示。

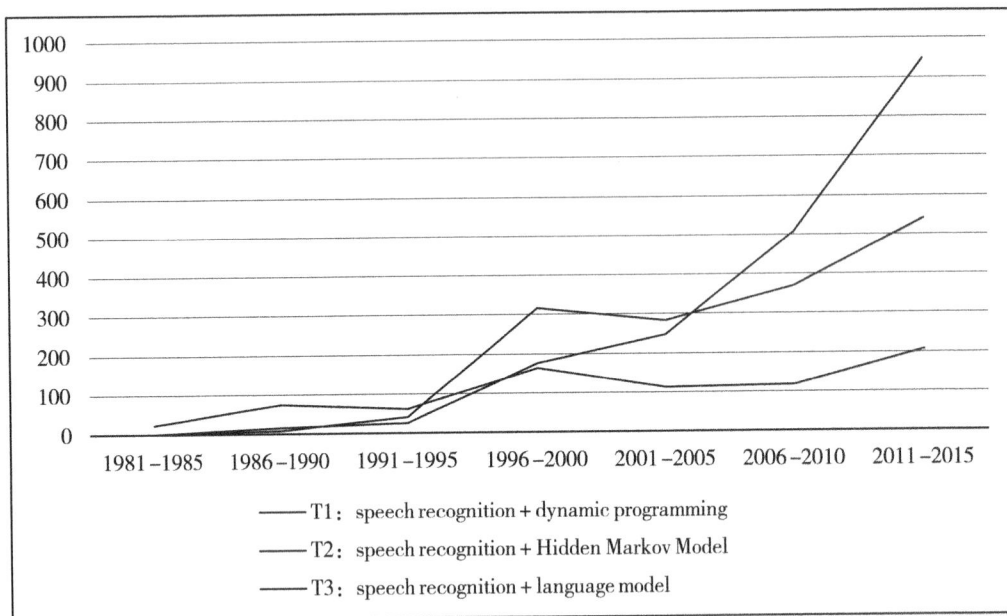

图 12-11 Speech Recognition 技术发展趋势图

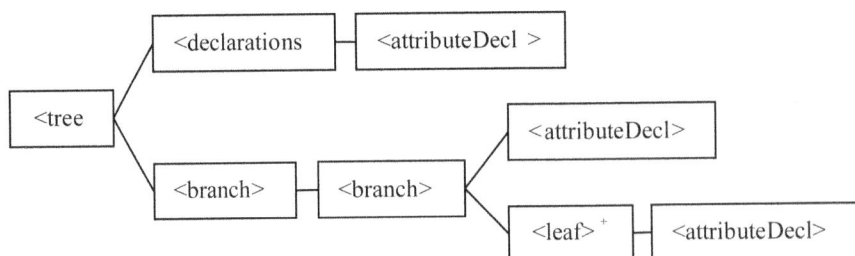

图 12-12 Lemma 文件的结构图

以美国专利局专利号 7913645 "Methods and apparatus for incorporating nitrogen in oxide films" 专利为例，专利权利要求书中的第二条权利要求的主要内容为 "The apparatus of 1 wherein the process chamber is preconditioned employing a plasma power of about 800 to 2500 watts"。其句意为 "根据权利要求 1 的设备，处理室预先采用的等离子体功率为 800~2500 瓦"，将它标记为最简单的原型，"The apparatus of 1 wherein the process chamber <be> precondition employ a plasma power of about 800 to 2500 watt"。

Lemma 的意思是 "引理"，在形态学中是一种范式、一种词典的形式。我们的 Patent Analytics 模块主要处理的是动词和名词，动词在权利要求中主要是操作步骤和限定内容，名词主要代表空间关系。Lemma 文件的范式如表 12-9 中 "nodeID" 的输出是专利权利要求书中每个权利要求的序号，"nodeType" 定义了权利要求类型，"0" 是主权利要求，"1" 是从属权利要求，"text" 则是经过层次划分之后的权利要求文本内容，而 "lemmaText" 就是被 Lemma 处理标记为原型的专利权利要求。在本书的处理过程中之所以将文本生成 Lemma 文件的用意是降低数据维度，方便后续对专利数据作进一步数据管理。

对专利权利要书的文本结构进行层次划分理解、标记原型之后，根据人的阅读方式，我们还要继续对单个权利要求的词句进行筛选过滤。根据本书的第三章第四节可以了解美国专利权利要求本身具备严格的规范要求以及简单的书写模式，所以人在了解权利要求的组成结构之后会跳过对其权利要求句子中不影响理解字段，着重阅读和理解定义了发明专利的权利范围的内容。美国专利法实施细则第 75 条 g 款规定，"权利要求中最重要的一条权利要求应作为权利要求 1 号，并且之后所有的权利要求都应该引用该条主权利要求进行限定"。第 75 条 e 款中要求"主权利要求应包含专利新发明技术的主要描述及步骤，并包含一个短语如：wherein the improvement comprises"。举例说明，如美国专利局 7913645 号专利权利要求书的第二条从属权利要求内容为"The apparatus of 1 wherein the process chamber <be> precondition employ a plasma power of about 800 to 2500 watt"，这个是经过 lemma 处理标记为原型之后的权利要求，在理解这句话的时候，首先会根据这个权利要求的句法结构，将权利要求中不影响理解句意的单词或词组进行过滤删除，如就该句中的"The apparatus of claim 1 wherein"就是可以被过滤掉的内容，因为它是一个承上启下的短语，只是为了说明这个权利要求是主权利要求的从属权利要求。留下的部分如"the process chamber <be> precondition employ a plasma power of about 800 to 2500 watt"是这条从属权利要求中最主要的内容，是对被引用的主权利要求作进一步限定。

本书在研究专利权利要求书的过程中查阅了很多 257 领域子分类的美国专利，通过对比统计专利权利要求书的文本书写结构，发现了权利要求书写的基本范式。以从属权利要求范式作说明，一个从属权利要求分为两个部分，其常用范式为：

　　<承上启下模块><逗号><wherein/in which><详细说明模块>

　　<承上启下模块>包含常用句式为：

　　<主权模块>

　　<方法/设备/空间/功能><连接词><主权模块>

　　连接词主要有：as claimed in/according to/in/of/on

上述权利要求中，"The apparatus of claim 1 "就是<承上启下模块>，它的作用是建立该条从属权利要求和主权利要求的关系，"the process chamber <be> precondition employ a plasma power of about 800 to 2500 watt. "这部分就是范式中的<详细说明模块>。本书对这部分研究的最终目的是提取<详细说明模块>这部分内容。本书通过 Patent Analytics 模块将剪裁后的所有 lemma 文件通过这个模块的处理输出为多个 Cut 文件，Cut 文件的结构图如图 12-13 所示。

接下来，本书将基于上一步的处理结果输出的 257 领域的 Cut 文件进行词频统计，但为了统计结果的准确性，我们将单份的权利要求 Cut 文件统一合并输出为一个 Segment 文件来进行词频统计。本节词频统计之前之所以预先把权利要求进行语法消歧和文本剪裁处理，是因为语法消歧将词处理成原型是为了词频统计的输出结果不受词汇单复数的影响，能更快速直观地对权利要求进行分析，而语法消歧之后的文本剪裁处理则是为了简化句子的长度，过滤掉不需要统计的无用词。在本书的数据库中，257 领域的专利数据有 41780

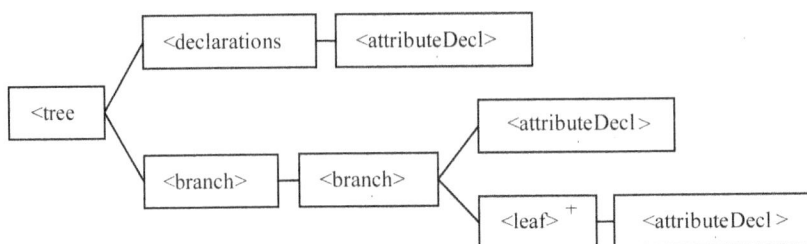

图 12-13　Cut 文件的结构图

份，最后输出为一个 Segment 文件的权利要求文本共有 95772 条权利要求，我们的词频统计是根据 NLTK 文本生成算法，统计出在 257 领域的专利权利要求中的单构词、双字母词组和三元词组，如表 12-12、表 12-13、表 12-14 所示。本书将这个词频统计的文件定义为 Summary 文件，之后本书会根据 Summary 文件分别对单构词、双字母词组和三元词组进行词频分析，并将结果通过 keymap 模块输出为关键词地图。

表 12-12　　　　　　　　　　　　　　　词频统计单构词示例

单构词	数量	单构词	数量	单构词	数量
the	280055	first	71192	at	31905
a	241507	to	64931	substrate	31415
of	165055	second	60409	wherein	31219
and	124617	region	42233	comprise	30759
say	116792	form	42169	have	30255
be	81756	in	42016	on	30124
layer	80740	semiconductor	32810	surface	29211

表 12-13　　　　　　　　　　　　　　　词频统计双字母词组示例

双字母词组	数量	双字母词组	数量	双字母词组	数量
of the	32780	the second	21333	Least one	15178
the first	28141	to the	19239	Say first	14993
and a	28141	a first	17979	On the	14804
of say	26682	plurality of	17514	Of a	14765
at least	23725	a second	16762	Surface of	14062
and the	22575	comprise a	15493	In the	13073
have a	22336	Wherein the	15352	Layer and	10578

表 12-14　　　　　　　　　　　　词频统计三元词组示例

三元词组	数量	三元词组	数量	三元词组	数量
at least one	15151	the first and	4705	form on the	3824
a plurality of	9939	of the second	4594	least one of	3746
surface of the	8805	one of the	4340	connect to the	3580
first and second	7780	the plurality of	4312	each of the	3558
of the first	7770	further comprise a	4190	of say first	3515
portion of the	6218	and the second	4166	a portion of	3513
and a second	5107	surface of say	4078	layer have a	3186

通过词频统计，本书得到了一个 Summary 文件，将这个 Summary 文件名称定义为257，因为提前将所有权利要求输出为一个文本，所以 257. summary 文件完整地统计了在257 领域专利中权利要求的所有单构词、双字母词组和三元词组，但是这个文件并不能反映这些单构词、双字母词组和三元词组之间的联系。为了让计算机可以模拟人找到257. summary 文件中不同数量词组之间的关系，开发了一个 Key Map 模块。

在这个 Key Map 模块中，首先让计算机读取所有条数在 1 万以上的单构词，然后以这些单构词为条件读取双字母词组中包含所属单构词并词频数量在 1 万以上的双字母词组，这个步骤的作用是过滤和精简词组。再以过滤后的双字母词组为条件读取三元词组中包含该所属双字母词组并词频数量在 4000 以上的三元词组，将它们编译输出成一个树状结构视图。

这个树状结构视图向我们展示了在 257 领域 95772 条专利权利要求中双字母词组和三元词组使用频率最高的几组词组。接下来，本书将对根据 Key Map 模块解析得到的三元词组进行进一步上下文分析，对 257. keymap 文件的进一步研究应该主要处理由双字母词组到三元词组中存在两个及以上的分叉关系，因为双字母词组到三元词组只有一个关系联系可能是句法结构中的固定搭配，双字母词组到三元词组有多个分叉关系联系在 257 领域专利文本中则更有研究价值。

人工做词频分析的时候，可以直接通过词频统计中的单构词、双字母词组和三元词组的重复词和数值分析得出在文本中最值得研究的词组。以"surface of the"为例，在单构词表中，"surface"在 257 领域的使用频率为 29211 次，然后对比在 257 领域专利权利要求中包含"surface"的双字母词组，得出"surface of"是其中使用频率最高的一个词组，在 257 领域的使用频率为 14062 次。再通过对比"surface of"上下文筛选出三元词组"surface of the"在 257 领域专利权利要求书中的使用频率是 8805 次。之所以通过单构词、双字母词组和三元词组的词频统计是为了更清晰地了解词频筛选的过程，减少信息耗散，并获得更精准的数据。

接下来，本书将通过关键词地图在词频统计表中找出有延续性并词频较高的三元词组，进行现有技术方法的分析，采用基于 NLP 的关键词处理。

根据 Key Map 模块本书锁定了在 257 领域专利中值得研究的几个词组，接下来就是一个找规律的过程，通过人机交互的方式对词频进行分析，其目的是为了得到一个可以被大数据验证的权利要求范式。本书以"surface of the"为例，在做词频分析的时候，可以直接通过词频统计值，"surface"是单构词在 257 领域的使用频率为 29211 次，然后对比在 257 领域专利权利要求中包含"surface"的双字母词组，得出"surface of"是其中使用频率最高的一个词组，使用频率为 14062 次。再通过对比"surface of"的上下文，筛选出三元词组"surface of the"在 257 领域专利权利要求书中的使用频率是 8805 次。之所以通过单构词、双字母词组和三元词组的词频统计是为了获得了解词频筛选的过程，减少信息耗散，并获得更精准的数据。

在研究中，本书通过计算机的词频分析可以直接将包含"surface of the"的所有 257 领域专利的权利要求重新查找输出为一个 surface of the.keycontext 文本书件，目的是为了计算机进一步对包含"surface of the"的权利要求上下文进行分析和规律研究。在对"surface of the"这个三元词组的分析过程中，本书猜想，在 257 领域的专利中，之所以多频次地使用这个三元词组可能在活跃固态器件领域的发明问题研究过程中涉及表面处理的某种发明原理。为了验证这个猜想，本书重新对 surface of the.keycontext 文本文件进行词频统计，将统计结果输出为一个 surface of the.contextsummray 文件。再通过 Key Map 模块对 surface of the.contextsummray 文件进行再次解析，将结果输出为一个树状结构视图，如图 12-14 所示：

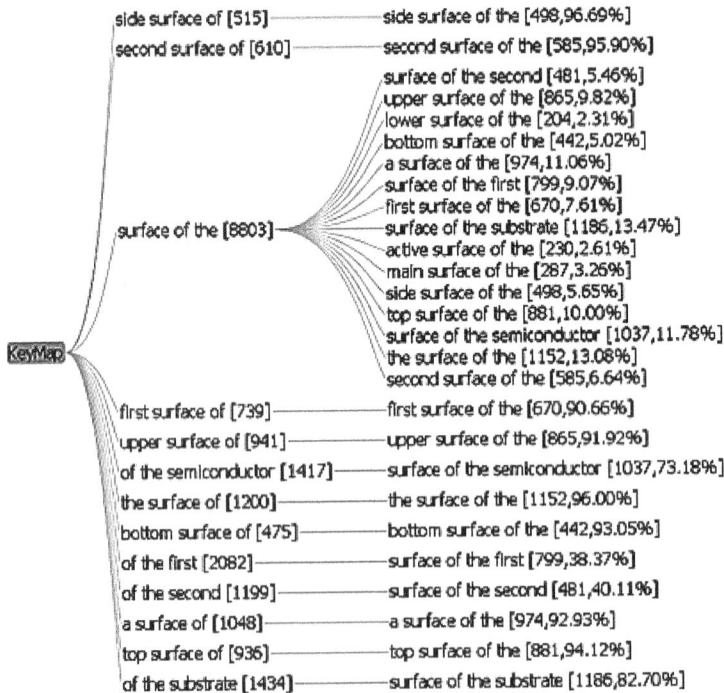

图 12-14　通过 Keymap 模块生成的树图

接下来，为了让计算机可以和人一样根据 key map 图示来发现"surface of the"的上下文词性，本书使用了斯坦福大学的 NLP（自然语言处理）技术对"surface"的前后词汇进行词性标记，将标记词性后的文本结果输出为一个 keymap. pos. dict 文件，如表 12-18 所示。根据 NLP 技术所定义的词性标记方式，将"surface"前后词汇分别归类标记为"DT"限定词、"IN"介词或从属连词、"JJ"形容词、"RB"副词、"NN"名词、"JJR"形容词的比较级形式等词性。NLP 技术对词性的归类过程中其实还有区分词汇的单复数形式，但在研究过程中已经提前使用 lemma 模块把权利要求进行语法消歧处理，提前解决了因为单复数而把同一个词义的词汇归类为两个词性的问题，见表 12-15。

表 12-15 　　　　　　　　　　　　　**keymap. pos. dict 文件示例**

序号	词性标记	词　　组
1	DT surface IN	a surface of
2	DT surface IN DT	a surface of the
3	JJ surface IN DT	active surface of the
4	JJ surface IN	bottom surface of
5	JJ surface IN DT	bottom surface of the
6	JJR surface IN DT	lower surface of the
7	JJ surface IN DT	main surface of the
8	IN DT JJ	of the first
9	IN DT JJ	of the second
10	IN DT NN	of the semiconductor
11	IN DT NN	of the substrate
12	JJ surface IN	second surface of
13	JJ surface IN DT	second surface of the
14	NN surface IN	side surface of
15	NN surface IN DT	side surface of the
16	surface IN DT	surface of the
17	surface IN DT JJ	surface of the first
18	surface IN DT JJ	surface of the second
19	surface IN DT NN	surface of the semiconductor
20	surface IN DT NN	surface of the substrate
21	DT surface IN	the surface of
22	DT surface IN DT	the surface of the
23	JJ surface IN	top surface of

续表

序号	词性标记	词　　组
24	JJ surface IN DT	top surface of the
25	JJ surface IN	upper surface of
26	JJ surface IN DT	upper surface of the

　　"surface"前后的词汇被词性替代之后，这个三元或四元词组就变成了一个较短的三元或四元范式。接着将这些范式重新放到 surface of the. keycontext 文件中进行统计，以获取这些范式分别在 257 领域专利权利要求中的数量统计结果，将这个结果输出为一个 keymap. pos. count 文件，如表 12-16 所示。这个步骤的统计目的是将词性分类，并以 NLP 技术的词性标注类型将"surface"前后的词汇进行分类建库，输出为多个表示不同词性的 dat 词汇库。

表 12-16　　　　　　　　　　　　**keymap. pos. count 文件**

序号	词性标记	数　　量
1	DT surface IN	2248
2	DT surface IN DT	4252
3	IN DT JJ	3281
4	IN DT NN	2851
5	JJ surface IN	2962
6	JJ surface IN DT	6063
7	JJR surface IN DT	204
8	NN surface IN	515
9	NN surface IN DT	996
10	RB surface IN	739
11	RB surface IN DT	1340
12	surface IN DT	8803
13	surface IN DT JJ	2560
14	surface IN DT NN	4446

　　根据已经找到的"surface"前后词性规律加上数量统计，如表 12-16 所示，可以发现在 257 领域的专利中包含"JJ surface IN"这个三元范式的数量有 2962 条，是前后词性组合中

180

最多的一个三元范式，所以将"JJ surface IN"锁定为一个在 257 领域专利中的固定范式。

为了从"JJ surface IN"这个三元范式中找到更多的规律或获得更长的范式，我们需要从包含"JJ surface IN"的权利要求的句子中分析出"JJ surface IN"前最接近的一个词的词性和"JJ surface IN"后面最接近的一个词的词性。所以，接下来将每一份权利要求书中包含"JJ surface IN"的权利要求输出为一个文本书件，定义为 JJ surface IN.seg1。然后将所有包含"JJ surface IN"的权利要求输出到一个文本书件中，定义为 JJ surface IN.seg2。再统计出在 JJ surface IN.seg2 文件中符合"JJ surface IN"的具体词组，将这个词组抽取输出为一个 JJ surface IN.seg3 文件。再将统计得出的所有词组进行数量统计，把结果输出为一个 JJ surface IN.seg4 文件，统计的目的是为了得出最值得研究的词组，并验证在我们前面的词频统计中分析得出的"surface of the"是否具有研究价值。然后再次使用 NLP 技术分析 JJ surface IN.seg3 文件中在"JJ surface IN"前面最接近的一个词的词性和"JJ surface IN"后面最接近的一个词的词性，通过 NLP 的词性标记，本书发现，在"JJ surface IN"前面最接近的一个词的词类主要是名次和"JJ surface IN"后面最接近的一个词的词类主要是动词。将区分为不同词类的 JJ surface IN.seg3 文件重新输出为一个 JJ surface IN.seg5 文件。最后将"JJ surface IN"前后的形容词和名词分别输出为两个文档，并分别定义为 verb.seg6 文件和 noun.seg7 文件。

这一小节的主要研究内容是基于词组归纳现有技术，并希望在现有技术上获得创新技术方法，之所以在研究过程中存在这一步骤是因为现有的专利文献检索方式主要基于专利标题中的关键词进行检索，这种关键词的检索方式往往并不能精确地搜索出发明人真正想要查找的专利文献内容。大部分情况需要检索专利文献的是某个领域的发明专家，而发明专家之所以在发明研究过程中检索现有专利文献，主要是基于对现有专利文献的研究分析当前及未来的发明技术发展现状、方向及趋势。

发明专家在进行专利文献关键词检索的时候，一般会集中于自己所在的发明研究领域来搜索，而且搜索结果都是关键词存在于标题的结果，但其实发明专家在进行相关搜索时希望的结果应该是关键词在专利文本中的相关内容。而本书现阶段对专利权利要求进行词性解析的方式，未来其实是可以运用到专利文献检索中的，通过对专利的每个词进行词性标记归类成不同发明技术库，这样在专利文献搜索中发明人进行关键词搜索的结果就不再是基于标题的搜索结果，而是根据关键词词性进行归纳后在专利文本内容中包含相关发明技术的专利结果。这种基于词性的专利文献搜索方式如果运用上线将会大大提高发明人的文献搜索效率，并降低其搜索时间。

12.2.3　结合 TRIZ 理论的专利研究

为了验证上述步骤抽取的"surface"前后 verb.map 文件和 noun.map 文件符合 TRIZ 理论中发明问题标准解。本书将基于 TRIZ 理论的 75 个发明问题标准解，抽取其中表示 TRIZ 发明问题的标准解决算法的动词和代表 TRIZ 发明问题的标准解决算法的名词，将抽取结果分别输出为 verd.triz 文件和 noun.triz 文件，如表 12-17 所示：

表 12-17 **TRIZ 标准解中的动词列表**

序号	单构词	数量
1	maitain	4
2	achieve	2
3	bring	7
4	replace	2
5	detect	7
6	do	21
7	disappear	1
8	convert	7
9	absorb	12
10	remove	54
11	enable	11
12	have	2627
13	create	13
14	attach	293
15	distribute	6
16	make	109
17	connect	650
18	enhance	6
19	combine	5
20	add	1

　　阿奇舒勒在经过大量的专利分析之后发现：如果专利解决问题的物质—场模型相同，那么最终解决方案的物质—场模型也是相同的。[1] 所以本书需要通过人工对比分析 verd. triz 与 verd. map、noun. triz 与 noun. map 文件，找到它们之间的交集，这个交集表示在 257 领域包含"surface"的专利中是存在符合 TRIZ 的物质—场模型及其标准解的基本范式，TRIZ 的发明问题标准解是通过物质—场分析法发现而来，物质—场分析法是 TRIZ 理论中一个重要的问题构造、描述和分析的工具，是一种常用的解决问题方法。物质—场分析法是一种与现有技术系统相关联的问题建模方法，它所构造的每一个系统是为了完成某些功能要求而存在的。通过对功能的研究，阿奇舒勒发现所有的功能都应该可以分为三个基本元素，一个存在的功能必定有三个基本元素组成，将相互作用的三个元素进行有机组

---

　　① 赵敏、史晓凌、段海波：《TRIZ 入门及实践》，科学出版社 2009 年版。

合将形成一个功能，他所希望的功能是：物体或物质（S_2）的输出，是由另一个物体或物质（S_1）在某些场（F）的作用下引发的。物质—场模型应当具备三个必要元素：两种物质和一个场。

物质—场的基本模型如图 12-15 所示：

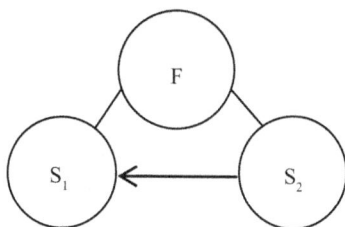

图 12-15　物质—场的基本模型

示例如图 12-16 所示：

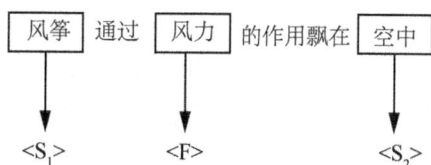

图 12-16　物质—场的模型示例

标准解法系统是 TRIZ 中解决问题的中间工具，依赖物质—场模型的三个必要——元素—物质 S1、物质 S2、场 F 三者之间的相互作用构成发明问题的解决算法。当物质—场模型使用文字表达时，其文本结构也存在一个普遍范式，为：

$$<S_1><F><S_2>$$

在其中表物质的<S_1>在物质—场模型中是接受者，在专利文本中应该是一个名词或者一个 subject 1 的关系。另一个表物质的<S_2>在物质—场模型中是一个发出者，在专利文本中应该也是一个名词、一个 subject 2 的关系。表场的<F>代表相互作用的关系，在专利文本中则是一个动词。在之前的处理中，本书一直对 257 领域专利中包含"surface"权利要求不断进行词频统计、词频分析和标记词性，就是为了可以从包含"surface"的专利找到专利所解决问题的物质—场模型标准解的相同范式。本书对比 triz. verd. map 与 surface. verd. map 之间的动词交集，将两个动词文件中同时符合的动词进行验证和归档，根据这个步骤本书获得了一个新的 verd. map，这是一个既符合 triz. verd. map，又符合 surface. verd. map 的动词文件。本书将这些动词重新放到 TRIZ 的发明问题标准解中进行关键词分析，发现这些动词在 TRIZ 的发明问题标准解的句义结构中主要表达的是物质—场模型中的一个作用力，即场（F）。

基于 TRIZ 标准解的专利研究：

本书随机抽取了一个在 TRIZ 的标准解中表场<F>的动词"connect"作为主要分析对象，

"connect"这个词仅存于 TRIZ 的第 52 条标准解中"If resonance oscillations may not be excited in a system, its state can be determined by a change in the natural frequency of the object (external environment) connected with the system"。从该标准解句意上可以知道，"connect"将一个不允许共振的系统与这个系统外可自由共振的物体或环境相连，从而使得这个系统产生变化。在这个标准解中，"connect"作为一个动词将一个物质与另一个物质相连接而产生了一个新的解决方案，所以动词"connect"在这个标准解中代表了一种作用力，它就是物质—场模型中的场<F>。为了证明 TRIZ 标准解与专利权利要求文本存在联系，本书将根据标准解的范式：<S1><F><S2>，加上我们之前找到的 257 领域权利要求关于"surface"的范式短语<JJ surface IN>，并把标准解范式中表示场的<F>替换为<connect>组合获得一个更长的范式：

<S1><connect><JJ surface IN><S2>

其中，<S1>、<S2>表示物质，其词性表达应该是一个名词或一个名词词组，具体形式应该是一个物体、装置、组合装置、部件、部件材料或其单元。而<JJ surface IN>这个三元范式在专利权利要求中应该是在一个<S1>或<S2>前面表物质表面方位或层次的词组。将这个范式重新放回 257 领域的专利权利要求书中进行查找，验证这个范式是否同时符合"surface"的统计规律和 TRIZ 的第 52 条标准解。我们再次从现有的 95772 份 257 活跃固态器件领域专利中重新统计出既包含"connect"又包含"surface"的 803 份专利。本书对这 803 份专利的权利要求对比范式逐一进行分析，发现了一些同时符合"JJ surface IN"的三元范式和 TRIZ 的第 52 条标准解范式的专利。以美国专利号 6841819 专利为例，该份专利发明项目涉及一种半导体器件，主要目的是提供一种能够提高储存区内位于外周边缘的电容器降解性能的半导体器件。该专利权利要求书的第十八条权利要求，本书直接提取了该份专利权利要求经过 lemma 模块和 cut 模块处理，语法消歧和剪裁之后的权利要求句子"a bottom surface of a lower electrode of the dummy capacitor be connect directly to a conductive plug form in the first insulate film.（虚拟电容下电极的底部表面和导电插头在第一绝缘膜上相连接）"，其中"connect"作为一个作用力将前后两个物质<S1>和<S2>相连接，根据之前提取的范式，表物质的<S1>和<S2>应该是"connect"前后最接近的两个名词或名词词组，在这个权利要求中根据这个规律分析得出其<S1>是"electrode"，代表<S2>的名词是"plug"，这个权利要求在句式结构上是完全符合本书上述范式的，但找到相同句式结构的权利要求并不能证明该权利要求符合 TRIZ 标准解的模型结构，所以本书还需要找到这个权利要求中的物质<S2>，这个<S2>应该如同 TRIZ 的第 52 条标准解中说明的一样与物质<S1>相连可以解决这个系统中物质<S1>不允许的共振问题，并获得系统信息的变化。

而这个<S1>"electrode"之所以要和<S2>"plug"相连接的原因在权利要求中是没法分析得出，因为权利要求包含了专利的保护范围和具体的技术结构，并不包括对专利技术结构的具体解释。《美国专利法》第一百一十二条规定："专利说明书应包括对专利发明或技术的制作和使用方式的具体描述，说明书的内容需使用完整、清楚、简洁的用语，并且根据说明书的内容，该专利领域的发明人可以完整地制造和使用该项发明技术，并能提出最佳实施方案。"专利发明的详细的实施方案和技术描述都在专利说明书中，所以我们需要在权利要求范式的说明书中进行查找<S1>"electrode"之所以要和<S2>"plug"相连接的原因。

根据上述说明，本书重新通过人工对该专利说明书进行通读，发现在示例专利的第二条权利要求中与标准解相关的范式模型结构的共振原因在说明书中确实有相关原因说明。根据说明书中的"SUMMARY OF THE INVENTION"（发明综述）对发明技术的结构及原因的详细说明可以指导该专利发明的主要目的是提供一种能够提高存储区内外周附近的电容器的降解性能的半导体器件，而作为物质<S1>的虚拟电容下电极的底部表面之所以需要与另一个物质<S2>导电插头在第一绝缘膜上相连接的原因是在半导体器件上的第一绝缘膜先有一个实际操作电容器，在存储单元区域中设置的实践操作电容器在存储单元区域的四个角会形成劣化，因此如果在四个角或其附近形成的虚拟电容器有选择行的保护内部的实际操作电容器，就可以有效地防止实际操作电容器的特性的劣化。根据说明书中的发明综述的说明就可以解释在权利要求中<S1><connect><JJ surface IN><S2>范式的存在是符合 TRIZ 第 52 条标准解实际情况。

本书只根据随机抽取的动词"connect"，研究了包含场"connect"的第 52 条标准解，但其实根据对 TRIZ 的 76 个标准解的场的动词提取是可以替换"connect"，然后根据不同的标准解范式在专利权利要求书中分析抽取出不同的专利范式的。

阿奇舒勒博士研究 TRIZ 发明问题标准解时，通过人工分析百万计的专利归纳的标准解不能涵盖全部发明领域的所有解决方法，特别是 TRIZ 最初研究的终点领域是工程领域，而且分析研究的专利也只是整个专利库中的部分数据。因此，计算机辅助分析研究是可以找到更多的符合解决发明问题的新的标准解法。这些解法一样也是符合物质—场模型（S1-F-S2）的关系的。本书在下节研究中，会用发明问题标准解的其他 F，进一步结合自然语言处理 NLP 技术来进行分析。

12.2.4 基于 NLP 技术的批量 TRIZ 验证

本书在第四章的第一部分介绍了 TRIZ 理论中的物质—场模型（S1-F-S2），两个物质通过一个场的作用的模型可以实现特定功能。本书在前面的研究中就发现美国专利数据 257 分类中专利符合的标准解 52 条，在这个标准解中，"connect"作为一个动词将一个物质与另一个物质相连接产生了一个新的解决方案，所以动词"connect"在这个标准解中代表了一种作用力，它就是物质—场模型中的场<F>。

在上一节中，本书利用 NLP 的技术分析了 TRIZ 解法，由于 TRIZ 主要以机械领域为例，而 4.2 节中分析了 TRIZ 在专利 257 领域的特点，在本节中，继续利用 NLP 技术对大量的专利数据，分析 TRIZ 的第三条标准解和第五十五条标准解。

本书的实验数据选取了 2005 年至 2012 年 257 分类的专利，将权利要求书进行提取，以 TRIZ 的第三条标准解为例。第三条标准解主要解决的问题描述是"If there is a SFM which is not easy to change as required, and the conditions contain limitations on the introduction of additives into the existing substances, the problem can bo solved by a transition（permanent or temporary）to an external complex SFM. attaching to one of these substances an external substance which improves controllability or brings the required properties to the SFM."（如果系统中已有的对象无法按需求改变，可以在<S1>或者<S2>的外部引入一种永久或临时的添加物<S3>）。

根据该标准解中对物质—场模型的<S1><F><S2>的内容提取本书找到了其中表<F>场的动词"attach"。

接下来，根据从 TRIZ 的第三条标准解中提取的动词"attach"利用程序，对现有专利中包含 attach 的权利要求文本进行统计，如表 12-18 所示。

表 12-18　　　　　　　　包含"attach"的权利要求数量统计表

时间	包含 attach 关键词的权利要求数
2005	2459
2006	2787
2007	2245
2008	1888
2009	2364
2010	3683
2011	3927
2012	3907

对上述数据分析 attach 关键词所在的权利要求所包含的名词，提取权利要求范式，利用 NLP 的词性标记技术，将 attach 前面的名词和后面名词标记出来，用来寻找 TRIZ 范式中的<S1>和<S2>以及在<S1>或<S2>外部的添加物<S3>。

在分析中，根据第三条标准解中说明的<S3>可能附着于<S1>或<S2>任意物质上的条件将范式定义为 F(S1、[S2、S3]) 和 F([S1、S3]、S2) 的关系，其中与<S3>使用方括号定义的内容在物质—场模型中的符号意义是表示一种物场的组合，可以在外部添加。

将 2005 年至 2012 年按 attach 在 TRIZ 标准解中的范式结构并去除 attach 的名词形式（比如 attachment），得到的数据如下（见表 12-19）：

表 12-19　　　　　　　　基于 TRIZ 标准解在专利中的不同范式统计

时间	范式一	范式二
2005	1423	631
2006	1810	754
2007	1354	710
2008	1130	534
2009	1384	679
2010	1861	1456
2011	2131	1541
2012	2124	1445

在数据库中统计专利权利要求中包含 attach 的四元词组，这些四元词组并不是直接出现在专利内，每个词之间会有间隔，比如 2005 年前六的词组（见表 12-20）：

表 12-20　　　　　　　　　　　　**包含四元词组的权利要求 Top6**

序号	词组	权利要求包含的次数	专利号举例
1	pluralitydie attach pads	64	6872661
2	surface die attach pad	31	6930377
3	layer die attach material	30	6946744
4	plane die attach paddle	26	6894372
5	heat spreader attach area	23	6919630
6	die attach paddle plane	20	6958528

通过 NLP 的词频统计，本书发现了上述与"attach"相关的四元词组，接下来将重新分析上述词组所对应的专利内容，其目的是验证上述词组所在专利中确实涵盖了 TRIZ 第三条标准解所蕴含的解决发明问题的解决方案。

本书将以包含四元词组"heat spreader attach area"的 257 领域专利号"6919630"专利为例进行验证说明。专利号为"6919630"的专利发明主要描述了一种带有散热器的半导体封装技术，这种技术可以使散热器更牢固地附着在半导体的基板的位置上。该专利的权利要求书详细说明了该发明技术的半导体封装技术中散热器的构成组件，其中第一条主权利要求中说明，"a heat spreader having a support portion and an elevated overhead portion, wherein the support portion is adhered by means of the adhesive layer to the heat spreader attach area of the substrate, with the elevated overhead portion coming in contact with the semiconductor chip for the purpose of heat dissipation from the semiconductor chip."（具有支撑部分和架空部分的散热片，其中所述支撑部分由粘合剂层粘附到所述散热器附着在衬底的区域中，与半导体芯片的架空部分接触，目的是散热器在半导体芯片中散热。）根据该权利要求的部分内容可以发现其中"support portion"利用"an adhesive layer"被附着在"support portion"上，使其与"heat spreader attach area of the substrate"相粘附。根据上述描述就可以归纳出其中与 TRIZ 第三条标准解相同的范式为"attach"作为一种<F>场在<S1>"support portion"和<S2>"heat spreader attach area of the substrate"的外部添加一种添加剂<S3>"an adhesive layer"以解决"support portion"和"heat spreader attach area of the substrate"组成的技术系统功能，而在该专利发明中，这样所解决的问题是使得散热器在半导体芯片完成了散热的功能。

该专利权利要求书共有两条主权利要求，分别为第一条和第七条权利要求。而第二条权利要求至第六条权利要求都是基于第一条主权利要求的具体特征技术的阐述，通过人工对第二条从属权利要求到第六条从属权利要求的理解分析发现，这五条从属权利要求都是围绕在主权利要求中提到的"a plurality of recessed portions"（多个凹陷部分）与衬底的区域附着面积形状的。

在通过人工对该专利权利要求书的第二条至第六条权利要求进行理解分析之后，本书发现，在从属权利要求中还存在一种符合 TRIZ 第三条标准解的物质—场模型。以第二条从属权利要求为例，"The semiconductor package of claim 1, wherein the cross section of the recessed portions in the heat spreader attach area of the substrate are substantially triangularly-shaped."（根据权利要求 1 的半导体封装，其中所述凹陷部分在所述散热器的横截面附着在衬底区域面积大致为三角形状），以该权利要求为条件对专利全文进行阅读分析，在专利说明书的"SUMMARY OF THE INVENTION"部分发现"since the provision of these recessed portions allows an increase in contact area of the adhesive layer with the substrate and the heat spreader"，这些凹陷是通过粘合剂层与基板和散热器的连接以增加接触面积的，这其中"the adhesive layer"又作为一种物质<S3>附着在"recessed portions"<S2>物质上将其与<S1>物质"the substrate and the heat spreader"相粘结，其附着粘结的目的是提高粘结强度，是散热器更加牢固的安装在基板上的位置。对该专利进行了通过人工进行了通篇的阅读分析之后，发现该专利发明技术可以被理解为一个围绕 TRIZ 第三条标准解而展开的专利发明，因为在其说明书中的"Conclusion"部分详细说明了该专利发明的特点是通过在散热器附着区域中的衬底和散热器的支撑部分提供多个凹陷部分，以便在这些粘接剂层的填充部分的凹部形成锚定结构，以利于对横向剪切应力散热器。此外，由于这些凹部在基板与散热器之间的接触面积增加，它可以增强粘合强度，以提供散热器在衬底上的位置更可靠地粘接。由此可以发现该专利发明的核心技术理念就是通过一个外部添加物"粘合剂层"<S3>将"所述凹陷部分"<S2>连接，来改善"凹陷部分"<S2>和"散热器及基板"<S1>所组成的技术系统的功能。

本节发现的这些规律是利用 NLP 的技术对 TRIZ 标准解的验证，首先，利用 NLP 技术处理专利数据降低了数据维度，减少了人工的阅读分析时间；其次，解决了人工无法批量处理大量专利数据的问题，提供了便捷的处理方式；最后，在人工猜想的基础上为结论提供了数据验证。

12.2.5 CATRIZ 和 TRIZ 理论的对比及创新

本书利用自然语言处理的技术，结合 TRIZ 理论，提出了 CATRIZ 分析算法，CATRIZ 分析算法和 TRIZ 的主要相同点和区别点主要表现在如下地方：

CATRIZ 算法来源于 TIRZ 理论。一份专利的主要创新点在于保护的范围和具体创新方法，对于保护的范围这是 TRIZ 理论划分的系统、子系统、超系统。对于通用的创新方法这是 TRIZ 定义的标准解和物场模型，在这一点上 CATRIZ 也是基于此思路。而 CATRIZ 的主要区别如下（见表 12-21）：

表 12-21 **TRIZ 和 CATRIZ 的区别对比**

序号	区别	TRIZ 理论	CATRIZ 算法
1	研究策略	人工	计算机程序
2	研究的专利数	第一次研究为 20 万份	研究了 160 万份专利
3	研究对象集合	苏联专利	研究了美国 2005—2012 年专利
4	建立模型的思路	人工归纳	基于 NLP 的范式匹配及人工归纳

序号	区别	TRIZ 理论	CATRIZ 算法
5	有效性确认	人工实证验证	通过概率论进行统计分析及人工验证
6	是否包含具体技术领域	不包含	包含
7	对专利保护的系统的划分	人工划分	利用上位词和下位词进行半自动归纳及人工划分
8	发明原理标准解的转移	TRIZ 矛盾矩阵	利用关键词进行热点分析，根据相同关键词利用编译原理自动机理论进行状态转移
9	标准解的表现方式	TRIZ 范式，即 S1，S2 和 F 的关系<S1，S2，F>	标准解存储到数据库，进行数据库查找
10	标准解的产生过程	人工归纳	利用 NLP 和关键词进行预处理，同时采用人工归纳
11	专利文件的处理方式	人工全文阅读	对标题、摘要、权利要求书、说明书进行分类计算机处理
12	对于重大颠覆式创新的处理能力	不具备	利用互联网新闻数据库，互联网企业数据库描述的文本进行分析，抽取新的系统定义

专利技术可以看成发明问题和解决方案的组合，发明问题和解决方案的不同组合可以产生新的发明技术，对于相同问题的不同解决方案就是发明技术的演变，通过自然语言处理获取专利文本中的发明问题和解决方案有助于分析发明技术的演变，并且可以通过新的组合，产生新的发明原理。

TRIZ 是通过对大量专利数据进行人工阅读整理出来的发明问题解决理论，但在专利数量日益增多的情况下，人工的阅读速度已很难赶上专利数据增长及科技创新的速度。本章将基于计算机自然语言处理技术结合 TRIZ 理论的相关发明原理及标准解进行专利研究。通过对专利的权利要求进行词组的归纳，本书分析得到专利权利要求符合的语法范式。通过对专利文本基于 NLP 技术进行关键词抽取与分类，本书找到并绘制出技术领域内的关键词汇树。通过进一步将权利要求语法范式结合 TRIZ 技术，从而分析得到专利权利要求符合的 TRIZ 范式。结合美国专利八年的 1643346 份专利数据，本书发现符合 TRIZ 的物质—场模型的词组"connect"所在文本的上下文的规律，结合基于词频分析得到的"surface of the"范式的使用情况，对比"connect"关键词和"surface"关键词共同上下文的规律，将 TRIZ 物质—场模型的规律推广到专利 257 分类"surface"相关技术领域，并进一步在"surface"相关技术领域对 triz 原理进行数据验证。

另外，本章提出了 CATRIZ 算法，该算法基于 TRIZ，同时以语音技术的"Speech"为例，选取了标题和摘要中含有"Speech"关键词的 1932 份专利，利用 NLP 的范式统计出

"Speech"领域的发明问题和标准解，利用概率论和词频统计的方法对发明问题和标准解进行数据整理，提出了常用的 9 个发明问题范式和 8 个标准解范式。该算法是对 TRIZ 理论的创新性扩展。

12.3　网络分析法

12.3.1　基于引用网络的专利分析

美国的大部分发明专利都有引用，引用主要分为专利引用和非专利引用。非专利引用比如论文，而专利引用又分为专利审查员标记的专利引用和发明人添加的专利引用。通常被高频引用的专利往往属于新兴领域的热门技术专利，为了研究热门技术之间的演化趋势，本书设计了相关实验来研究基于引用的专利技术迁移。

一份专利可以引用多份其他专利或者相关论文，专利引用结构的模式图如图 12-17 所示：

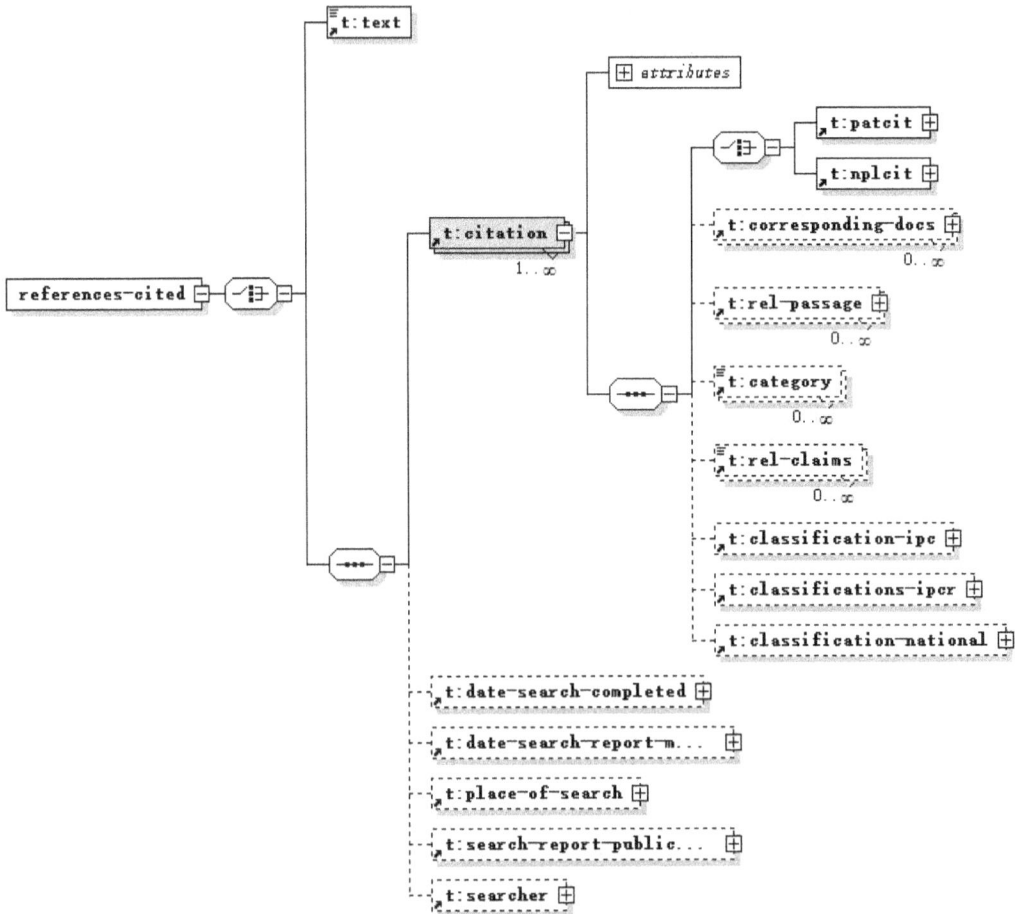

图 12-17　专利 XML 文档引用<references-cited>结构图

从图 12-17 的结构中可以看到，一个专利可以包含多个引用，每一个 citation 元素代表一个引用，如果其类型属性为 patcit，则是引用一份美国专利或者外国专利；如果其类型属性为 nplcit，则是引用一篇论文或者其他出版信息。如果该引用为专利，则其中包含被引用专利的引用编号、申请国家、专利名、专利号、发明人、申请时间等信息。根据 citation 的 category 子元素可以区分对应专利的引用是专利审查人员添加还是申请人添加，如果其值为"cited by examiner"，则说明是专利审查人员添加。

在本节研究中，将统计研究专利数据集中专利数据引用情况，根据专利见引用建立的网络关系进行分析，发掘其中反映的规律和演化趋势。在专利领域外，关于学术论文领域研究论文的引用信息、计算论文影响因子的研究有很多，分析国家、高校、研究机构、企业发表论文的数量、引用情况，可以用于综合评估学校、机构的综合科研实力或者用于分析科研发展的节奏。

在研究专利引用网络过程中，数据选择上，本书选取了 2005—2012 年的美国专利，首先进行数据整理，整理步骤如图 12-18 所示：

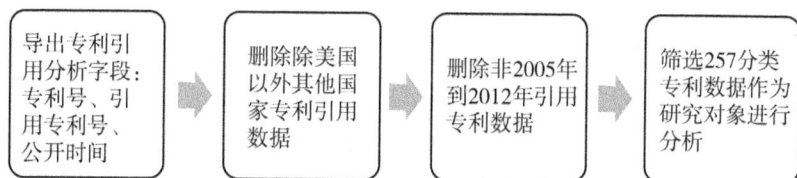

图 12-18　专利引用分析数据处理流程

(1)将专利 XML 数据库中的数据导出，导出时保留每份专利的专利号、引用专利号、引用专利号的专利公开时间，筛选存到文本书件。

(2)由于本书重点研究美国专利的技术迁移，因此将在第一步操作后欧洲专利局、日本专利局等其他国家专利引用数据删除。

(3)由于导出的是 2005 年至 2012 年的美国专利数据，但是不代表被引用的专利是 2005 年至 2012 年公开的，因此在将第二步操作后被引用专利不是 2005—2012 年的专利数据删除。

(4)本书的研究以 257 分类为例，基于第三步操作，将被引用的专利号和 257 分类的专利号对比，剔除不属于 257 分类的专利，删除后共有 96874 条记录。

以上完成了 257 分类被引用专利的数据整理，本书对每年的专利引用网络的引用进行数量统计分布，如图 12-19 所示。

通过上述图表中数据的显示，本书发现 2005—2010 年，257 分类专利(Active solid-state devices，即固态有源设备)的专利引用非常活跃，但是到 2011 年，引用数据缩减到原来规模的十分之一，2012 年又有少量引用出现。通过分析 257 固态有源设备的具体应用，发现 2005 年左右研究出的二极管，特别是发光二极管在全球市场上出现了爆发式的增长趋势，在随后的 5 年左右时间，在全球被广泛地应用于家用照明、路灯车灯、室外广告屏、信号指示灯、电子仪器显示屏等。相关技术的产品发明创新非常活跃。但是在 2011

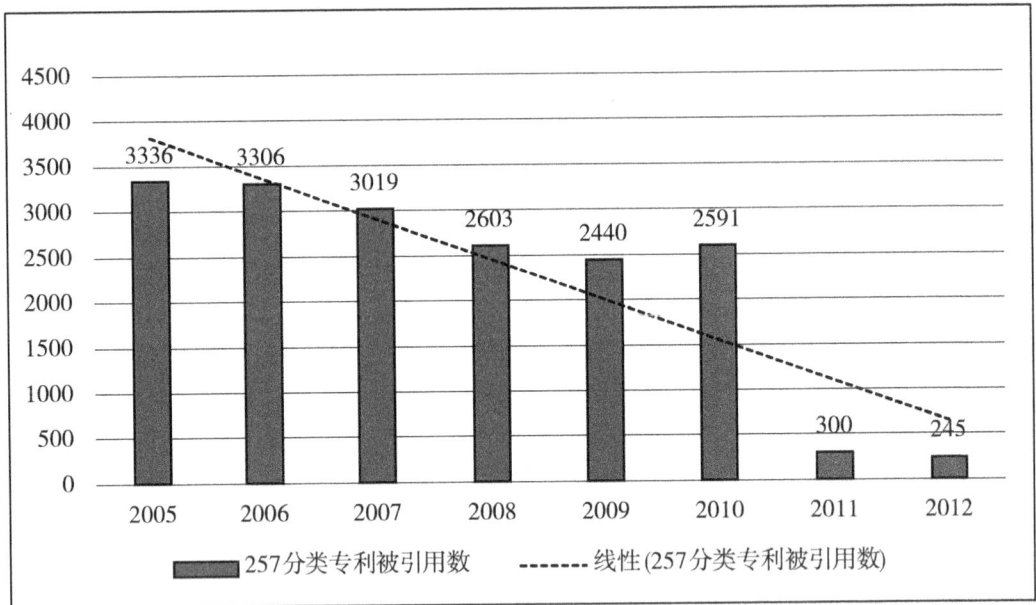

图 12-19　美国专利商标局 257 分类专利逐年引用总数分析

年，由于 TFT(Thin Film Transistor，液体薄膜晶体管)技术逐渐成熟，解决了能耗、制造工艺、生成成本等问题，TFT 显示的效果更好，市场反馈更好，相关产品逐渐开始领导市场。所以看到原来的 257 固态有源设备的专利和产品趋势变为下降。

通过对比发现 2005 年至 2012 年在 257 分类中，每年引用频率最高的专利如表 12-22 所示：

表 12-22　　　　　　　　　　　**257 分类专利引用数最多专利**

序号	引用频次	专利号	专利名	发明人/申请人	申请时间
1	197	6894305	Phase-change memory devices with a self-heaterstructure	Samsung Electronics Co., Ltd. (KR)	200550
2	195	6927410	Memory device with discrete layers of phase change memory material	Silicon Storage Technology, Inc. (Sunnyvale, CA)	200580
3	183	6936840	Phase-change memory cell and method of fabricating the phase-change memory cell	International Business Machines Corporation (Armonk, NY)	200580
4	179	6882051	Nanowires, nanostructures and devices fabricated therefrom	The Regents of the University of California (Oakland, CA)	200540

续表

序号	引用频次	专利号	专利名	发明人/申请人	申请时间
5	176	6933516	Forming tapered lower electrode phase-change memories	Ovonyx, Inc. (Boise, ID)	200580
6	165	6909107	Method for manufacturing sidewall contacts for a chalcogenide memory device	BAE Systems, Information and Electronic SystemsIntegration, Inc. (Nashua, NH)	200560
7	162	7042001	Phase change memory devices including memory elements having variable cross-sectional areas	Samsung Electronics Co., Ltd. (Gyeonggi-do, KR)	200650
8	161	7214958	Phase change memory cell with high read margin at low power operation	Infineon Technologies AG (Munich, DE)	200750
9	152	7067893	Optoelectronic element with a non-protruding lens	Masimo Corporation (Irvine, CA)	200660
10	149	7132675	Programmable conductor memory cell structure and method therefor	Micron Technology, Inc. (Boise, ID)	2006110

257 专利分类中，在引用排名前 10 的专利中，有 2 份韩国三星公司的专利，1 份印度企业的专利，然后其他 7 份全部是美国企业和大学申请的专利。从上述数据中可以看到，美国的科技企业与大学具有最强的科学技术发明与制造能力，是世界上其他国家科研人员参考最多的国家。其次，韩国三星公司在半导体生产制造领域也具有很强的实力，印度在半导体领域的发展也有很明显的进步。在全球科学技术与经济最发达的欧洲国家、俄国、中国等国家的企业则在半导体领域还处于比较靠后的位置。

本书基于专利的引用关系，将其转化为 GraphML 数据，绘制出专利引用的关联热点图，如图 12-20 所示。

在图 12-20 中，本书将专利使用专利号进行标记，不同节点之间的先表示引用关系。对图中专利的聚类(专利引用权重)关系机械能分析，看到专利 8610098、专利 8664689、专利 9076964、专利 6894306 属于聚类的核心专利；同时与两个或者多个核心专利相关联的是属于中间专利；只有一条引用关系的专利为边缘专利。其中核心专利被多个专利引用，是属于本领域内的热门技术；而处于核心专利中间被交叉引用的专利则是属于本领域内重要的过度技术。

12.3.2 基于专利网络权重的专利分析

本书基于专利权人的研究，通过对过去 12 年美国专利的标题、摘要、作者、权利要求、说明书、专利引用等信息的聚类进行分析与统计后，结合时间的变化轨迹，可以构建

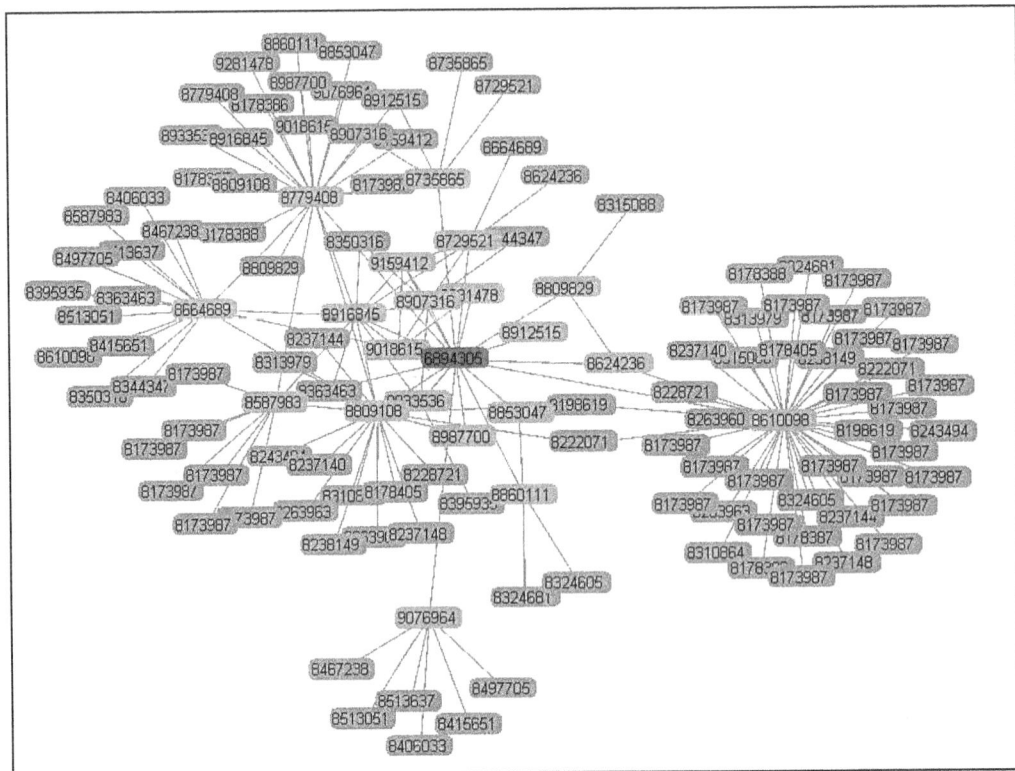

图 12-20　专利引用的关联热点图

出不同领域发明专利的演化趋势。

在基于专利引用网络的演化分析中，通过分析 2005 年到 2012 年美国专利的引用关系的统计关系，发现领域内技术发展和活跃程度。通过分析引用数排名前 10 的专利，解读其发明人、申请人和专利标题等信息，发现行业内部发展领先的国家、企业和大学。通过将专利引用关系的网络图可视化，分析出专利引用网络中的核心节点、中间节点与边缘节点。

从演化趋势的曲线与图表中，可以分析得到某一领域的技术迁移图、技术热点。在上一个章节中，我们是针对活跃固态器件领域的 12 年专利进行分析，得到器技术迁移路线和不同时间段的技术热点。对技术迁移路线和领域热点的研究在专利情报挖掘中具有重要的意义，企业知识产权保护和战略制定部门需要发掘本行业中新兴技术的发展趋势和行业发展的热点，从而决定企业的战略发展方向，政府的相关政策制定者需要根据行业的发展趋势和热点作为政策制定的依据，资本市场的投资人需要挖掘行业发展趋势和热点作为投资新兴行业或者市场的重要判断标准。

在进行专利的分析中，对应行业的技术热点或者最新技术趋势所反映的专利中，哪些专利需要作为专利挖掘用户重点关注的对象，那些专利可以不用重点关注？需要重点关注的专利肯定是在本行业领域内具有重要的影响力或者具有里程碑意义的发明，如新的生产材料的发明、新的生产技术的发明，这些专利一般是具有重要的商业价值的，对行业的发展具有重要意义。怎么找出这些具有重要商业价值或者意义的专利，这是本章节需要研究的问题。

为了评价一个专利的商业价值和影响力，本书提出一种综合计算专利影响力的模型，称之为计算专利的权重。通过综合计算权重方法得分越高的专利，则该专利在行业内具有更高的商业价值和更高的影响力。反之，该专利商业价值和影响力则越小，下面我们将详细描述这一套综合专利权重计算模型。

1. 专利数据权重挖掘的概念

专利数据权重的挖掘是指通过分析专利数据的分类、标题、摘要、引用、发明人、权利要求、说明书、评价等各种基本信息以及基于这些基本信息加工提取得到的信息进行一个综合的评分量化，得到一个权重数值。根据权重数值的大小，我们可以对同类专利进行打分排名，估算专利价值大小。

在赵环宇、张桂平等的论文研究中，他们提出一种计算专利文本特征权重的计算方法[1]，根据这个权重值，可以判断专利是否更能体现与贴近主题。基于主题的特征权重的计算方法，首先对专利的标题和摘要使用 KNN 算法进行分类，计算专利的特征词汇和频度。然后，通过给出一个特征计算公式，考察每个特征词汇与专利主题的相关性，对相关度较高的特征给予更高的权重，以突出特征与专利的相关性与重要性。

在吕春莱的论文研究中，他们根据专利申请企业、申请数量、企业市值之间的关系，将企业在行业内影响力、专利数量作为权重因素来衡量对企业市值的影响。[2]

2. 专利权重计算

在现有的专利影响力分析的发放中，常见的方法有专利标题摘要文本关键字与行业热点关联度分析方法，有专利发明企业的市值排名平均计算专利权重因子的方法，有专利时间与行业热点关联度分析专利权重因子的方法。系统化的权重计算模型是利用更多专利包含的信息进行综合计算，如：专利的结构完整性程度、专利与发明原理的匹配度、专利引用数量、专利发明人与申请人的行业影响力、专利争议数据库影响力。通过对这几种影响因素中的每一项进行评估打分，然后根据不同项目的权重因子，计算得到专利的整体评分。

采用系统化的权重计算模型的好处是考虑的信息很全面，特别是专利本身信息之外的影响因素都有考虑。但是，采用这种方法在进行整个专利网络数据分析时，很难统一地度量其影响力。如在对专利结构的完整性分析时，不同版本的专利文档定义结构不一样。专利发明人或者申请人行业影响力的评估也有不同的计算方法，没有权威的定义。专利与发明原理匹配度则需要对专利文本具有深度的语义信息提取挖掘，更多地需要使用人工干预，而不适用大规模的专利数据分析。因此，在专利网络中，进行专利数据集内所有专利

---

① 赵环宇、张桂平、季铎、蔡东风：《专利分类中基于主题的特征权重计算方法》，《沈阳航空工业学院学报》2009 年第 1 期。

② 吕春莱：《通讯企业专利数量与市值关系研究》，武汉理工大学，2013 年。

权重计算，采用可以精确计算的每个专利引用量作为分析的基础，计算得到的权重是精确可以量化的，可以作为标准化的专利影响力分析参数。

在利用专利引用量分析计算权重前，本书先简要介绍学术论文影响因子的计算方法，学术论文影响因子（IF：Impact Factor）计算也是基于论文引用量和时间的关系计算得到。影响因子是汤森路透社期刊引证报告（JCR）的一项数据，用来衡量期刊的影响力，在国际上的认可度很高。其计算方法是用某一期刊在两年内发表的论文在本报告年份中被引用总次数除以该刊在两年内发表的总论文数。如计算 2016 年某一期刊的影响因子，计算公式如下：

$$IF(2016) = (X(2014) + X(2015)) / (Y(2014) + Y(2015)) \qquad (12-2)$$

其中，IF 是该期刊的影响因子。X 表示 2014 年和 2015 年该期刊被引用论文总次数。Y 表示该期刊在 2014 年和 2015 年发表论文总数。

通过论文影响因子算法计算得到数值可以客观评价期刊影响力的排行，但是也会受到一些因素的影响，如期刊规模和结构、学科因素等都会造成一定的差别。本书在研究专利权重和影响力的时候，参考 JCR 计算影响因子的方法，但是使用一种新的加工得到专利关联关系来替代专利引用关系，并计算专利关联数，然后计算得到专利权重。

本书先对数据集中的所有专利建立一个专利网络图，数据集中的每一份专利都是图中的一个节点，节点间的关联关系（类似于 JCR 中论文的引用关系），使用关联关系取代引用关系。节点间关联关系的确认是基于不同专利间文本的相似性。对于数据库中的专利，本书首先利用文本挖掘技术抽取关键词，进一步基于关键词分析并建立专利节点间的连接关系，构建专利网络。最后，基于专利网络关系进行量化分析，得到一些专利权重评价指数。

在进行专利文本数据处理过程中，首先对专利文本信息进行去掉语法修饰语的处理，然后找出所有文本语句的词干部分。进一步识别出文本中的关键词，并对关键词进行统计分析和使用频率分析，最后对于每一份专利都可以构建一份专利的关键词统计频率向量 $Vi = (ni1, ni2, \cdots, nik)$，其中 $ni1$ 为关键词的统计量。在得到每一份专利的关键词统计频率向量后，可以对专利集数据建立一个关联向量矩阵。基于这个关键词频率向量矩阵，对任何两份专利，计算其向量距离，将该距离值作为专利的关联度值。关联度的计算公式如下所示：

$$M = \sqrt{\frac{(n_{i1} - n_{j1})^2 + (n_{i2} - n_{j2})^2 + \cdots + (n_{ik} - n_{jk})^2}{K}} \qquad (12-3)$$

其中，K 表示关键词矩阵中词的个数。

对数据集中所有专利的关联度值进行分析后，测试并给出了一个关联度临界值的定义，如果两份专利关联度值高于临界值，则认定两份专利高度关联，否则，认定关联度低。调整这个关联度临界值，得到一个最易观察数据集中分类聚集效果的临界值。对专利网络进行分析，可以得到专利技术知识流中的中心节点、中间节点、边缘节点。对于计算有关联的两份专利节点，本书在两份专利间建立一个连线，如此可以演变出整个数据集的网络图。

进一步，基于上面建立的网络图，本书对专利权重进行量化分析，通过计算一份专利在网络图中相连接的边数除以总的专利数得到，其计算公式如下所示：

$$W(ni) = \frac{d(n_i)}{g-1}$$
(12-4)

其中，$W(n_i)$是专利网络中关联到专利节点 i 的边数，g 是数据集中专利总数。

一份专利关联专利越多，则其重要性在数据集中越高。专利技术周期指数通过计算一份专利相关联所有专利间过渡年数的平均值，平均过渡时间越短，则该技术相关领域的技术生命周期迭代更快，发展更迅速。

第 13 章　数据传播网络应用研究

13.1　数据评价网络的应用研究：论文评议为例

13.1.1　数据评价网络的研究背景

在前面的章节中，基于元数据(含标识符数据)和全文数据，分别介绍了数据管理和数据分析。其中，对于数据管理包含数据的存储、渲染和编辑。在本章节，基于情报学视角结合区块链这种去中心化的新技术，进行了数据传播网络的应用内研究。

本章节期望利用情报学的技术方法，结合区块链新技术，分析两类典型问题：一类是数据评价网络中的传播机制，以论文评议网络。另一类是数据发布网络中的传播机制，以公文传播为例。本节先介绍数据评价网络的应用研究。

本节的研究背景来自《科技日报(北京)》2017 年 7 月 27 日第一版公布的著名学术出版机构施普林格(Springer)旗下《肿瘤生物学》撤稿调查处理情况，撤稿的 107 篇论文中的 95 篇由第三方机构提供虚假同行评议专家或虚假同行评议意见。

针对集中撤稿事件，中华人民共和国科学技术部会同教育部、卫生计生委、自然科学基金会、中国科协等成立彻查处理联合工作组，按照工作部署、彻查规范、核查程序、处理尺度和工作进度的"五统一"原则，对撤稿论文逐一彻查，甄别责任，严肃处理。正如施普林格出版集团细胞生物学及生物化学编辑总监彼得·巴特勒(Peter Butler)所说，"同行评审流程是保障科研质量、诚信和可重复性的基石之一"。与此同时，针对 *Springer Nature* 撤销的 58 篇来自伊朗的论文，彼得·巴特勒认为，对学术论文同行评审及投稿系统做手脚的问题是全球性的。由此可见，学术论文作为科学研究活动的重要成果，如何保证对其评议的真实性是一个全球性问题。

评议真实性可以归结为信息失衡问题，用信息生态系统观点对学术评议进行系统化研究，可以为解决评议真实性提供新的思路。关于学术论文评议信息生态系统的研究目前较少，学界重点是关注信息生态系统的研究。Nardi 与 Day 最早提出信息生态系统的概念，并对其进行了界定，随后大量学者开始关注信息生态系统具体应用场景分析。国内有关信息生态系统研究始于 20 世纪 90 年代。随着社会信息化水平的不断提升，信息生态问题研究成为跨学科研究的热点，其研究内容已涵盖信息生态系统、信息生态环境、信息生态平衡、信息生态危机、和谐信息社会等多主题①，在理论研究的基础上逐渐扩展到数字图书

---

① 宋天华、李春海：《信息生态研究分析》，《现代情报》2009 年第 8 期。

馆、电子商务、行业网站、社会信息等应用领域。目前，较为通行的学术论文评价方式为同行评议机制，国内外学者就此有诸多论述，郭碧坚指出："同行评议（Peer Review）是指某一或若干领域的一些专家共同对涉及上述领域的一项知识产品进行评价的活动。所谓知识产品，是指人们在进行知识活动中所获得的精神产品（如论文、论著、新工艺）和物质产品（如新产品、新材料）。"①黄雪梅提出："同行评议（peer-reviewed），是指同领域的专家对论文的研究目标、研究意义、研究方法、研究过程和研究成果以及论文的新颖性、创新性、真实性、逻辑性和规范性等进行判断和评价。"②万昊指出："伴随英国皇家协会同时诞生的首本科学期刊《哲学会刊》出版，标志着传统书信学术交流模式将被期刊交流模式所取代，并通过规范的共同体内部成员的同行评议方式进行质量监控。"③姚玉鹏指出："1986 年国家自然科学基金委员会成立，并在我国率先实施同行评议这一科研项目评审体制。"④同行评议在形式上主要有单盲评审、双盲评审、公开评审和发表后评审四种方式。⑤ 在同行评议流程上，目前通用的流程分为收稿、初审、外审、复审、主编终审等几个步骤，其中外审是同行评议的主要流程。如果同行评议认为作者的科研成果达不到出版社的要求，则会导致作者被出版社拒稿。

13.1.2　基于信息生态学的现有评价网络分析

Nardi 与 Day 认为，信息生态系统是在特定环境中，由人、实践、价值和技术构成的一个有机整体。信息生态系统是由信息人、信息和信息环境三部分组成的有机系统。⑥ 因此，学术论文评议信息生态系统由作者、出版机构、同行评议专家、社会化服务机构以及信息环境等部分组成，如图 13-1 所示。

学术论文评议网络具有典型的信息生态链特征，网络信息生态链是以信息消费者为核心主体，以信息传递和信息共享为目的，经历信息的生产、传播、组织、再加工、使用（消费）等基本流程，将信息生产者、信息传播者、信息组织者、信息消费者连成一个整体的功能网链结构，其本质是网络环境下的信息共享系统。⑦ 学术论文作者是信息的主要生产者，评议专家评审意见是重要信息来源，作者投稿、出版机构送评专家、评审专家反馈意见到出版机构则是信息传播，出版机构按评议结果将多名作者文章结集出版，完成信息组织，在社会平台上发布学术论文，供其他研究者参考是信息使用和消费。

①　韩宇郭碧坚：《同行评议制——方法、理论、功能、指标》，《科学学研究》1994 年第 3 期。

②　黄雪梅、张红、张晓：《学术研究成果同行评议模式的分析与研究》，《中国科技期刊研究》2016 年第 6 期。

③　万昊、谭宗颖、朱相丽：《同行评议与文献计量在科研评价中的作用分析比较》，《图书情报工作》2017 年第 1 期。

④　姚玉鹏：《国家自然科学基金的决策机制：对同行评议工作的探讨》，《中国科学基金》2017 年第 4 期。

⑤　巢乃鹏、胡菲：《学术期刊的同行评议：基于审稿专家和作者的比较研究》，《中国科技期刊研究》2012 年第 4 期。

⑥　马高强、冯缨、孙晓阳：《社会化媒体信息生态系统的优化分析》，《情报科学》2018 年第 4 期。

⑦　霍明奎、张向先、靖继鹏：《网络信息生态链的形成机理》，《情报科学》2014 年第 12 期。

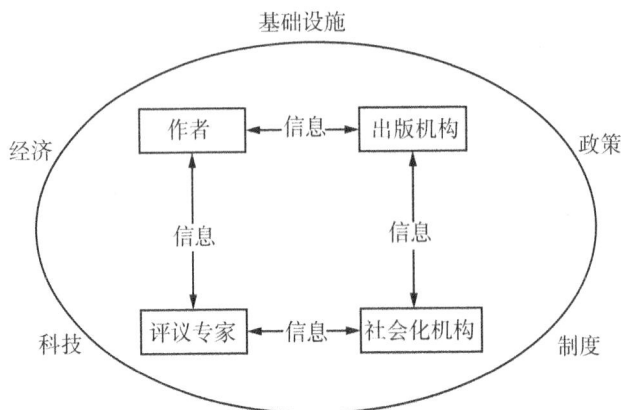

图 13-1　学术论文评议信息生态系统图

研究发现，目前的学术论文评议生态系统具有典型的中心化特征，从中文社会科学引文索引（CSSCI）收录的期刊通用的评议流程来看，学术论文评议是在出版机构运营的期刊投稿系统上进行的，构成了以出版结构为核心节点的中心化的信息生态系统，如图 13-2 所示：

以出版机构为中心的评议网络信息生态链，出版机构既是信息的生产者，又是信息的组织者，对来自作者和同行评议专家的信息具有信息整理和选择权，其信息偏好直接决定在网络信息生态链上的信息存续与消亡。基于出版机构为核心节点的信息生态链的中心化运行机制可能产生信息垄断，导致学术论文同行评议产生诸如虚假评议等信息失衡问题。

针对目前评议网络信息生态系统失衡导致的问题，许多学者进行了有针对性的研究，王谦提出："如何找到专业对口的评议者，如何在这些评议者中找到合格的评议者，专家们如何在短时间内判断研究成果的真伪"，是同行评议的关键问题。① 赵艳静提出："同行评议的造假途径，主要在同行评议专家信息录入不规范、编辑送审行为不规范、审稿系统不安全、审稿专家委托的审稿人不具备审稿能力这四个方面。"② 龚旭提出"在评议过程的哪些环节可能出现不公正的情况、构成评议过程的非个人的诸要素及其结构是否会影响评议的公正性、评议专家的个人偏见和利益冲突等因素如何影响评议结果、资助机构的宏观政策和资助环境又会对评议的公正性产生哪些影响"等问题。③ 雷雪提出："同行评议的回避措施主要依靠被评议人和评审专家主动申请，缺少客观的、定量化的参考依据。"④ 姚玉鹏提出，"同行评议可以更有效地在众多的研究建议中'过滤'掉一些不切实际的构

---

① 王谦：《对审稿制度中同行评议的再思考》，《中国传媒大学学报（自然科学版）》2017 年第 5 期。

② 赵艳静、王新英、何静菁：《防止同行评议造假的可行性措施》，《编辑学报》2017 年第 2 期。

③ 龚旭：《同行评议公正性的影响因素分析》，《科学学研究》2004 年第 6 期。

④ 雷雪、王立学：《基于学术关系的同行评议专家回避关系计量研究》，《现代情报》2017 年第 3 期。

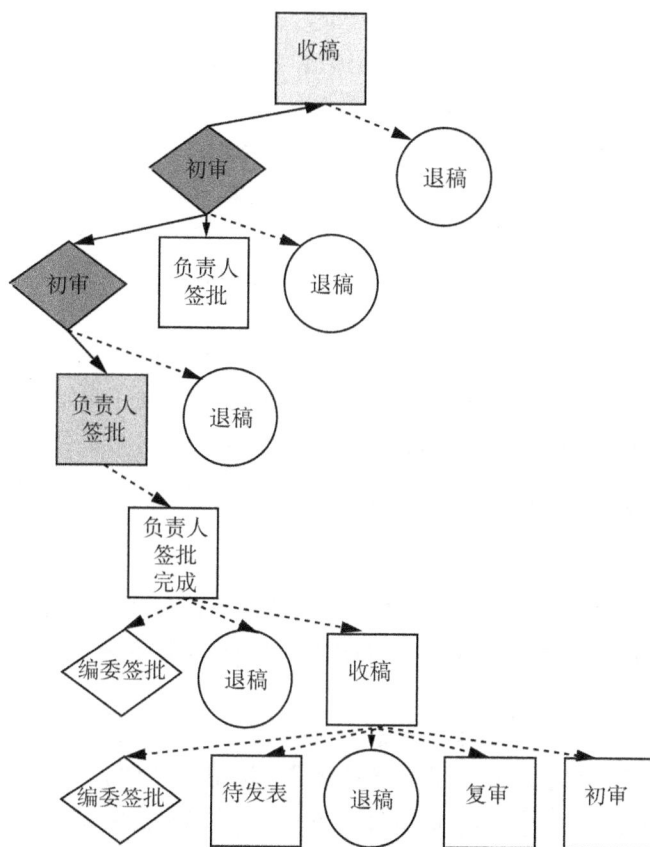

图 13-2　典型的学术论文评议信息生态链

思，而并不擅长'发现'与众不同或是风险选题的潜在学术价值"。① 王凌峰指出，"审稿人数量增长速度远低于投稿增长速度，导致审稿速度慢，尤其是高质量期刊审稿周期普遍很长，可能导致研究成果优先权丧失"。② 巢乃鹏指出，"评审时间过长；同行评议者在评审论文之前就对论文质量预先带有怀疑的心态；此外，还有评审人可能带有地域偏见、机构偏见以及新手偏见"。③ 陈培颖指出，"评审者对被评审对象所涉及的知识内容的熟悉程度不同，导致的评审结果与实际情况之间存在误差。另外，一些评议者由于利益冲突或竞争关系，可能给出不公平的评价结论，或故意拖延评审时间，导致创新性的科研成果

---

① 姚玉鹏：《国家自然科学基金的决策机制：对同行评议工作的探讨》，《中国科学基金》2017 年第 4 期。

② 王凌峰、孙英潮：《E-prints 预印本数据库的自组织同行评议模式设计》，《现代情报》2016 年第 5 期。

③ 巢乃鹏、胡菲：《学术期刊的同行评议：基于审稿专家和作者的比较研究》，《中国科技期刊研究》2012 年第 4 期。

不能及时发表，影响科研人员创新思想的首发权"。①

基于学者的研究发现，现有的评议信息生态系统存在失衡问题，归纳为评议过程和评议结果存在瑕疵。公认的评议过程评价指标为信息发布的时效性、信息表达的合规性、信息传递的安全性。评议结果信息评价指标则为公正性、有效性，这五类指标在目前评议网络中都存在需要改进的地方，具体表现为以下五点：

（1）时效性：主要表现为作者和出版机构不能快速找到评议专家，使作者失去发表优先权。

（2）合规性：常见的瑕疵是评议专家找其他人代审，专家不按照出版机构同行评议流程来评议。

（3）安全性：如出版社的同行评议系统被恶意攻击与篡改。

（4）公正性：如同行评议专家或者出版社滥用职权，歧视作者发表论文的依托单位。

（5）有效性：如专家不具备评价能力，没有理解作者表达的观点且作者无法申诉。

13.1.3 基于去中心化机制的评价网络改进

当前去中心化相关思想和理论不断发展，为学术论文评议信息生态系统的优化提供了思想和技术上的可能，本书从去中心化视角设计出学术论文评议网络，从机制上规避学术论文评议信息生态系统的信息失衡问题。去中心化思想构建的评议信息生态系统主体主要包含以下四个：

（1）同行评议用户：指参加同行评议的科研用户，为了和普通公众区分，需要注册时至少发表过一篇论文，已发表论文的数字对象唯一标识符（DOI）和开放研究者与贡献值身份识别码（ORCID）作为生成用户私钥和公钥的参数（私钥和公钥用于加密，基于区块链的非对称加密算法生成）。

（2）同行评议角色类：同行评议利用以太坊的机制，定义用户角色，对于不同的角色可以进行权限继承。其中，作者是最基础的用户角色类，同行专家是作者类的子类，出版社主编是同行专家类的子类。作者类保留了论文发表的必要字段，如依托单位、研究领域等，这些数据大部分可以从 ORCID 信息获取。同行专家类主要在作者类的基础上，增加了学历信息、任职机构信息、任职科研机构后缀结尾的邮箱（防止虚假同行评议的邮件地址）、职称信息等强制性字段，用于同行专家的身份合规性验证、公正性验证，这些字段在作者提交同行专家评议时起程序化验证作用。相对同行专家类来说，出版社主编还增加了出版社名称、期刊刊号（PRINT ISSN 和 ONLINE ISSN）等强制字段，这些字段在作者转移论文的评议意见给出版社时起程序化验证作用。具体的信息生态系统类图如图 13-3 所示。

（3）同行评议角色类约束规则验证：对于各类角色的约束规则验证则主要封装在各个角色类里面，为这些类的内置函数，如作者发起一篇论文给同行专家评议的请求时，需要验证同行评议专家的学历、职称、研究领域是否和论文相匹配，如果不匹配则约束规则验

---

① 陈培颖、陈倩、李娜等：《国内学术期刊同行评议现状的调研——基于国内自动化领域作者群和评审专家群》，《中国科技期刊研究》2016 年第 1 期。

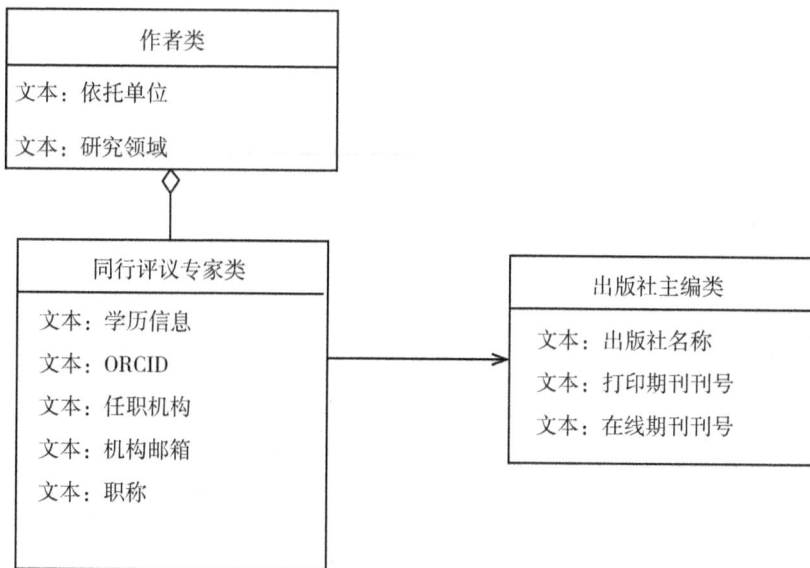

图 13-3　同行评议机制的角色类图

证函数返回值不为真，程序化验证退出执行。

（4）同行评议钱包：钱包分为公开钱包地址和匿名钱包地址，这需要在标准的区块链技术上进行扩展，公开钱包地址采用 ORCID，匿名钱包地址用根据作者 DOI 和 ORCID 生成的钱包地址。匿名钱包地址生成规则为基于公钥、私钥生成后采用 BASE58 编码。

对于已经构建完成的同行评议信息生态系统，其信息传递核心流程包括以下三类：

（1）作者发起同行评议流程：由作者发起同行评议请求。对于时效性问题，由作者向同行评议专家资源池发起请求，在专家资源池中专家数量足够多的前提下，可以很好地解决时效性问题。同时，基于同行评议角色类约束规则验证后向作者推荐同行评议可选专家列表，由作者决定向哪些专家申请同行评议，但是和中心化的模式不同，推荐的同行专家由网络进行验证，如和作者有利益关联则网络自动过滤，从而规避虚假评议产生。

（2）同行专家进行评议流程：作者从推荐的专家列表中选择同行评议专家，一般选择 3~5 名专家，开始同行评议流程。同行评议流程的本质是作者购买专家的同行评议服务并支付法币。作者向专家支付法币，但是法币金额会记录在区块中，交易金额根据国家财政部财科教〔2017〕128 号文件规定全网络统一标准。每笔交易的标准输入（Tin）为作者发起同行评议请求，每笔交易的标准输出（Tout）为专家完成同行评议的记录，这些评议结果会被存储到新的区块中。新区块存储的评议结果为摘要的元数据信息（Metadata），这些元数据主要针对合规性、安全性、公正性、有效性指标的元数据。评议结果的摘要信息对所有同行评议用户免费（如用户需要对论文的评议进行可溯源研究），评议结果的全文信息对于作者拟投稿期刊的出版社主编免费，方便出版社主编根据评议结果对全文信息作论文收录决策，但是如果不是作者拟投稿期刊的出版社主编，则需要收费保护作者、专家劳动成果和积极性。对于摘要信息的元数据具体由以下四类元数据构成：

（1）规性元数据：论文预出版标识符（arXiv 标识符）或论文的数字对象标识符（DOI）、论文合规性检验结果。论文合规性检测结果如论文查重率等可以由第三方论文重复率检测机构提供。

（2）安全性元数据：Tout 标准输出中包含多种同行评议方式，也对应不同的支付方式。如果专家愿意公开个人数据，可以采用 ORCID 地址方式；如果专家不愿意公开个人数据，可以要求作者采用基于专家私钥地址的匿名付款方式，但是为了鼓励专家实名制（但不强制），可以对不同支付方式的交易手续费进行不同的激励。

（3）公正性元数据：通过角色类约束规则验证作者和同行专家关联性，如判断作者和同行评议专家是否来自一个单位。

（4）有效性元数据：如论文创新性评价文本字段等，有效性提供出版社判断是否录用的重要参考值。

这四类数据构成元数据，存储对应模块验证函数的返回结果，如图 13-4 所示：

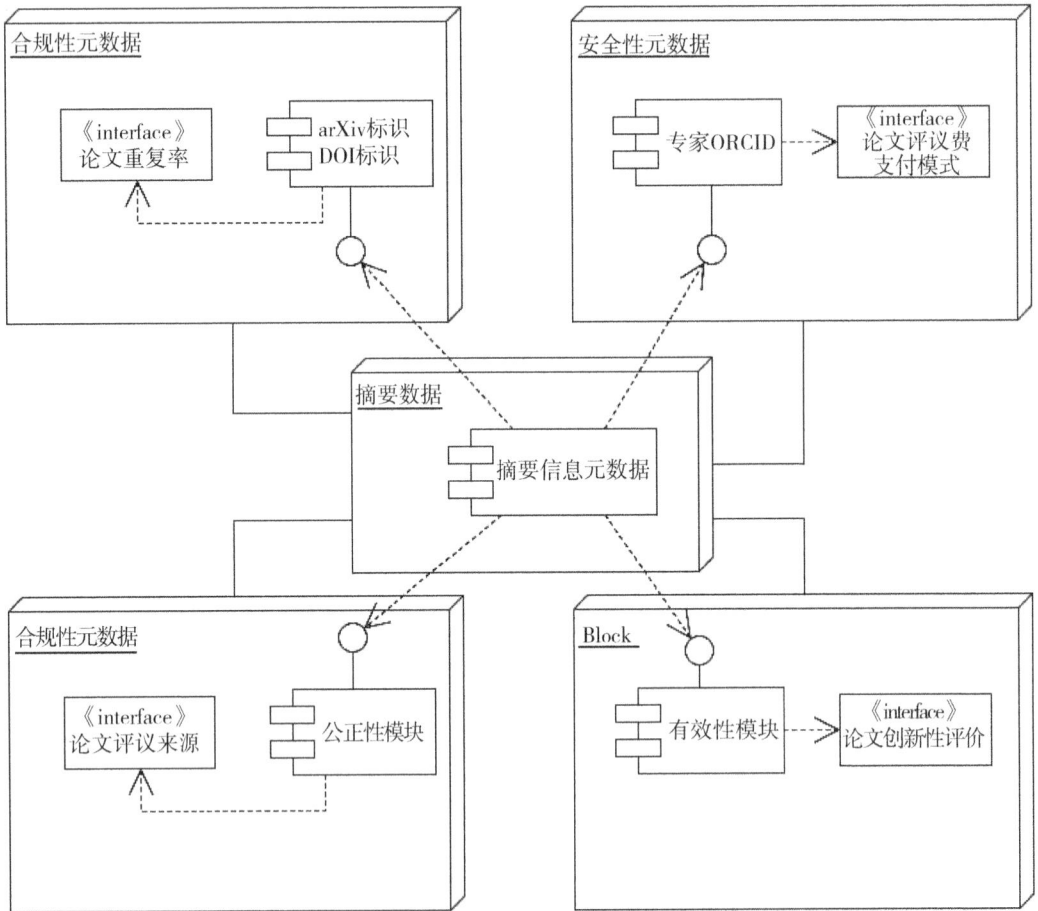

图 13-4　摘要信息元数据模块图

（3）评议标准升级流程：去中心化的同行评议机制具有可拓展性和一定的学术自治性，基于已经分成的作者类、同行专家类、出版社主编类，可以升级相关标准，但是升级标准需要整个去中心化网络中同类51%的节点投票通过，才能成为新的评议标准。

在以上三类核心流程中，去中心化同行评议网络信息生态系统，相对于传统的中心化网络信息生态系统，在作者发起同行评议的流程中，改进了时效性。在同行专家进行评议的流程中，通过相应的机制和技术，改进了合规性、安全性、公正性，并记录了有效性元数据，实现了评议流程和结果的可溯源。如果评议标准需要修改和升级规则，由于该机制本身具备可拓展性和学术自治性，也方便升级整个同行评议机制的规则。

另外，去中心化的同行评价信息生态系统具备以下五个特点：

①去中心化：所有的论文的同行评议都按照去中心化的同行评议机制进行，评议结果通过网络分发给各个出版社，该同行评议机制本身没有中央服务端；

②开放性：所有论文的作者和同行评议专家均可参加同行评议。

③匿名性：同行评议的专家和作者可以自愿决定是否公开个人身份信息。

④自治性：整个同行评议机制可以自己发展评议规则，对于新的规则，需要51%以上的网络用户投票同意。

⑤信息不可篡改：同行评议的所有记录存储在同行评议区块链上，信息不可篡改。

去中心化视角下的同行评议机制和传统的同行评议机制之间存在诸多不同，在去中心化的开放网络中实现同行评议，较好地解决目前同行评议中存在的问题，具体的评估价指标包含以下五类：

（1）时效性评价

解决时效性问题的关键在于更快地让作者找到合适的同行评议专家，在中心化的评议网络中，出版社掌握的同行评议专家的资源是有限的，这是时效性问题的根源，如果没有合适的专家，则出版社会让作者推荐专家，作者推荐就有可能导致同行评议作弊问题出现。去中心化的评价信息生态系统在解决时效性问题上将会有较好的解决途径。割裂出版社和同行评议专家的联系，这样同行评议进度不会受到出版社的流程限制。另外，要想吸引足够多的专家，可以通过作者向同行评议专家资源池中的专家支付评审费用，支付参考国家财政部财科教〔2017〕128号文件。保证同行评议的时效性。由于作者在发送同行评议请求时是面向整个同行评议网络，因此网络节点中的专家只要数量够多就可以保证作者论文同行评议的实效性。如果作者发现已经付费的专家评议时间过长，可以同时付费给其他专家，但是由于专家的评议结果不是绑定在出版社的中心节点，出版社并不是全部采用所有的专家评议结果，因此不属于论文发表的"一稿多投"行为。对于实力不够的期刊社，可以直接接入同行评议网络而不用自己去建立期刊对应的专家库，节约成本的同时还保证了出版的时效性。

（2）合规性评价

解决合规性问题的核心在于建立一种通用的流程，让评议专家方便使用，同时能减少专家和出版社的工作负担。目前，同行评议合规性主要指评议专家身份合规和评议过程合规。

①评议专家身份合规。这类领域研究主要是防止身份关联，如雷雪建议先抽取同行评

议专家的学术关系，然后进行计量研究①，如果身份不合规，则不允许同行评议。赵艳静认为，专家不能由作者推荐而由编委推荐审核，对于推荐的专家采用 ORCID(国际学术身份认证编码)，调查专家学术背景，对专家评议结果进行公开，对于编辑部则加强自律管理。② 研究表明，为规避同行评议可能出现的问题而采取的评审专家监管机制会导致监管过度，从而打击评议专家积极性。另外，对于出版机构而言，监管专家本身工作量很大，编辑部自律管理只靠道德约束，缺乏标准。对专家身份采用 ORCID 这种通用的身份识别标准可以在去中心化机制中作为重要参考。

②评议过程流程合规：姚玉鹏建议在评审工作中，制定细化的评审合规指南，同时为了更有效地保护非共识思想建立，建立对存在争议但可能特别有创新的项目予以支持的机制。③ 去中心化视角的同行评议网络在解决合规性方面具有以下特点：第一，参与者可以根据作者、出版社、同行评议专家的身份信息建立规则，并且改变规则需要 51% 的用户同意。在规则的使用过程中，将规则的发起、验证以程序指令方式编入区块链智能合约验证的解释器④，如果不按照整个网络的合规机制，则同行评议程序无法执行。第二，审稿记录的摘要信息写入区块，实现快捷的评议溯源分析，通过区块链完成同行评议的合规性检验。为了激励同行评议专家和作者的参与，鼓励同行评议专家按照合规流程审稿，保护作者、出版社、同行专家的劳动成果和积极性。如果第三方要进行评议溯源分析，可以免费获得审稿记录摘要，如果需要审稿记录全文数据，购买区块上完整的审稿记录需要支付费用给作者、同行评议专家和出版社费用。这种去中心化的合规检查机制的价值在于既保护传统模式各方用户的积极性，同时又基于程序而不是道德进行自律管理，减少出版社对合规性的干扰，又鼓励更多的同行评议专家去合规地评议作者论文。

(3)安全性评价

安全问题始终是相对的，同行评议的安全问题分为稿件系统安全和评议专家安全。稿件系统安全是计算机技术问题。而对于评议专家人身安全是指评议专家不能因为担心评议不一致导致作者对评议专家进行打击报复。

在去中心化视角的同行评议网络中，同行专家和出版社分离，作者对于不能认同的专家意见可以保留，然后选择新的专家进行评议，当评议的专家足够多时，会给作者一个相对公允的评价。对于出版社也可以作误差处理，在录用时对论文最好和最坏的评议结果去掉后予以评价。对于专家来说，即便接收作者同行评议的付费，也可以采用区块链中不同的支付方式，如专家的钱包实名地址 ORCID，如果专家愿意公开个人实名信息，可以要求作者采用基于钱包地址的实名付款方式；如果专家不愿意公开个人实名信息，可以要求作者采用基于专家私钥地址的匿名付款方式。

① 雷雪、王立学：《基于学术关系的同行评议专家回避关系计量研究》，《现代情报》2017 年第 3 期。

② 赵艳静、王新英、何静菁：《防止同行评议造假的可行性措施》，《编辑学报》2017 年第 2 期。

③ 姚玉鹏：《国家自然科学基金的决策机制：对同行评议工作的探讨》，《中国科学基金》2017 年第 4 期。

④ 徐志英：《科学文章同行评议研究进展》，《中国科技期刊研究》2014 年第 11 期。

对于中心化的同行评议机制，所有过程溯源都是实名制的，而对于去中心化的同行评议机制，个人隐私数据是否公开由付款双方决定，这类技术随着区块链的发展均已成熟。

（4）公正性评价

公正性问题主要来自保证作者的权益，在中心化的视角下，主要的解决思路是开放同行评议。具体而言，刘丽萍提出了"审稿人身份开放、评议结果开放、评议过程开放"。但是刘丽萍也指出，即便开放同行评论依旧存在"编辑和审稿人存在利益冲突、公众评议员观点可信性受到质疑、不愿实名的专家审稿人不愿意参与、专家可以批评、作者违心修改"等问题。[1]

如果从去中心化角度，基于同行评议区块网络，上述问题可以很好地解决。由于同行评议审稿专家来自网络，编辑和审稿人基本不认识，因此不存在利益冲突，审稿人由于接收到作者支付的审稿费，因此不用担心出版机构施压。另外，区块会存储评议意见，但是是否存储评议人的实名地址，则根据作者的付费模式决定。

同时，所有参与同行评议区块网络的是作者，同行评议专家、出版社、公众并不参与。即便选择匿名，评议网络存储的论文的专家评议记录会大于出版社需要的评议记录，因此可以给出版社更全面的评议意见，出版社可以阅读其中部分评议区块记录来决定论文终审，实现作者、评议专家、出版社在同行评议流程上的多维度选择，而不是中心化模式下单个链条的强绑定，从而保证评议结论更公正。

（5）有效性对比

有效性指审稿专家的同行评议意见对学术论文内容有建设性的评议意见，与时效性、合规性、安全性、公正性不同的是，前面四种更多的是机制问题，但是有效性需要同行评议专家既具备作者的领域知识（Domain knowledge），同时又能客观地评价论文。

尽管有各类论文的学术指标，但是这类问题本身很难标准化，而且有效性评价本身很难客观。在这一点上，中心化机制和去中心化机制都不能解决有效性问题，但是去中心化相对于中心化机制，可以更多地吸纳不同的意见，避免出现中心化机制中权威专家一次评议直接导致出版社拒收论文。

在中心化同行评议机制下，不同出版机构有自己的同行评议有效性评分指南，但是这种固化了的标准又往往会扼杀有争议的论文。

在去中心化机制下，同样能对有效性评议给出定性标准，为了保证评价的普适性和通用性，不适合对有效性的评议给予定量标准。但是可以通过去中心化机制解决有争议论文的评议，让论文在同行评议网络中更快地传播，得到更多同行评议专家的评议，提高论文的曝光度，从而克服中心化机制下有争议论文直接被拒稿的现象。

但是论文本身是否有学术价值和同行评议意见的有效性，则需要时间和更多的相关学者来检验，中心化机制和去中心化机制本身无法检验。

13.1.4　数据评价网络应用研究的研究结论

目前，学术论文的评议网络是以出版社为中心的网络生态系统，由于出版机构具有信

---

[1]　刘丽萍、刘春丽：《开放同行评议利弊分析与建议》，《中国科技期刊研究》2017 年第 5 期。

息垄断地位，导致信息生态系统中存在信息失衡问题。本节研究有以下结论和建议：

（1）为保证学术论文评议信息生态系统健康运行，出版机构应提升信息管理水平，扩大同行评议专家数量，建构智能化学术论文评价系统，保证信息处理时效性，促进论文评议信息生态系统整体平衡。

（2）去中心化的学术论文评议网络，其开放性特征可以较快地吸引学术作者和评议专家，可以高效率地形成合理的信息生态链，其可溯源特点为出版机构提供信息质量监控途径，保证了评价信息的公平性和科学性。论文作者和科研人员应有意识地在网络中形成自己的学术区块，形成学术研究和信息传播新平台。

（3）科技部门要明确自己在信息生态系统中的角色，重视学术论文信息传播问题，转变服务理念。为学术论文评议营造一个良好制度环境，同时加强学术造假行为的惩戒力度，规范学术评议信息生态系统各主体的信息行为，充分发挥引导作用，最大限度地保证作者、出版机构、同行评议专家的利益，形成良好的信息生态，为建设创新型国家提供良好的信息环境。

13.2　数据发布网络的应用研究：公文传播为例

13.2.1　数据发布网络的研究背景

上一节介绍了数据评价网络的应用研究，本节介绍数据发布网络的应用研究，并且以政府公文的发布网络为例，进行该应用研究。

政府公文是确保关联方及时获悉和学习国家方针政策，了解政府工作动态，进而有效执行的前提和基础。目前，政府公文的传播路径主要依赖各部门之间的线下逐层传递和线上互联网相结合的传播方式。而且，基于传播的高效、便捷和及时性等特点和优势，"互联网+政务服务"这种线上传播方式越来越受重视。

2016 年 12 月 15 日发布的《国务院关于印发"十三五"国家信息化规划的通知》中首次将区块链作为战略性前沿技术写入"十三五"国家信息化规划，提出要进一步深化电子政务应用，基本形成统一完整的国家电子政务网络。

2017 年《国务院办公厅关于印发政府网站发展指引的通知》明确指出，政府网站功能应包括信息发布、解读回应和互动交流等。目前，如何规范政府公文传播路径的标准，提升效果，完善其实现技术，已经成为政府公文发展的当务之急。

2012 年 4 月 16 日印发《党政机关公文处理工作条例》明确，"党政机关公文是党政机关实施领导、履行职能、处理公务的具有特定效力和规范体式的文书，是传达贯彻党和国家的方针政策，公布法规和规章，指导、布置和商洽工作，请示和答复问题，报告、通报和交流情况等的重要工具"。

政府公文传播是对国家和各地政府机关发布的文件和通知等信息进行广而告之。

基于对政府公文传播路径分析，本书将这一过程分为公文上传、公文发布和公文获取三步：

（1）公文上传是指政府工作人员将最终定稿的公文上传到政府公文信息系统的过程。

当前政府公文信息系统的主要存储形式为 HTML 网页格式，一般在政府部门的机房服务器进行集中统一管理。

（2）公文发布是指内容制定者将公文内容通过不同方式和路径送达至关联方的过程。

（3）公文获取是指公文的关联方通过各种渠道获取并阅读公文内容的过程。

政府公文传播路径主要分为线上和线下渠道：

（1）线上渠道主要依托互联网开展，有两种方式，一是通过国家和各级政府建立的官方网站进行传递；二是通过政府部门的新媒体账户（如官方微信公众号等）实时更新最新的工作动态。

（2）线下渠道：一是各层级通过纸质文件层层下发来执行；二是通过取得政府授权的中介机构来宣传和传递文件内容。当然，随着电子政务的普及，纸质文件传递的比重正在逐渐缩小。公文在不同生命周期的传播路径如图 13-5 所示：

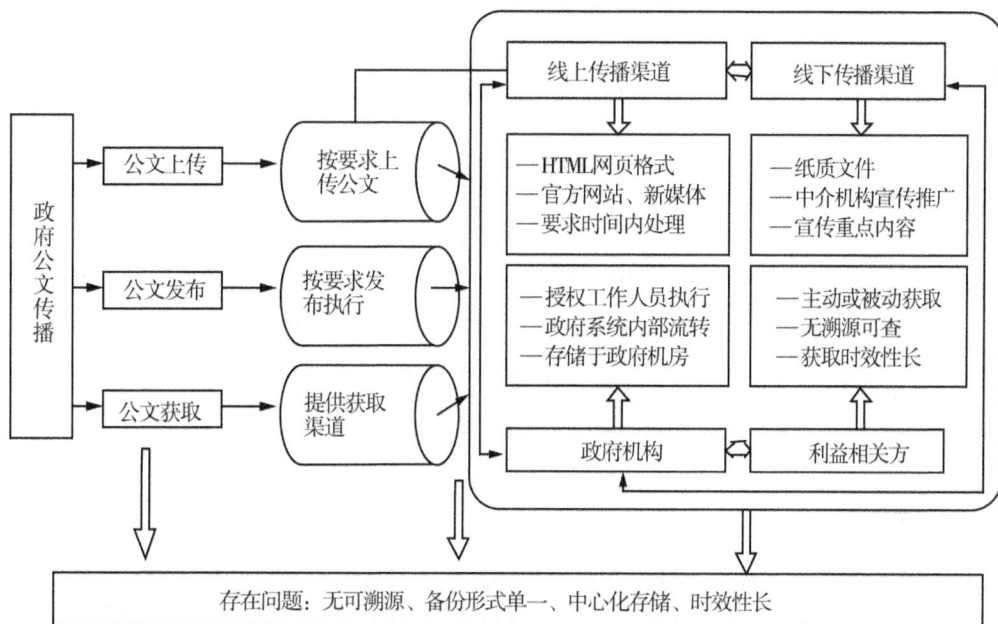

图 13-5　政府公文生命周期的传播路径

目前，政府公文上传的格式普遍为 HTML 网页格式，公文内容统一存储在政府独立构建的信息管理系统中，存储连接节点就是各级政府机构的机房服务器，中心化特征明显。公文发布和获取，主要依托官方网站、内部 OA 系统和新媒体渠道以及中介宣传机构来开展。

当前，国内学者对政府公文传播路径的研究，也主要从公文的上传、发布和获取的渠道和技术方法三个方面进行分析：

1. 公文上传过程

相关学者在公文上传中主要从公文的存档管理、元数据管理、文档生命周期作了相关研究：苏冠贤①研究了电子公文在线归档的实现路径，在《电子公文归档管理暂行办法》和《电子文档与管理规范》等文件管理的基础上，制定了脱机归档电子文件命名规范表（详见表 13-1），从正文、附件、公文单和附属文件等数据角度制定了命名规则，为每份电子文件独一无二的名称，便于脱机归档。张静②通过数字化信息技术构建了包括内容标识、类别标识、日志标识和系统标识在内的电子档案标识体系，对档案进行定位、区分、描述和聚类管理，以期加强档案管理的安全性和规范性。刘家真等③从元数据归档和文件价值保存角度，构建和规范了电子文档归档的管理框架和制度、系统软件开发过程。通过对比已有的公文传播路径的规范，曹建忠④依据档案文件工作过程的阶段性特征和价值体现，从存在形式、表现特点、发挥作用、服务受众等方面明确了文件生命期与档案生命期的内涵、区别和关系，有利于有价值文件的长期保存。曹文振⑤基于国内高校电子文件管理办法和美国《联邦机构架构文件管理纲要》内容的对比研究，得出要将电子文档的及时呈缴制度纳入高校电子公文管理办法，以期提高电子文件获取与利用的便利性，保障信息采集的全面性与时效性。

表 13-1   脱机归档电子文件命名规范表⑥

公文数据	命 名 规 则
正文	｛公文文号｝–01–｛公文标题｝
附件	｛公文文号｝–02–｛2 位流水号｝–附件原始标题 多份附件时
公文单	｛公文文号｝–03–｛公文标题｝
附属文件	｛公文文号｝–04–｛2 位流水号｝–附件原始标题 多份附件时

2. 公文发布过程

相关学者主要从发布后的发布渠道、传播路径领域作相关研究：王舒雅⑦运用微博的及时快捷和简洁易懂等特性，提出保障公文传播时效性和价值的具体方法。在发布权威性方面，刘家真⑧研究了电子公文行政效力的失效性问题，主要优势在于提出通过规范电子

---

① 苏冠贤：《办公自动化系统与档案管理系统优化整合模式研究》，《档案学研究》2017 年第 5 期。
② 张静：《电子档案标识初探》，《档案学研究》2017 年第 3 期。
③ 刘家真、程万高：《我国电子公文文档一体化的障碍与对策》，《档案学研究》2008 年第 1 期。
④ 曹建忠：《文件生命期与档案生命期新定位述略》，《档案学研究》2017 年第 5 期。
⑤ 曹文振、张立彬：《专题数据库：高校电子公文利用的新模式》，《图书情报工作》2016 年第 20 期。
⑥ 苏冠贤：《办公自动化系统与档案管理系统优化整合模式研究》，《档案学研究》2017 年第 5 期。
⑦ 王舒雅、王帅：《微博公文——当代公文传播新推手》，《创作与评论》2013 年第 6 期。
⑧ 刘家真、廖茹：《电子公文行政效力的失效与对策》，《档案学研究》2010 年第 4 期。

公文的流程跟踪、捆绑保存、痕迹管理和签章管理等方式保障电子公文行政效力。杨静[1]分析了互联网+时代档案潜在用户转化的必要性，从网站建设、共建共享机制、跨界融合等角度，提出了促成潜在用户转化的思路，有助于提升档案价值，优化档案服务，提高档案利用率。

3. 公文获取过程

学者主要对公文获取后的二次传播、阅读新闻进行了相关研究：张卫东[2]通过对档案微信和微博影响力进行调查分析，提出提升公文社交媒体影响力的具体对策，这有利于更好地满足用户需求，提升信息获取的交互性和及时性。闫奕文[3]基于 BP 神经网络方法，从用户认知、情感态度、用户行为、社会影响、政务微信公众号平台五个维度，研究了政府公文的微信号传播路径的效果和优势，减少了过程中的人工干预，并可观测到人工分析方法察觉不到的传播效果。

13.2.2 基于区块链技术的数据发布网络改进

尽管当前有对改进政府公文传播路径的探讨研究，但研究较为分散，多半基于公文传播的某个过程中存在的部分问题提出解决思路，这对提升政府公文的传播效果有一定的借鉴作用，但无法解决根本问题。具体表现在以下三个方面：

（1）对比性实证分析研究不足：比如，对公文上传过程的研究集中在如何规范管理公文上传的流程、归档格式、文件价值保存等方面，但是对于公文上传的具体格式和编码研究较少，即使有基于个别领域提出公文上传编码思路，也仅仅是对数据库技术的部分应用，普遍推广和传播的效率不高。

（2）传播路径过于单一：局限于传统模式和互联网传播渠道，没有利用区块链技术分析公文传播路径的研究。

（3）缺少溯源管理：当前研究大多局限于对某些传播渠道方式的拓展和效果分析，缺乏对传播渠道的溯源管理和监督，既缺少对传播源头的跟踪监督，也缺乏对利益相关方获取公文和阅读情况的深入分析。詹晓阳、刘家真通过实证调查研究发现："应用较早且极其普遍的电子公文系统大多缺乏文件管理功能，致使电子公文文档失去再利用价值，造成信息资源浪费。"[4]

基于区块链技术的优势，已有相关学者将区块链技术与信息管理相结合，探讨图书馆信息收集、存储和传播新路径；[5] 构建智慧图书馆资源管理系统，研究知识传播的自动管

① 杨静：《"互联网+"时代档案潜在用户转化的思考》，《档案学研究》2018 年第 1 期。

② 张卫东：《档案社交媒体影响力分析》，《档案学研究》2018 年第 1 期。

③ 闫奕文、张海涛、孙思阳、宋拓：《基于 BP 神经网络的政务微信公众号信息传播效果评价研究》，《图书情报工作》2017 年第 20 期。

④ 詹晓阳、刘家真：《论我国电子政务管理系统中电子公文文档的协同管理策略》，《科技进步与对策》2010 年第 8 期。

⑤ 房永壮、王辉、王博：《基于大数据共享环境下图书馆"区块链"技术应用研究》，《现代情报》2018 年第 5 期。

理和智能运营;① 将供应链各参与方有效链接，构建互信共赢的供应链生态体系和信息平台②，该平台技术构建见图 13-6 所示。但这些研究主要在图书管理系统领域，对政府公文传播路径有一定借鉴意义，但不完全适用。

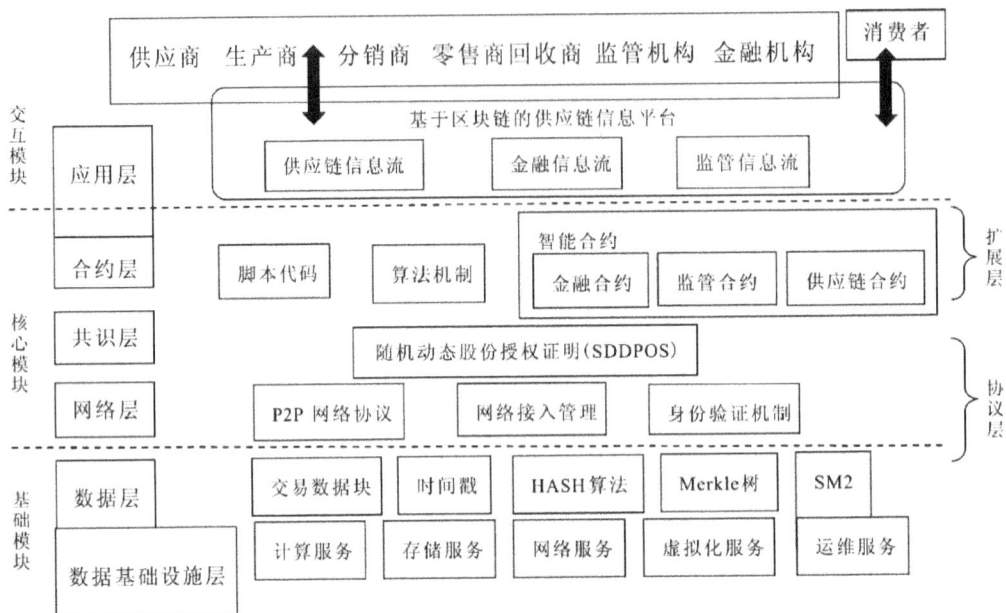

图 13-6　三位一体供应链信息平台技术构架

政府公文的有效传播要求送达的及时性、便捷性和安全性，内容的准确性、完整性和稳定性，易用、易保存，以及可随时进行溯源监管和分析，而这些恰恰是区块链技术的特点和优势所在。鉴于此，基于当前已有的研究成果，结合 Handle 编码等区块链技术的应用，从公文上传、发布和获取三个层面，从格式、编码、存储、溯源分析等角度提出改进措施，旨在解决公文上传的备份存储，拓展传播路径，并实现对公文上传、发布和获取全流程对溯源功能和痕迹管理。具体流程如下：

1. 公文上传过程

本书认同研究人员对电子文件上传的标识、规范和存储研究，但是这些是在中心化基础上完成，且以电子档案为研究对象，对政府公文上传过程并不完全适用。政府公文具有权威性和约束力，代表所在机关或单位的决策或观点，具有法定效力。为确保政府公文的内容完整、可读、易用且无法篡改，上传的公文必须使用标准和通用格式。目前，政府公

---

① 曾子明、秦思琪：《去中心化的智慧图书馆移动视觉搜索管理体系》，《情报科学》2018 年第 1 期。

② 杨慧琴、孙磊、赵西超：《基于区块链技术的互信共赢型供应链信息平台构建》，《科技进步与对策》2018 年第 5 期。

文一是以附件形式（多为 PDF 或不可编辑的 Word 文本）上传至官方网站发布的相应通知文件中；一是通过 OA 系统上传至规定机房的服务器。基于这一上传过程，引入了 Handle 编码来改进，如图 13-7 所示：

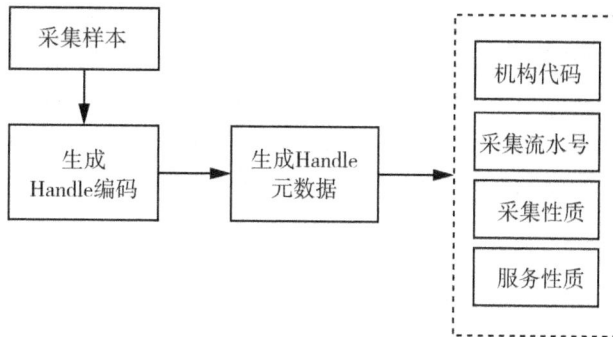

图 13-7　公文生成 Handle 编码流程图

Handle 系统属于唯一标识符系统，用它的标识符命名规范定义文件，也同样具有唯一标识性，基于 Handle 编码的上传过程如图 13-7 所示。首先根据公文生成 Handle 编码，Handle 编码指向对应的元数据，元数据包含生成机构代码、采集流水号、采集性质、服务性质等用于追踪的元数据。Handle 编码还根据采集文件的大小、时间、类型等计算生成加密哈希值，指向一个具体的 IPFS 地址。当 IPFS 被请求一个文件哈希时，就会使用一个分布式哈希表找到文件所在的节点，取回文件并验证。Handle 编码由＜固定 Handle 头＞/＜钱包地址＞.＜IPFS 哈希＞构成，其中 Handle 标识码为 20.500.*，由 Handle 全球管理机构 CNRI 分配；而钱包地址就是指以太坊钱包地址，由上传者提供；IPFS 哈希是上传至 IPFS 网络后反馈的一串标识码。

举例说明，山西省人民政府办公厅印发《关于山西省开展基层政务公开标准化规范化试点工作方案的通知》在上传后生产 Handle 编码，详见表 13-2。其中，文件 Handle 标识符为 C1，＜以太坊钱包地址＞为 C2，＜IPFS 哈希＞为 C3。Handle 编码在 IPFS 网络的固定指向为 C4，这也是公文发布和获取的唯一网络钥匙。只要提供正确的编码，且该编码被系统确认，在有网络的情况下，任何地点均能第一时间通过区块链网络下载获得公文内容。

表 13-2　　　　　　　　　　政府公文 Handle 编码规范表（示例）

序号	命名规则	示　例
C1	Handle 标识符	20.500.11926
C2	＜以太坊钱包地址＞	0x1E1c3066c7f361a61729C06eb34173e6944180ab
C3	＜IPFS 哈希＞	QmZYEEbaMip8AJUbi2vUFsSk7XAPNtAjk9vR8MqKL17MJF
C4	＜IPFS＞指向	https://ipfs.io/ipfs/ QmZYEEbaMip8AJUbi2vUFsSk7XAPNtAjk9vR8MqKL17MJF

2. 公文发布过程

就公文发布而言，本书认同刘家真提出，通过规范电子公文的流程跟踪、捆绑保存、痕迹管理和签章管理等方式，来保障电子公文行政效力的研究结论。但是这些都是建立在传统互联网技术的基础上开展，其实现的深度和广度均有限，达不到预期效果。当前的政府公文传播路径表现为层级传播的金字塔模式，每份公文数据在发布之前存储于发布机构机房的服务器，在获取发布授权后，再逐层审核进行下发。以一份由国家部委发布的政府公文为例，其发布过程一般有以下环节：国家部门—省级—市级—县级—乡镇级，且各层级之间根据公文内容涉及的部门进行逐层级审核发布，中间的过程不可逾越，如图 13-8 所示：

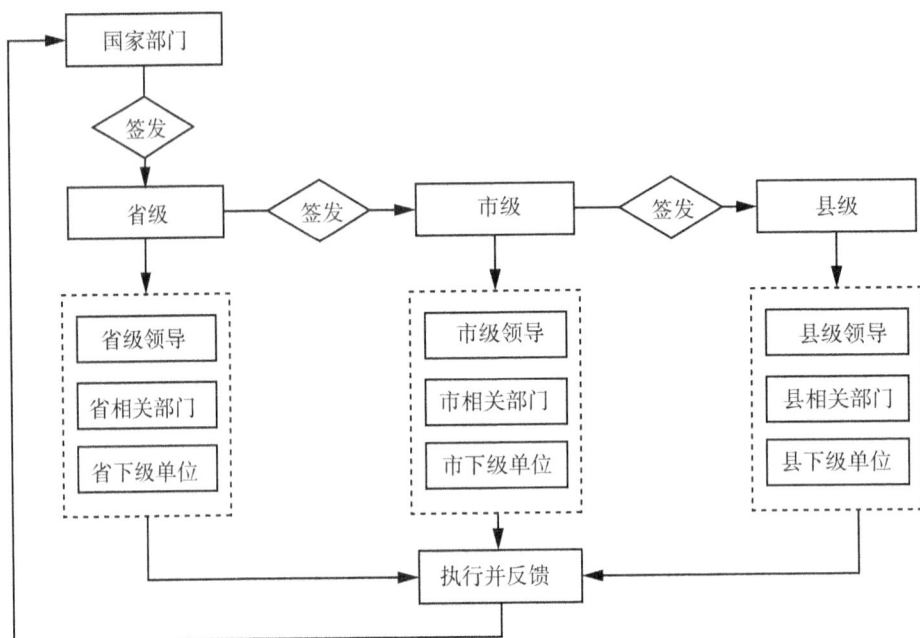

图 13-8　政府公文发布过程流程图

一般而言，一份政府公文从发布到最后下发各层级受理并反馈，全流程传播需 30 天左右，其中，省级政府及相关部门受理和反馈一般需 7~14 个工作日，市级和县级政府以及他们各自的相关部门受理及反馈又各需 7~14 个工作日。但采用区块链技术后，政府公文可以通过区块链交易所进行扁平化发布。一旦在政府公文内容被制定单位领导审批后，由该单位操作人员采集文本进行 Handle 编码，并上传至区块链交易所，指向固定的 IPFS 地址。执行人员只需将 IPFS 地址传输给其他各层级工作人员，由他们在区块链交易所平台上提供正确的文件哈希值，待验证通过后，区块链交易平台即可同时向提供了正确地址的工作人员发布该公文内容，如图 13-9 所示：

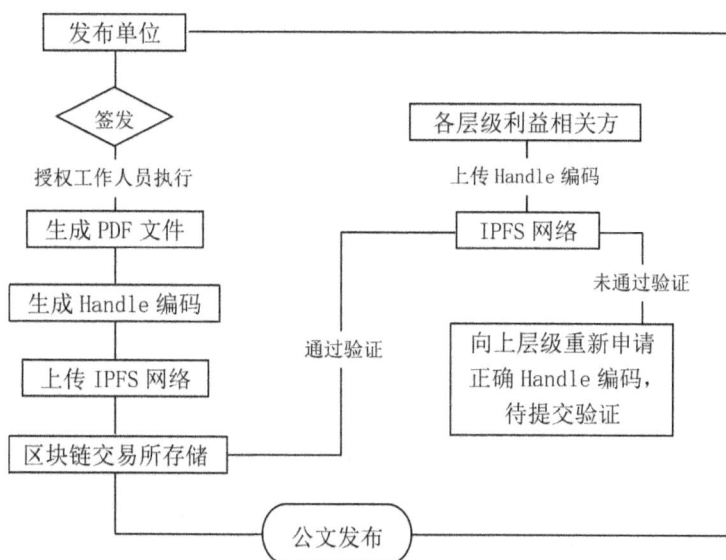

图 13-9 基于区块链技术发布的政府公文传播流程图

基于区块链技术的公文发布，既避免了因政府垂直管理、层层审核传达造成的时间成本和资源成本浪费，也确保了因逐层发布不到位引起的漏发情况。Handle 编码生成后具有唯一性，一旦生成则自动保存记录，IPFS 会用文档生成唯一编码。如果是重复文档，则无法上传，同时从区块链网络下载最新文档作为镜像。这种模式既保证了全网络不会重复存储文档，同时又保证需要使用文档的用户从区块链网络下载文档到本地使用，可以防止网络文档混乱。

3. 公文获取过程

从公文获取而言，本书认同闫奕文等提出的借助微博和微信等新媒体渠道来传播政府公文，在过程中尽可能减少人工干预，也丰富了传统传播的方式。因此，本书在此基础上提出，通过区块链技术在政府公文的发布者和接受者之间建立统一兼容的数据接口，实现两者数据的精准对接。当政府公文上传至资源共享中心后，其传播路径和获取方式在线上主要分为两个步骤：如果快速查找，则通过检索 Handle 编码得到对应的元数据；如果需要查阅全文，则通过 Handle 编码元数据中的 IPFS 模块得到公文正文。对于正文存储是区块链网络方式，而对于元数据检索则是集中式。获取过程如图 13-10 所示。

传统方式获取公文中存在多方系统，多方系统并不完全打通，因此容易导致不同公文文档在传播过程中由于接口问题导致失去数据，而在 IPFS 中基于区块链网络，所有过程日志被写入整个区块链网络可以实现处处留痕。同时，并不需要在技术上打通各个信息系统的接口。为更真实了解和掌握利益相关方是否阅读的情况，利益相关方必须通过虚拟钱包消费方式来有偿获取信息，根据政府公文内容的重要性，确定其相应的区块链虚拟货币 GAS 的币值，利益相关方输入公文正确的 Handle 编码，支付足额的 GAS 币后方可获取

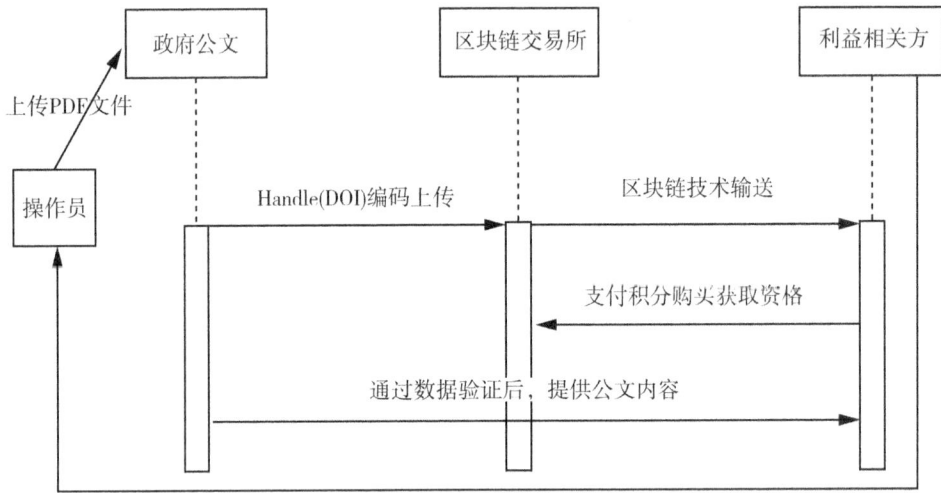

图 13-10　政府公文区块链技术传播路径原理图

相应信息。真实消费记录既是对消费方身份的确认，也客观反映了利益相关方查阅和受理公文的实际情况。

　　综上所述，基于区块链技术的政府公文传播路径，与传统传播路径在不同生命周期阶段上有明显改进。在公文上传上，主要表现在上传格式、文件存储和操作人员的不同；在公文发布上，其发布周期、发布广度、发布深度和发布判断表现不同；在公文获取上，在送达周期、送达广度、送达深度、送达判断和反馈上有明显改进，详见表 13-3。

表 13-3　　　　　　　　　　　　政府公文生命周期传播模式对比一览表

生命周期		传统传播方式	区块链传播方式
公文上传	上传格式	HTML 格式	PDF 格式
	文件存储	政府信息管理系统和服务器	生成 Handle 编码，IPFS 分布式存储
	操作人员	系统或服务器操作人员	被授权工作人员
公文发布	发布周期	一般为 7—14 天	确定 Handle 编码后实时发布
	发布广度	金字塔模式发布	扁平化模式发布
	发布深度	逐层级进行受理执行	各层级垂直同时受理
	发布判断	仅获取上下级发布记录	可查询全部发布记录
公文获取	送达周期	一般为 7—14 天	虚拟钱包交易完成即刻送达
	送达广度	上下层级之间进行获取	区块链网络在线同时获取
	送达深度	逐层级获取	所有层级可在线获取
	送达判断	无明确判断方式	通过用户购买支付记录，可溯源

13.2.3 数据发布网络应用研究的研究结论

本节基于区块链技术，针对政府公文传播路径问题，在已有研究的基础上提出了新的解决思路。主要结论如下：

(1)本书提出在政府公文的上传、发布和获取三个生命周期阶段，引入区块链网络和技术，解决传统模式中的格式规范、实时备份、流程溯源管理等问题，实现精确检索、扁平化发布和去中心化获取等研究假设，并通过与政府公文的传统传播路径在各生命周期的对比分析，得出区块链技术有助于当前政府公文的高效传播和实时管控。虽然当前基于新媒体渠道，公文传播路径效果得到了一些改善，有研究学者也对此进行了分析和探讨，但这些传播方式均难以管理公文传播的整个生命周期，大多停留在缩短送达时间、上传格式修改、减少传达中间环节等方面。

(2)本书采用的区块链技术，在不增加管控成本的基础上，同时改进传播过程中出现的多个问题。平台搭建耗资小，见效快，通过区块链网络实时备份，安全性强，易操作，易推广，而且完全兼容现有的传播方式，无需新建中间平台，一旦建立推广，可有效解决政府公文当前传播滞后，难以进行更深层级溯源监管和分析的现实问题。

(3)本书在区块链视角下对政府公文文档的传播平台构建的探索价值在于，在兼容现有的电子政府文档的公文系统前提下，利用区块链技术的特性，解决传统模式中的传播周期长、传播过程数据容易遗失等问题。并且基于 Handle 编码的集中式系统和 IPFS 区块链网络系统构建的混合式传播平台，进行实证分析，该平台是利用区块链这种新的技术对现有管理方式的一种探索。